维也纳情结

张志雄 著

Vienna

上海财经大学出版社

图书在版编目（CIP）数据

维也纳情结 / 张志雄著. —上海：上海财经大学出版社，2022.12

（志雄走读）

ISBN 978-7-5642-4054-7 / F・4054

Ⅰ.① 维… Ⅱ.① 张… Ⅲ.① 游记-维也纳 Ⅳ.① K952.19

中国版本图书馆CIP数据核字（2022）第167520号

特约编辑 / 萧　亮
责任编辑 / 廖沛昕
整体设计 / [法] Valerie Barrelet

维也纳情结

著　作　者 / 张志雄

出版发行 / 上海财经大学出版社有限公司
地　　址 / 上海市中山北一路369号（邮编200083）
网　　址 / http://www.sufep.com
电子邮箱 / webmaster@sufep.com

经　　销 / 全国新华书店
印刷装订 / 上海颛辉印刷厂有限公司
版　　次 / 2022年12月第1版
印　　次 / 2022年12月第1次印刷
开　　本 / 787mm×1092mm　1/16
印　　张 / 26.5
字　　数 / 312千字

定　　价 / 138.00元

序

隔绝在上海快三年了，很想念过去海外走读的岁月。

我经常会想，如果重新游历去过的外国城市，自己会选择哪一座？

有些城市，很精彩，可我觉得已经尽兴，不必列为首选，如比利时的布鲁日、荷兰的阿姆斯特丹、日本的京都、意大利的威尼斯和佛罗伦萨、瑞士的苏黎世，当然还有巴黎和伦敦。

我还是选维也纳吧。

我去维也纳之前，做足功课，以为安排一周时间基本就够了。

我把维也纳定义为文化名城，按此思路，去了圣司提反主教座堂、维也纳国立歌剧院、环城大道、维也纳大学、霍夫堡宫、美泉宫、美景宫和维也纳艺术史博物馆等。游览它们都很费时间，像维也纳艺术史博物馆，一天的时间肯定不够，至少还要加半天。

其实，我还去了一些比较"冷门"的地方，如弗洛伊德博物馆、卡尔广场地铁站、分离派之家和百水公寓。可我还没离开维也纳，就知道自己只体会了它的一面。

一般来说，除了伦敦、巴黎和纽约这样的超级大都市，我们去其他城市，只要按照上述在维也纳的游览方式，足矣。

因为我们更多的是步行，从一个景点到另一个景点，这样就能感受到整座城市的氛围。如果城市比较大，我们也会坐出租车和地铁，领略一下市容。

我们还会去城市的各种美食市场和消费地，如维也纳的纳许市场，尤其是格拉本大街和克恩滕大街，我们几乎天天经过、天天去吃喝玩乐。

这是为什么呢？

因为维也纳实在隽永风雅，值得你好好品味，甚至在那里生活一段日子。

维也纳的表面特色并不明显，不像威尼斯、阿姆斯特丹、京都、布鲁日和佛罗伦萨；可你玩着玩着，就会感觉到它处处吸引着你，有一股看似平淡却浓郁的生活味儿。

这种生活味儿，带着大都市的时尚贵气，可又有些乡村般的宁静散淡。

维也纳曾是奥匈帝国的都城，到如今它的气派还在，文化还在，精神还在。

众所周知，当年的奥匈帝国还有一个中心，那就是布达佩斯。可我去那里后，就觉得它与维也纳没法比，天地之别。它们并列成为帝国的政治中心，只能说是历史的荒诞。

同是以德意志民族为主体的德国的柏林、慕尼黑、德累斯顿，都不错，可也没法与维也纳相比。这些城市固然因第二次世界大战被摧毁得厉害，但还是雄赳赳了些，没有维也纳的风雅气。

欧洲古都，最雄奇深厚的自然是罗马；风雅的要数巴黎。不过，巴黎与维也纳相比，有些凌乱。

维也纳兼具欧洲名城的各种特点，它与罗马、巴黎和伦敦相比，不算大；可与佛罗伦萨、布鲁日、威尼斯相比，它又大多了。

感觉正正好。

最后，我想在此感谢我的好友、法国设计师瓦莱丽对本书的设计，对萧亮、周艳、马壮、傅晓琳、王凌峰等同事在修订、复核及其他工作上的贡献表示感谢，对上海财经大学出版社的总编辑黄磊以及编辑邱仿、廖沛昕等各位老师的工作表达最诚挚的谢意。

张志雄

2022 年 8 月于浦东花木

目录 CONTENTS

第一章	001	圣司提反主教座堂·黑死病纪念柱·安可大钟·萨赫咖啡馆·维也纳国立歌剧院·环城大道·城堡剧院·维也纳大学
第二章	035	弗洛伊德博物馆·卡尔广场地铁站·分离派之家·纳许市场·百水公寓
第三章	073	霍夫堡茜茜博物馆
第四章	101	霍夫堡皇室居所·银器博物馆
第五章	129	美泉宫
第六章	161	美景宫（上）
第七章	203	美景宫（下）
第八章	251	维也纳艺术史博物馆（一）
第九章	281	维也纳艺术史博物馆（二）
第十章	311	维也纳艺术史博物馆（三）
第十一章	357	维也纳艺术史博物馆（四）
参考书目	409	

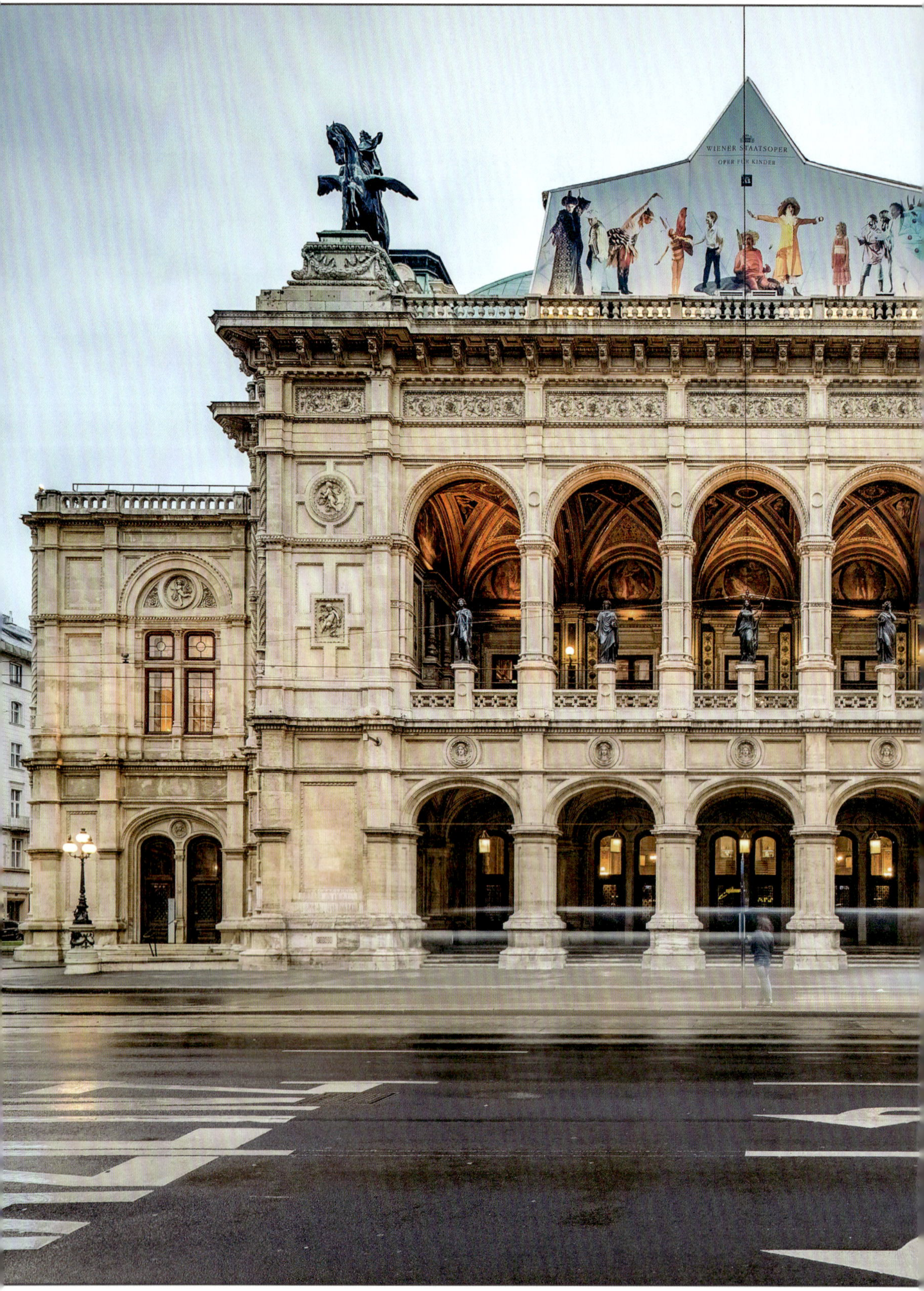
WIENER STAATSOPER

第一章

圣司提反主教座堂·黑死病纪念柱·安可大钟·萨赫咖啡馆·维也纳国立歌剧院·环城大道·城堡剧院·维也纳大学

圣司提反主教座堂位于维也纳的市中心，教堂的西门前有两条繁华的步行街，往南是克恩滕大街，直通著名的维也纳国立歌剧院；往西是格拉本大街，那里有巴洛克盛期的代表作——黑死病纪念柱，还有不远处那设计精巧的安可大钟。

I

到了维也纳，比起小城布拉格，感觉这才叫大城。就如同2016年春节在意大利北部闲逛，去了帕多瓦、维琴察、维罗纳和曼托瓦等小城，最后来到米兰，顿时感觉来到了大城。

与米兰不同的是，维也纳人称自己的城市为帝都。

就像人们会比较东京和京都、纽约和洛杉矶、北京和上海，我们也会联想到维也纳和柏林的区别，虽然今天它们属于两个不同国家的首都。

德国作家艾米尔·路德维希在《德国人：一个民族的双重历史》中曾对它们的历史特性作过分析，至今仍可作为参考：

（柏林）这座城市缺乏一切令人仰慕的欧洲古老城市的风貌，它既没有伦敦的绿化广场，也不像巴黎那样富丽堂皇和开阔宽敞，更没有罗马依偎山峦的风姿，唯一可以让上百万居民透透气的地方是动物园，但又被无数笔直的大街所破坏，使人感到美中不足。人们原可以在这些地方悠闲漫步，但凡是有绿树和美景的地方，行人的行动都受到严格的限制，如果行人幸运地找到一个位置适中的长椅，在它附近往往就有一座大理石雕像，一位威严的国王，左足前伸，手执利剑，虎视眈眈地看着你，令人不得不赶快离去。

柏林是欧洲工作最"勤奋"、生活节奏最快的城市，在这两方面都很像纽约——时钟统治着这座城市的400万人口，人们白天最常见的一个动作是看看左腕的手表——每个公民都惊人地勤劳，无论男女，干起活来都没有喘息的时间。有时人们也会因为他们用一种很笨拙的方法组织娱乐生活而受感动，柏林人的本性是朴实真诚的，天性很好而又爱发牢骚的柏林人有很多逸事，一杯啤酒下肚，可以让他们舒服自在一个多小时。

II

路德维希在《德国人：一个民族的双重历史》中继续比较：

群山环抱，音乐之声不绝于耳，葡萄园、花丛、山村点缀其间。这是欧洲最富饶的地区之一，在这美丽的乡间缓坡上，以大教堂为中心，沿着雄伟的建筑轴线有计划地向外逐渐扩展，这就是维也纳城。这座大都会，歌德曾称其为德意志帝国的首都。维也纳并不沿着多瑙河，只是离它的流域很近。维也纳辉煌的圆拱宫廷和塔楼充分显示了其建筑艺术之精湛和典雅。这样的建筑物，人们只有在巴黎或罗马才能欣赏到。维也纳建立在两个文明交叉的历史时期，它从容地从一个时期跨入另一个时期，由于精心的设计，它既保持着历史风貌，又跟上了时代的步伐。作为一个诸侯的官邸，它并不比柏林古老。维也纳的特征是自由、优美，在这方面它得到了极大的发展，为了维持正常的生活秩序，行政命令所起的作用不是很大，而是很小很小。

笼罩这座城市的是闲情逸致的气氛，而不是速度和精确性。几个世纪以来，统治这座城市一切阶层的生活不是时钟，而是咖啡。人们不愿意长时间集中精力工作，他们喜欢不固定的短期工作，以求有时间真正享受人生。在这样的氛围下，特别流行的是华尔兹舞曲而不是军队进行曲；崇尚情趣，而不是精确准时；喜爱音乐的旋律，而不是服从性。以今天来说，这两座德意志的重要城市好比两位风格迥异的女性：一位头脑清醒，工作效率高，井井有条，尽可能多地完成一天的工作，自觉遵守社会义务，从事家务劳动，但仍然想着参加一些体育活动和出席音乐晚会；另一位一半时间都花在自己身上，关心自己的服饰和打扮，她热情、好客，气质优雅，让人们赏心悦目。其结果是，后一位女性要比她的对手——那位高效率的女性，给予人们更多的愉悦。

路德维希在这本书中还写道:"(普鲁士)作为一个在300年历史中只打过两次败仗的军事大国,只能像斯巴达那样依靠铁的战争纪律,从一个诸侯国发展成帝国。而维也纳和希腊一样,只能一再被打败、被包围,为它的美丽和随性付出代价。希腊产生了戏剧、雕塑、寺院和哲学,直到今天,人们还可以从中找到衡量事物的标准和思想的源泉。但是斯巴达,胜利了的斯巴达只是依靠纪律和服从而赢得可怜的胜利。"

Ⅲ

下午在维也纳环城大道(Vienna Ring Road,又名"指环路")边上的艾美酒店住下,此地交通很方便,可设施和服务都不及之前在柏林待过的丽晶酒店。

从艾美酒店步行至老城中心只需10多分钟,我们先去的是圣司提反主教座堂(St. Stephen's Cathedral,或译作圣司提反大教堂)。

圣司提反主教座堂位于闹市中心,与一般的欧洲大教堂不同,前面几乎没有什么广场。在我的印象中,西班牙的塞维利亚大教堂也是如此,但圣司提反主教座堂所处的地区更为繁华,也就显得更突兀了。

为何这座大教堂的选址要如此见缝插针?张耀主编的《维也纳,慢慢来,慢慢来》告诉我们:在中世纪初,维也纳很小,也没有主教的地位,在圣司提反主教座堂原址的教堂规模就不能逾越级别,最早的1147年的小教堂已经没有了,今天大教堂的西门就是13世纪时罗马式教堂的大门。

后来,随着哈布斯堡家族的到来,维也纳在1358年升格为大主教之城。

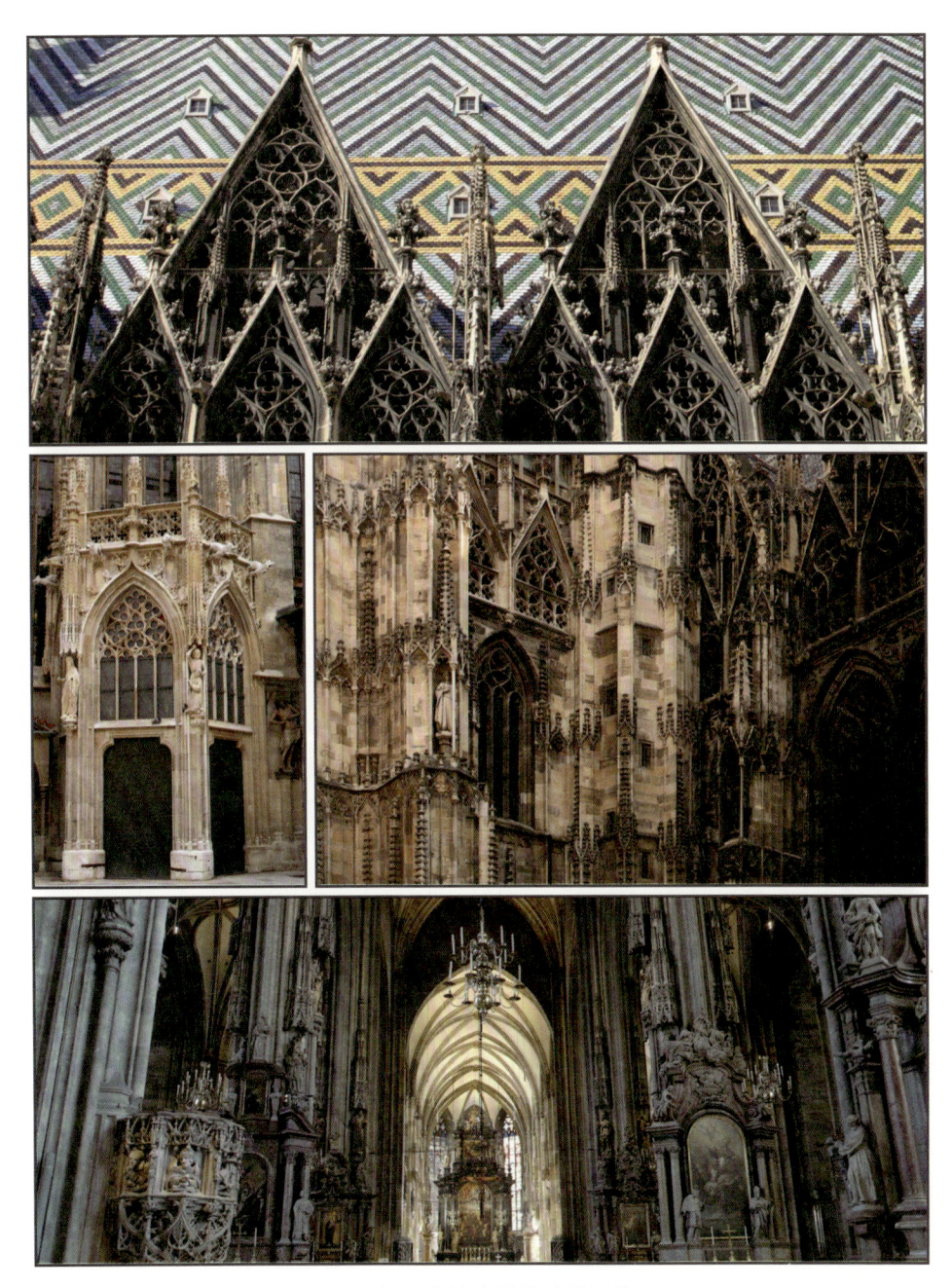

圣司提反主教座堂的建筑细节

但中世纪的用地很挤，官家也得尊重产权，不能随意拆迁，只能在原来教堂的地皮上发挥高度优势。

于是1433年完成的大教堂南塔使得圣司提反主教座堂成为了直冲云霄的哥特式建筑。

大教堂的南塔高近137米，是当时欧洲最高的建筑。哈布斯堡的鲁道夫四世（Rudolf Ⅳ, Duke of Austria）原想让北塔与南塔一样高，可后来由于资金极度匮乏，北塔在1511年被迫停工，只有68米高。否则南北双子塔会更为壮观。

当然，民众不会认为皇家没钱造教堂，坊间传说是建筑师汉斯·普赫斯邦（Hans Puchsbaum）因违反了与魔鬼的约定，惨遭从脚手架上坠亡的厄运，导致北塔迟迟没有完工。

北塔悬挂着教堂主钟，重量超过两吨，在欧洲教堂自摆钟中位居第二。当钟声响起，它摆动自如似闲庭信步，因其钟鸣声而被称为"普默林"（Pummerin）。

圣司提反主教座堂在第二次世界大战期间几乎没怎么受损，可在1945年4月却因为劫匪纵火而遭到严重破坏，房顶被烧尽，"普默林"也从钟架上坠落。直到1952年，新铸的大钟才被挂回原处，教堂重新开放。

Ⅳ

圣司提反主教座堂西墙的罗马式建筑风格的异教徒双塔（Heidentürme）（编者注："Heiden"在德语中意为"异教徒"）也属于13世纪老教堂的一部分，双塔之所以得名是因为使用了古罗马人占领这里时修建城墙的材料，大教堂和前面的广场正好在当时古罗马军营驻地的城墙边。几百年来，这里一直是平民的墓地。到了1732年，随着市区不断扩建，教堂所在地早已成为城中心，皇帝查理六世才以卫生为由禁止在此建造墓地。

传说没有经过洗礼仪式的人是不可以进入教堂的，那些未经洗礼的信教者就躲在这两座塔的下面聆听弥撒。当然，今天教堂的规矩是未洗礼的人不能领圣餐，但它的大门向所有人敞开。

圣司提反主教座堂内有许多讲究，比如1280—1320年创作的《仆人圣母玛利亚雕像》（Servant Madonna），为什么起这个名字有不同的说法，有一种说法是当年的仆人不能像主人那样去教堂的大殿礼拜，只能在教堂的一隅对着这尊圣母像祷告。

雕刻大师安东·皮尔格瑞安姆（Anton Pilgram）在1511至1516年间建造了布道坛和管风琴支脚，他喜欢把自己的雕像放进作品中：除了倚窗眺望的雕像，还有那个拿着圆规和直尺的雕像都是作者本人。

建于1447年的维也纳新城祭坛也被大教堂视为珍宝。

《仆人圣母玛利亚雕像》　　　　　　　圣司提反主教座堂布道坛

圣司提反主教座堂布道坛

仔细参观大教堂需要几个小时，我们黄昏才到，只能参观主殿，南塔和北塔等处就省略了。

不过在接下来的几天里，我们在黄昏时几乎都要路过圣司提反主教座堂，被教堂屋顶巨大斜面的23万块彩色房瓦给迷住了，南部屋顶是哈布斯堡的双头帝王鹰装饰。可能是我孤陋寡闻，还没有在欧洲其他的大教堂屋顶看到过如此漂亮的砖瓦，所以认为这应该就是圣司提反主教座堂最具特色的地方。

V

圣司提反主教座堂西门前有两条繁华的步行街，往南的叫克恩滕大街（Kärntner Straße），它可以直通维也纳国立歌剧院（Wiener Staatsoper）；往西的叫格拉本大街（Graben Straße）。

步行街与名品店

这两条大街和附近的小街上有多个知名品牌店，如施华洛世奇的水晶、罗贝麦尔（Lobmeyr）的玻璃制品，以及名为"Österreichische Werkstaetten"的工艺礼品店。施华洛世奇初到上海时，我觉得它的水晶品质不错，现在则觉得一般般。

我们每天黄昏都要路过这里，后来对周边有些熟悉了。我们主要是来这里吃晚饭，在超市里买些东西；有时跟着"猫途鹰"导航搜索饭店，走了不少附近的小街小巷。

奥地利菜不好吃，无非是肉丸土豆之类，与他们精致的生活不相称。可这里还有意大利、日本和中国餐馆以及海鲜快餐店，我们曾在安静的巷子里找到一家有托斯卡纳名字的意大利餐馆，可惜当天预定已满，最可惜的是之后的一周餐馆全都休假，无法预订。

是否吃不到的就会让人异常怀念？

VI

格拉本大街上有一处黑死病纪念柱（Wiener Pestsäule）雕塑，是巴洛克盛期的代表作，高18米，是维也纳市区最高的纪念碑。

对前几个世纪的人类来说，鼠疫或黑死病是最大的灾难。

据《帝国之都维也纳》一书介绍：1679年，鼠疫袭击维也纳。尽管维也纳大学讲师比利时医生保尔·德·索伯特（Paul de Sorbait）告诫民众务必预防被感染，但大家置若罔闻，结果有7000人死亡。

虔诚的哈布斯堡皇帝利奥波德一世（Leopold I, Holy Roman Emperor）许愿出资建造鼠疫病柱，祈求上帝庇护。经著名的巴洛克建筑师埃尔拉赫（Erlach）等人的努力，这座白色大理石柱终于在1694年落成。

黑死病纪念柱

在黑死病纪念柱华丽的基座底部，奇丑无比、瘦骨嶙峋的女巫是鼠疫的化身，她被天使打入地狱。旁边是手持十字架举头望天的少女，寓意着基督徒必能战胜土耳其人。土耳其人是欧洲当时最大的敌人，于1683年围困维也纳，后被欧洲盟军击败，是历史上扣人心弦的一场战役。

战后，奥地利人对任何土耳其人留下的印记都很敏感，圣司提反主教座堂南塔上原有的半月六角星装饰很像奥斯曼帝国（土耳其）的月牙标志，因此在1686年被拆除，利奥波德一世以双头帝王鹰背负十字架的全金装饰代之。

少女的上方是跪地祈祷的利奥波德一世皇帝，他仰视中间云层中的保护神——等级由低到高的九大天使。大理石柱顶端是金色的三位一体。

黑死病纪念柱和数字"3"有着密切的联系，柱子侧面的三个全金盾徽分别代表的是：神圣罗马帝国及奥地利、匈牙利、波希米亚。

柱体形状是等腰三角形，体现了宗教三位一体与三大世俗帝国的结合。

VII

在老城区的一面不起眼的墙上，《亲爱的奥古斯丁》（*Der Liebe Augustin*）小雕像反映了维也纳市民的乐观与生活情趣。1679年鼠疫流行期间的一天晚上，民谣歌手马克斯·奥古斯丁（Marx Agustin）醉倒在街头，人们以为又是一具鼠疫患者的尸体，就把他丢进收尸车送出城，抛入尸体堆积如山的墓穴中。

清醒后的奥古斯丁无法从墓穴中爬出来，只能不断地弹奏乐琴，人们最终听到了乐声并解救了他。

格拉本大街附近的高地市场有一件1914年的安可大钟（Ankeruhr），由青春派风格艺术家弗朗茨·马奇（Franz Matsch）设计。从半夜零点开始，随着时间的变化，每小时都会有一位与维也纳历史有关的人物在钟面上出现，

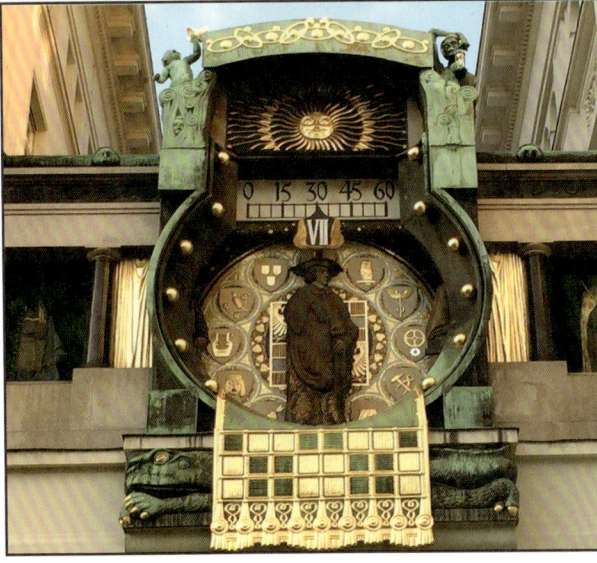

安可大钟

总计12人。到了正午12点，也就相当于所有人物都露过面了，如此循环往复。这些人物雕像就包括了古罗马贤君马可·奥勒留、音乐家海顿，以及与丈夫弗朗茨一世（或译作弗朗茨·斯特凡）携手出现的玛利亚·特蕾莎女王。

Ⅷ

在我的印象中，巴黎有众多富有情调的咖啡馆。在维也纳，我发现这里也是咖啡馆云集。奥地利作家斯蒂芬·茨威格在《昨日的世界：一个欧洲人的回忆》中告诉我们："维也纳的咖啡馆是一种非常特殊的设施，在世界上还找不出一种类似的设施可以与之相比较。它实际上是一种只要花一杯咖啡钱就可以进去的俱乐部，每位顾客只要买一杯咖啡，就可以在里面坐上几个小时，可以在里面讨论、写作、玩牌、阅读自己的邮件，最主要的是可以在里面免费阅读无数的报刊——一个奥地利人能够在咖啡馆里广泛了解世界各地所发生的一切，而且随时能和朋友们进行讨论，也许再也没有比这更能使人头脑灵活和掌握国际动态的地方。"

在前面提到的克恩滕大街的尽头，国立歌剧院的对面有家萨赫咖啡馆（Café Sacher），内部装饰是深红色和金色的，很经典。餐桌上的菜单模仿的是维也纳报纸的风格，中间夹着昔日的报纸作为点缀。

很明显，茨威格生活的年代正是萨赫咖啡馆的黄金时期。

萨赫咖啡馆最有名的是用秘方制作的萨赫蛋糕（Sacher Torte）——浓郁的巧克力蛋糕配上杏仁果酱，据说深受19世纪末茜茜公主的丈夫奥地利皇帝弗朗茨·约瑟夫一世（Franz Joseph Ⅰ of Austria）的喜爱。

我意外地发现这家咖啡店隶属于旁边的萨赫酒店。这家酒店的门面很低调，浅白色的墙面，新古典风格的阳台、浮雕，属于19世纪的维也纳布尔乔

The success story of the Original Sacher-Torte began purely by chance: one day in 1832 the chef de cuisine at the court of Prince Metternich had fallen ill just when high-ranking guests were expected. And so it was up to the young apprentice cook Franz Sacher to create a dessert that would satisfy discerning palates – and the Original Sacher-Torte was born. Within a few years it had conquered the world and pastry lovers from the countries of the Austro-Hungarian Monarchy and the rest of Europe and across the ocean in America treated themselves to the sweet delight from Austria. Even Empress Elisabeth could not resist the cake of Eduard Sacher, purveyor to the Imperial and Royal Court. Hotel Sacher, the empress still being kept at the "Haus-, Hof- und Staatsarchiv" (court and state archives) in Vienna.

Following a legal dispute with competitors, a decision in 1962 stated that only the cake produced at the Sacher is the only one that may be called "Original".

It is not only the perfect mixture of the ingredients and the right temperature and humidity in the bakehouse but also the exact sequence of the 34 individual steps right up to the packing of the cake in exclusive wooden boxes that are crucial for the success of an Original Sacher-Torte.

In 2009 Mrs. Gürtler initiated "The Artists' Collection": a charitable project that brings together outstanding Austrian art and Austria's most famous cake. We have commissioned a limited edition Original Sacher-Torte with special packaging designed by a different renowned artist every year since

历史悠久的萨赫酒店

亚风格（编者注："bourgeoisie"的音译，意为中产阶级）。酒店入口是老式玻璃门，我张望了一下，发现门僮的眼神并不欢迎，也就不进去了。

这还真少见。

据《维也纳，慢慢来，慢慢来》介绍，130多年前，这里还是维也纳最古老的卡林迪亚门歌剧院（Theater am Kärntnertor），贝多芬的《第九交响曲》在此首演。对面的国立歌剧院落成后，卡林迪亚门歌剧院被拆。维也纳著名美食家的儿子、从英法游学回来的爱德华·萨赫（Eduard Sacher）抓住机会，筹建了一家当时维也纳很时尚的都会大酒店。这里的大酒店来源于法语"Grand Hotel"的概念，"大"不是规模，而是尊贵的地位。

所以，萨赫酒店虽然将六幢楼合而为一，占了老城中心三条街面，但是所有的客房数刚过百而已。

饭店的内部非常注重私密性，每个房间的布置都不同，一间房内经常挂有五六幅与屋顶差不多高的巨幅油画，加上旧时贵族用过的家具和丝绒沙发，让人宛如置身于一个充满生活气息的艺术博物馆中。

下次去维也纳，一定要住萨赫酒店。

IX

萨赫咖啡馆后面的一条街上有阿尔贝蒂娜博物馆（Albertina Museum），里面收藏有大量米开朗基罗、丢勒、鲁本斯、勃鲁盖尔、伦勃朗、塞尚、克里姆特等大师的作品，我们每天黄昏从艾美酒店走到圣司提反主教座堂都会路过这里，竟然没有时间走进去参观。

但晚上回来时，走上博物馆二楼的大平台，看着周遭夜景，很美。

阿尔贝蒂娜博物馆

阿尔贝蒂娜博物馆周边的建筑

X

萨赫酒店对面的维也纳国立歌剧院暑期没有演出,我们只能参加歌剧院内部的观光团游览。

国立歌剧院在 1869 年落成。为了纪念神圣罗马帝国皇帝斐迪南二世的妻子埃莱奥诺拉·贡扎加(Eleonora Gonzaga)将意大利歌剧传入维也纳,让人了解歌剧艺术,歌剧院的建筑形式采用了意大利文艺复兴风格。

歌剧院全部用意大利生产的浅黄色大理石修成,正面高大的门楼有五个拱形大门,楼上有五个拱形窗户,窗口上立着五尊歌剧女神的青铜雕像,分别代表歌剧中的英雄主义、戏剧、想象、艺术和爱情。门楼顶上,两边竖立的是骑在天马上的戏剧之神的青铜雕塑。门楼内的墙壁上画的是莫扎特的最后一部歌剧《魔笛》中的精彩场面。

维也纳国立歌剧院

歌剧院原先入口部分的空间有些压抑。1945年3月12日，美英盟军对维也纳进行大规模轰炸，维也纳歌剧院中了五颗炸弹，像意大利米兰歌剧院一样，只剩下几处断壁残垣。战后重建时为了使空间显得开阔一些，降低了地平，在不显眼的地方代之以钢结构和玻璃结构。从正面看上去，入口的拱门显得十分高大。通过歌剧院走廊进入，首先映入眼帘的是金碧辉煌的大厅，拱门后的走廊给人以漫长和空旷的感觉。

XI

大卫·尼尔森在《维也纳音乐之旅》中指出，维也纳国立歌剧院的主楼梯和四周区域的装饰格调恐怕是维也纳所有建筑中最为奢华的，走上楼梯，迎面是比邻茶室的三扇巨大的落地窗，窗户两旁是歌剧院的两位建筑师的椭圆浮雕，爱德华·范德努尔（Eduard van der Nüll）居左，奥古斯特·西卡德·冯·西卡德斯博格（August Sicard von Sicardsburg）居右。

我们看到两位建筑师有如此待遇，一定会认为当时他们受到人们的极大推崇。恰恰相反，从1863年5月开工典礼开始之际，他们就遭到非难，当年的维也纳繁华成熟，但皇帝约瑟夫与维也纳人都没摆脱1859—1866年的军事连败带来的煎熬，百姓更是变得愤世嫉俗，亟待宣泄的冷嘲热讽使得建筑师成为众矢之的。

歌剧院快要建成的时候，维也纳人对建筑风格的意识和审美观也有了巨大的转变，他们觉得歌剧院过时、陈旧。

这时人们抓住了歌剧院的一个漏洞，由于事先没注意到歌剧院底层和环城大道路面的落差，歌剧院仅比路面高1米，导致入口只能建三级台阶，无法体现出皇家高高在上的威严和艺术高于一切的寓意。

于是，歌剧院被那些苛刻的维也纳人称为"下陷的棺材"，亲自为歌剧院选址的皇帝视察工程后也流露出不满的神情。

1868年4月4日，努尔悲愤自杀；另一位建筑师西卡德斯博格也没等到竣工的那一天，在努尔死后的68天，中风而亡。

皇帝约瑟夫大惊，以后再审查工程时都用同样的话敷衍："还不错，我很满意。"

接下来的几年，大家开始觉得国立歌剧院还是挺不错的，就添加了两位建筑师的浮雕，以示赞美和怀念。

国立歌剧院内部的结构和装饰有不少可圈可点之处，我印象深刻的是休息室内的歌剧院最卓越的五位总监的半身雕像，其中1909年的马勒像是罗丹的杰作。

有两块巨大的内嵌大理石镶嵌工艺展现了歌剧的幕后工作，有些像在猜

维也纳国立歌剧院

谜。尼尔森在《维也纳音乐之旅》中这样描述:"左侧的壁画绘出了服饰、各类乐器、一对准备出场的芭蕾舞演员,还有一个在更衣间里的女人。右侧的壁画刻画了一名做假发的人、人们布置歌剧舞台的情形、身着演出服饰的合唱团演员、更多的舞台布景、剧院总监和一名女歌手工作的场景。希茨·莱佛奥纳设计了这两块镶嵌壁画,所使用的大理石来自欧洲的十三个国家。"

维也纳国立歌剧院的阶梯

演出大厅

维也纳国立歌剧院茶厅（原皇帝厅）

大理石镶嵌工艺所刻画的歌剧的幕后工作

XII

国立歌剧院是环城大道上最早落成的大型建筑，这条也叫指环路的大道原来是中世纪城墙的所在地，曾经在1683年夏天保护维也纳免于土耳其奥斯曼帝国的杀戮。应该说，维也纳在1529年秋就已经被奥斯曼军队围困过一次了。

1683年夏，维也纳面临的战局极其危险，从某种程度上来说，它很像1453年土耳其对君士坦丁堡的围攻，只是君士坦丁堡输了，维也纳赢了。

维也纳的胜利多少有点运气成分，土耳其围攻前，皇帝利奥波德一世溜之大吉。幸好皇帝任命自己的妹婿洛林公爵查理五世（Charles V, Duke of Lorraine）为战场统帅，他久经沙场，能够从容不迫地抗敌。

但这也只能拖延些时间，没有巴伐利亚、波兰等刚打过三十年战争的老兵的救援，维也纳很快就会被奥斯曼军队屠城。1453年的君士坦丁堡没有什么像样的西方盟军，他们根本不明白唇亡齿寒的道理。

奥斯曼帝国的主帅只顾攻城，却没有在城外占据有利地形以防止外援突袭，这是他们失败的主要原因。如果是1453年的穆罕默德二世，或者是1529年的苏莱曼大帝，情形可能会完全两样。

当然，1683年夏，那场战争的主角是维也纳城墙。没有它，维也纳人绝对坚持不了两个月。有兴趣的朋友可以阅读安德鲁·惠克罗夫特的《1683年维也纳：哈布斯堡王朝与土耳其人的对决》。

XIII

1809年，拿破仑的大炮已经将维也纳的城墙轰得七零八落，照理说，维也纳也可以像其他欧洲大城市那样，在其中心的广阔土地上大搞现代化建筑。但是1848年的维也纳爆发了十月起义，军方提出加固城墙的建议并铺设军用特别通道和军营等，防止城外的敌人。

19世纪50年代，这座仅能容纳50万人口的城市，移民大量涌入，住房极度短缺。1857年，经济问题的迫在眉睫战胜了军事上的需求，约瑟夫皇帝不得不下令拆除城墙与军事设施，并在此修建一条能体现帝国辉煌的环城大道。军方认为，环城大道在危急时利于人员和物资的流动，所以，今天的环城大道依然保留了当时军用通道约57米的宽度。

1865年5月1日，约瑟夫与皇后茜茜公主主持了环城大道的落成典礼。直至1913年，大道两边的建筑物才算全部竣工。环城大道首尾相接，全长4千米，有意思的是，它不是圆环，而是八角形。

《世纪末的维也纳》的作者卡尔·休斯克认为：

这个复合了众多公共建筑和私人住宅的庞大工程占据了大片宽阔的带状土地，将昔日的内城同郊区分割开来。由于其风格统一，规模宏大，"维也纳环城大道"已经变成了奥地利人的精神概念，能在他们心中唤起一个时代的特征，就仿佛"维多利亚时代"之于英国人、"创建时代"之于德国人，或者"第二帝国"之于法国人一样。

XIV

今天，我们可以坐有轨电车环游指环路，也可以步行或坐马车逛一段建筑密集的地区——国立歌剧院、艺术史博物馆、自然史博物馆、议会大厦、市政厅、城堡剧院、奥地利国家图书馆、卡尔教堂、维也纳大学、证券交易所等这些建于1860—1890年的哥特式、文艺复兴式和巴洛克式建筑，今人称之为"历史主义"或者"环城大道风格"。

据说，希特勒第一次来维也纳时，每天从早到晚，从一个景点跑到另一个景点，可最吸引他的总是那些建筑，他能一连几个小时站在歌剧院前，一连几个小时盯着国会大厦看，对他而言，整个环城大道有如《一千零一夜》中的魔法。

希特勒当时雄心勃勃，想成为艺术家和建筑师。

XV

我特意去了城堡剧院（Burgtheater），因为斯蒂芬·茨威格在《昨日的世界：一个欧洲人的回忆》中动情地提到它：

一个普通的维也纳市民每天早晨看报的时候，第一眼看的不是国会的辩论或者是世界大事，而是皇家剧院上演的节目——这座剧院在公众生活中具有其他城市不能理解的重要性。这座皇家剧院，即城堡剧院，对维也纳人、奥地利人来说，不仅仅是演员在台上表演的舞台，更是社会这个大舞台的缩影，演绎社会的五光十色、人生百态。这座剧院是唯一真正具有高尚情趣的"宫廷侍臣"，观众从皇家演员的身上可以看到自己的榜样：一个人该怎样穿着打扮，怎样走进房间，怎样谈吐。一个有高尚趣味的男人可以说哪些言辞，必须避免说哪些话。舞台不仅仅是使人娱乐的场所，还是一本教人正确发音、学习优雅风度的有声有色的教科书，就连那些和皇家剧院稍稍沾点边的人也都好像头上有了圣像光环似的，散射出令人敬畏的光辉。在维也纳大街上，总理或者有钱的巨富豪绅可以四处行走，而不会有人回头仰望；但是，一个皇家男演员或者一个歌剧女演员在街上走过，每一个女售货员和每一个马车夫都会认出他们。

至于皇家歌剧院发生的事则和每一个人间接有关,甚至会涉及一个毫不相干的人。例如,我今天还清楚地记得在我少年时期发生过的一件事,有一天,我们家的厨娘噙着眼泪跌跌撞撞地走进房间,对我们讲,她刚才听人说夏洛特·沃尔特(城堡剧院最著名的女演员)死了。这种极度的悲伤自然会使人感到莫名其妙,因为这个半文盲的老厨娘从未去过那高贵的城堡剧院,也根本没在舞台上或者日常生活中见过夏洛特·沃尔特。不过话说回来,在维也纳,一位全国闻名的女演员是属于全城的集体财富,所以她的死会使一个毫不相干的人觉得是一种莫大的不幸。

经过几个世纪的艺术熏陶,我们有了一种无与伦比的鉴赏力,正是这种鉴赏力,反过来又使我们最终在一切文化领域内达到超群的水平。艺术家总是在他备受尊重的地方感到最舒畅和最受鼓舞,正如文艺复兴时期的佛罗伦萨和罗马吸引了大批画家并把他们培养成为巨匠一样——因为每个画家都感到自己必须在全体市民面前与别的画家进行竞争,不断超越自己的水平——维也纳的音乐家和演员都明白自己在这座城市里的重要性。在维也纳歌剧院,在城堡剧院里,容不得一点疏忽,任何一个错音符都会被立刻发现,一旦进入合唱声部的时间不合拍或者音符缩短,都会受到指责。这种监督不仅仅来自首演时的专业评论家们,而且来自每天的观众,他们的耳朵是敏锐的,通过不断的比较,更是越来越敏锐。

去城堡剧院还有一个愿望,就是看一下剧院大楼梯间的一系列以莎士比亚戏剧为主题的天井壁画,其中一幅是关于罗密欧与朱丽叶的。这是古斯塔夫·克里姆特初出茅庐之作(作于1886—1887年),同他一起合作的有他的弟弟恩斯特·克里姆特与前面提到的制作安可大钟的弗朗茨·马奇。在下面

城堡剧院的罗密欧与朱丽叶天井壁画

的细节图中可以看到，右方包厢下围着白色轮状皱领的男子就是古斯塔夫·克里姆特本人，后方身着红色上衣倚柱而立的是他的弟弟，中间带着帽子的男子则是弗朗茨·马奇。

这是古斯塔夫·克里姆特唯一的自画像。

我估计城堡剧院没有演出，但令人失望的是连大门都不开，只能看看画册的图片吧。

画中的克里姆特兄弟与弗朗茨·马奇

XVI

我们还是去维也纳大学（University of Vienna），领略一下克里姆特在大礼堂里的三幅天顶画。

维也纳大学

维也纳大学内部

维也纳大学与柏林大学的布局很相似，与现代大学相比，没有操场，内部只有一处被楼房围绕着的庭院（大草坪），中间有巨大的山林水泽女神的雕像喷泉，不少学生坐在躺椅上休息，整个氛围显得懒懒散散。我的夫人一看，马上表示不能让孩子上这样的大学。其实，现代大学的校园庞大，只是把懒懒散散的学生分散了而已。

与柏林大学不同的是，维也纳大学建于中世纪的教会时代，有600多年历史，1965年600周年校庆的时候，大理石板上刻有875位校长的名字。维也纳大学也有不少杰出校友，如精神分析创立人弗洛伊德、茨威格、伊利亚斯·卡内蒂（诺贝尔文学奖获得者）、薛定谔（诺贝尔物理学奖获得者）和遗传学家孟德尔等。

我走到二楼大礼堂入口，发现大门紧闭，正要离开，发现有个员工推门而进，我也跟进去，走过一个大厅，再推开一道门，就是大礼堂。上面的天顶画极高，底下根本看不清，必须上二楼的围廊，才能一睹风采。要上二楼，估计要从大厅的边门上去，但这扇门是锁死的。

这上面的三幅画已在1945年的战争中被摧毁，现在人们看到的只是复原图。

我来这里更多的是想感受一下历史气氛，因为当年它们曾引起轩然大波。

1894年，因负责环城大道上的建筑装饰而声名鹊起，克里姆特受托为维也纳大学设计天顶画。其主题是最杰出的启蒙传统：光明对黑暗的胜利。

DER·ZEIT·IHRE·KVNST·
DER·KVNST·IHRE·FREIHEIT·

VER·SACRVM·

第二章

弗洛伊德博物馆·卡尔广场地铁站·分离派之家·纳许市场·百水公寓

维也纳分离派兴起于19世纪末，其初衷是对前辈们拘泥于传统艺术形式理念的反抗，其中最具代表性的人物之一就是象征主义画家古斯塔夫·克里姆特。今天的"分离派之家"依然存放着他那幅占据三个墙面的著名作品——《贝多芬壁画》。

I

1900年，克里姆特完成了维也纳大学天顶画系列中的第一幅画：《哲学》（*Philosophy*）。从留存的黑白照片看，画家呈现给我们的世界，感觉似乎是我们在深渊中仰视它。卡尔·休斯克在《世纪末的维也纳》中描述道，"受难的人类，其蜷曲的肢体慢慢地飘过，茫然地悬在黏滞的虚空中，在无边的黑暗之外——星星远在后方——一个庞大而昏沉的司芬克斯若隐若现，她自身也不过是大片空间原子缩合而成的，只有图画底部那张发光的脸，才表明存在着有意识的头脑。这是一位'知识之神'，被置于脚灯的照射下，就像一个转过身来的提词人，提醒观众进入那宇宙的戏剧中。"

克里姆特的宇宙观是叔本华式的：世界就是意志，就是无意义的生育、爱恋、死亡这种轮回中根本看不见的能量。

但维也纳大学的87位教职员工联名请愿，抗议这幅"模糊不清"的画，并要求文化部将之弃用。在他们的眼里，正确的场景应当是哲学家们聚在树丛中高谈阔论、惬意修养、辅导门徒。

II

克里姆特没有理睬教授们的非难，并于1901年完成了第二幅作品：《医学》（*Medicine*）。

张耀主编的《维也纳，慢慢来，慢慢来》一书中介绍道："1754年特蕾莎女王的御医斯威特对医学系的改革意义重大，开创了'维也纳医学派'，1754年开创临床课，1774年兴办外科医院，1784年修建了当时世界上最大最先进的综合医院和解剖示范厅，1789年首创妇科系。当时群贤毕至，如叩诊法的发明人奥恩布鲁格、解剖学家加塞、现代助产科学的奠基人克兰茨、参

《哲学》（照片），克里姆特，1900年，1945年毁于伊门道夫城堡大火

《医学》（照片），克里姆特，1901年，1945年毁于伊门道夫城堡大火

与编纂医用植物药典全集的雅坎等。"

克里姆特没有表彰这些丰功伟绩,却"再一次让科学进步遭遇到陌生而惊人的景象,他把医学界表现为一种人类半梦半醒的幻影,人本能地任由摆布,顺从命运的洪流。在这条生命之河里,死神居于其中,他的黑纱在活人那蜷曲的肢体中间缠绕盘旋"[①]。

跟《哲学》一样,这里也有一个女祭司站在前方,此人就是骄傲、高大、有力的健康女神海吉亚。

卡尔·休斯克的《世纪末的维也纳》继续描述道:

由海吉亚所负责的那些悬浮的生命,其特点就是单个人物的实质性与他们在空间中相互关系的杂乱性对比,人物任意飘荡,时而纠缠在一起,但几乎完全感觉不到彼此的存在。虽然躯体有时会合一,可他们之间却不存在任何沟通。个人对声色与苦楚的心理–生理体验从形而上或社会的范围里被抽离出来,人类迷失在空间中。

海吉亚,只是站在其神职人员的立场上、通过希腊传统所给予她的象征符号,宣告了我们生物生命的含混性。在希腊传说中,海吉亚可是最出名的含混之人,因而同动物界最暧昧的蛇关系密切。海吉亚和阿斯克勒庇俄斯都是出生于人间沼泽(即死亡之地)的蛇,作为两栖动物的蛇,具有双性同体的阳具象征物,它极大地模糊了陆地与海洋、男性与女性、生命与死亡之间的界线。这一特征十分符合世纪末对双性同体和同性恋意识觉醒的关注:一方面表现了性爱解放,另一方面又表现出男性对性无能的恐惧。无论什么地方涉及自我的消解,性交或是自疲和死亡之时,蛇都高昂着头。

---

① [美]卡尔·休斯克:《世纪末的维也纳》,李锋译,江苏人民出版社2013年版,第247页。

这次公众更为愤怒，不仅有教授，还有势力强大的政客，他们并不理解画中蛇的寓意。卡尔·休斯克在《世纪末的维也纳》中写道，"克里姆特作品惹人不快的是其对人体及其体态和姿势的自然主义手法，画中的两个人物尤其让传统鉴赏家们感到恼火：位于画面左方的裸女飘浮在空中，其骨盆前挺，孕妇则位于右上方。"原来支持克里姆特的文化部开始转向，当克里姆特被选为美术学院教授时，他们竟然拒绝批准。

Ⅲ

最后，克里姆特把愤懑宣泄到第三幅作品《法学》（Jurisprudence）上，他很可能借用了《埃涅伊德》中的险恶传说："假如我无法让权贵低头，那就搅动冥河之水。"《法学》中的场景是死气沉沉的地狱，中心人物是无助的法律受害者。在画面的上方世界远远站着法学世界的寓言人物：真理、正义和法律，"她们高高在上，将我们遗弃在恐怖的国度，与受害者共同体验那不可名状的宿命。因此，只有那自命不凡的法律，才在画面中井然有序的上部得到了展现。这是正式的社交世界：一个失去自然特性的环境，砖石柱子和墙壁都用马赛克般的直线图案加以装饰。法官们在那里顶着干瘪瘦小的脸庞，有头却无身。三位寓言人物亦是冷漠无情，披着程式化的对称长衣，显得美丽而毫无血色"。

"然而法律之现实却不在规则匀称、安宁端庄的上方世界，而是在真空般的下部空间，也就是行使法律之处。这里并未记载罪行，只有惩罚。而这种惩罚被情欲化和心理化为湿冷地狱中的性爱噩梦。富含隐喻的画像集中了古典与现代的意象和思想，布莱克说过，'腰部是最后审判的地方'。阉割焦虑主宰了克里姆特的焦点场景：被动、压抑、无能的男性受害者困在肉欲

《法学》（照片），克里姆特，1903 年，1945 年毁于伊门道夫城堡大火

的陷阱里，一块酷似子宫的息肉将他包围。"①

包围男人的负责处决的复仇三女神既是世纪末的命运女神，又是希腊酒神的祭司，她们拥有柔软的身形、诱人的长发，"不过克里姆特又赋予她们酒神祭司身上所具有的那种蛇发女妖般的冷酷。这些蛇蝎般的复仇女神才是真正的'法律官员'，而非画面上方理想化的人物。在她们的身边，地狱那空洞的世界里，厚厚的发束在恐怖的性幻想中缠绕遮蔽"②。

克里姆特那分割开来的法律世界，上方是正义三女神，下方是本能的复仇三女神，让人想起希腊剧作家埃斯库罗斯的《奥瑞斯忒亚》，"其中雅典娜认可了宙斯的理性法律和男权势力，让它们凌驾于世仇法律和母权复仇之上。当雅典娜建立起社会正义的法庭（即雅典石山上的最高法院）时，她说服复仇女神出任守护神，通过将其召入神殿，削弱了她们的力量。于是，理性与文明庆祝自己战胜了本能和野蛮。克里姆特颠倒了这一古典象征主义，恢复了复仇女神的原始力量，并且表明：法律并未控制住暴力和凶残，而是对其加以遮掩并使其合法化。在埃斯库罗斯的版本里，雅典娜将'黑暗的女儿'托付给'地下深处的黑暗地窖'，而克里姆特怀着愤怒和苦恼，将她们重新召唤上来"③。在埃斯库罗斯的作品里，雅典娜让正义压倒本能；而克里姆特则反其道而行之。

IV

在《世纪末的维也纳》中，卡尔·休斯克认为同时代的弗洛伊德也受到了当局的压制，比如为了获得教授的职称，苦苦等待了17年，而通常的标准是5年。

---

① ② ③ [美]卡尔·休斯克：《世纪末的维也纳》，李锋译，江苏人民出版社2013年版，第257页。

为此，弗洛伊德曾在 1901 年秋，极不情愿地利用人脉关系来获得提升。

1897 年，维也纳大学医学系第一次推荐弗洛伊德升任教授，在之后的整整 4 年里，文化部迟迟不让他晋升。当时并未解释推迟的缘由，此后也无人知道是何原因。

1901 年，弗洛伊德不得不去找在文化部任职的自己以前的老师请教，老师告诉他，要让部长威廉·冯·哈特尔（Wilhelm von Hartel）干预才行。于是，弗洛伊德找到一个自己医治了 15 年的病人，她的丈夫曾是哈特尔在大学工作时的同事，她丈夫没插手此事，由她自己私下同部长交涉，但没有结果。

弗洛伊德又找到了自己的另一位病人——玛丽·冯·费斯特尔男爵夫人（Baroness Marie von Ferstel），后者想方设法找到了部长。部长当时正在筹划即将开门的现代艺术馆，夫人承诺捐给馆方一幅我们在柏林美术馆介绍过的阿诺德·勃克林的作品（《飞越柏林慕尼黑》中介绍过他）。但男爵夫人没能从她富有的姨妈那里获得这幅画，不得不用另一位分离派画家的作品代替。

1902 年 3 月，男爵夫人来到弗洛伊德的办公室，告诉他部长送来的好消息。

我们特意去了维也纳的弗洛伊德博物馆（Sigmund Freud Museum）。这处位于大宅二楼的房间是弗洛伊德在 1891 到 1938 年流亡之前的诊室和居所。房间不大，需要在楼梯口排队等待才能进去。虽然我对这里没有抱太大期待，但是参观后还是感到颇多失望，里面几乎没有什么东西，全是弗洛伊德的照片和文字介绍，只有一个柜子里有些小文物。弗洛伊德的精神分析著作有很强的历史考古人文色彩，与他这方面的偏好有关吧。

其他一无所获。

此番专程探访就算是对影响我青年时代读书生活的大师的致敬吧，毕竟我用他的方法深刻分析了自己的童年，不少困惑就此释然，受益匪浅。

弗洛伊德博物馆

V

可以说维也纳是属于克里姆特的，因为城里到处有他画作的复制品和纪念品，克恩滕大街上还有一家不小的克里姆特商店，我没进去，在外面看看，就感觉让人惊叹。

这次来维也纳，借着深入了解克里姆特，把大部分与他作品相关的地方都走了一遍。

去卡尔广场地铁站（Karlsplatz Stadtbahn Station），可以看到当时与克里姆特共事的建筑师奥托·瓦格纳（Otto Wagner，1841—1918年）所设计的一座奥地利青春派风格建筑：拱形屋顶、绿色轮廓、黄金装饰，以及白色墙面下的对称设计。

卡尔广场地铁站

地铁站内有一个很小的瓦格纳展览馆，维也纳有很多建筑都是他设计的，如环城大道上具有划时代意义的邮政储蓄局（Postsparkasse）。

瓦格纳极度崇拜克里姆特，称他为"这个世界所造就的最伟大的艺术家"。1897年，克里姆特带领年轻人离开成名艺术家的圈子，成立了维也纳分离派（Vienna Secession）艺术家协会。

分离派纲领的首要特点是与父辈艺术家一刀两断。他们对自己的界定不是泛泛的"反对派阵营"，而是一群全新的、从罗马"出走的百姓"，平民们无法忍受贵族的暴政，于是远离共和政府。"与此同时，分离派宣称其具有再生功能，并且将他们的刊物命名为《神圣之春》（*Ver Sacrum*）。这个名称源自罗马习俗，即民族危难之际，将年轻人献祭。罗马时代的年长者将自

分离派之家附近的雕像

DER·ZEIT·IHRE·KVNST·
DER·KVNST·IHRE·FREIHEIT

分离派之家

己的子女奉献给神圣使命，维也纳的青年们则奉献自己，为的是从长者手中拯救文化"[①]。

分离派艺术家认为，艺术应当为现代人提供一处躲避现代生活压力的避难所。"分离派之家"应运而生。

根据卡尔·休斯克在《世纪末的维也纳》一书中的分析："（设计'分离派之家'的）建筑师约瑟夫·奥尔布里奇的核心理念就是'建立一座艺术的神庙，为艺术爱好者提供一个宁静雅致的藏身之处'。19世纪的博物馆通常都是参照宫殿样式，模仿文艺复兴与米西奈斯贵族风格，分离派建筑却从异教寺庙中汲取灵感：'必须要有白色闪光的墙壁，神圣而纯洁，（这体现出）绝对的高贵。当我独自一人站在这座尚未竣工的塞杰斯塔圣殿前的时候，仿佛感到浑身在颤抖。'分离派之家的楼梯和入口像陵墓一般庄严肃穆，将信徒们引入这座艺术的圣殿，可内部空间本身却被奥尔布里奇完全开放——就像是克里姆特的画作《赤裸的真理》中的那面空镜子。"

VI

分离派之家于1898年竣工揭幕时也是恶评如潮，认为它像座"温室""仓库"乃至"厕所"。时过境迁，今天维也纳人因3000片镀金月桂树叶子组成的圆形穹顶而称其为"金白菜头"。

月桂树是希腊神话中的太阳神阿波罗的圣树，阿波罗爱上了水中仙女达芙妮，达芙妮无处可逃，让河神父亲将自己变成一棵月桂树。阿波罗是光明、正义、文学和艺术之神，月桂树则象征着胜利与和平，向有名的诗人赠以桂冠，雅称"桂冠诗人"。

[①] [美]卡尔·休斯克：《世纪末的维也纳》，李锋译，江苏人民出版社2013年版，第213页。

分离派之家的入口处也种有两棵月桂树，门上箴言疏落在月桂树叶间，不论是进门后的屋顶还是地下二层克里姆特的那幅著名壁画前，都放着用月桂树叶织成的圆球装饰。可以说，里里外外都是月桂树的氛围。

建筑入口上方的箴言，宣告了分离派艺术家的志向：

将艺术献给它所在的时代，（Der Zeit ihre Kunst）
将自由献给它所在的艺术。（Der Kunst ihre Freiheit）

具体含义，不得而知。

分离派之家的内部空空荡荡，据说原来的内部陈设大多在第二次世界大战中被洗劫一空，现在唯一可看的是地下二层的《贝多芬壁画》（*Beethoven Frieze*）。

分离之家展厅内的《贝多芬壁画》

《贝多芬雕像》，克林格，1902年，莱比锡美术博物馆藏

VII

据洪麟风的《克林姆魅力》介绍，这幅壁画是1902年为分离派第14届"贝多芬"大展而制作的大件作品，本来展后要拆掉，所以制作材料都是极其粗劣的廉价品，如在竹帘上贴钉苇帘，用油漆（灰泥）打底，里面掺杂着圆钉、镜子的碎片、纽扣、毛玻璃片等。总之是只求效果，不问质量。

当时德国莱比锡的艺术家马克斯·克林格（Max Klinger，1857—1920年）所雕刻的《贝多芬雕像》备受好评，色彩斑斓。被放置在白色的主展厅内，就好像克里姆特的壁画在向它致敬似的。没想到人们觉得这幅壁画的艺术价值很高，不能毁弃，而且要复原。于是，《贝多芬壁画》先是被一位实业家购买，后来又辗转到一位收藏家的手中。1973年，他把这幅壁画卖给了政府，但画已经受潮且保存不当，必须修复。所以直至1986年，它才再次在分离派之家展出。

《贝多芬壁画》总长34米，绘制在三面石灰墙上。克里姆特把多种艺术对他的影响与折衷主义融合在一起。受古希腊瓶画和古埃及壁画的启发，克里姆特发现墙壁是绝佳的画板，可以把人物和事件依序描绘在上面；精细的笔触则来自浮世绘的葛饰北斋（1760—1849年）和喜多川歌麿（1753—1806年）；与此同时，克里姆特还开始收集非洲的雕刻品，他喜好象征恶魔的恐怖面具；至于"新艺术"的代表人物，如奥伯利·比亚莱兹（Aubrey Beardsley，1872—1898年）等所倡导的文化理念也被诗意地浓缩在这幅画中。

VIII

《贝多芬壁画》是根据贝多芬《第九交响曲》最后的乐章，即席勒的《欢乐颂》进行寓意化的表现，其叙事性主题的大致含义如下：

《贝多芬壁画》之一，克里姆特，1902年，分离派之家藏

  《贝多芬壁画》由三部分组成，位于展厅左侧的是第一幅：画面上方漂浮而过的一群女子，其所代表的寓意是"对幸福的渴望"（die Sehnsucht nach dem Glück）；沿着她们飞行的轨迹向右看去，可以看到下方跪着的一对裸体男女与身后同样裸体但站立着的女子，这三人所代表的是"苦难中弱小的人类"（Die Leiden der schwachen Menschheit），他们正向面前身着金甲，手持圣剑的骑士作恳求状。骑士身后的两名女子也有其寓意，根据展厅内文字的介绍，她们分别代表"抱负"与"怜悯"，即促使金甲骑士以仁慈博爱之名为幸福而战的"内在动力"。

作恳求状的"苦难中弱小的人类" 　　金甲骑士与化身为女子形象的
　　　　　　　　　　　　　　　　　　"抱负"与"怜悯"

《贝多芬壁画》之二，克里姆特，1902年，分离派之家藏

　　接着是位于展厅中央的第二幅：被画家刻画成巨大的猴头龙身的堤福俄斯，它是大地之母盖亚和冥渊之神塔尔塔罗斯之子，它其中的三个女儿——蛇发女妖戈耳贡三姐妹站在左边，她们上方瘦骨嶙峋的女子代表的是疾病与死亡。堤福俄斯右边的另外三个女儿则是渴求淫欲、践踏忠贞、骄奢放纵的化身，在画面右端堤福俄斯的羽翼与蛇体前，一名骨瘦形销的女子正痛苦地蹲着，在右上角，我们可以看到魔怪身后露出的女子，她正带着"人类对幸福的渴望"从邪恶力量的势力间飞过。

蛇发女妖戈尔贡三姐妹　　　　　　堤福俄斯的另外三个女儿

《贝多芬壁画》之三，克里姆特，1902年，分离派之家藏

　　最后是位于右侧的第三幅："对幸福的渴望"与化身为美丽女子的"诗歌"相遇并找到了自己的归宿。再往右，可以看到数名自上而下蹲着的女子，有如一座塔一般，指向旁边"天堂里的天使唱诗班"。吟唱着的女子们闭着眼，举起双手，所对应的是贝多芬的《欢乐颂》，寓指"艺术能把我们带向理想的国度，只有那里才有纯粹的爱与欢乐幸福"。在画面右侧端头，骑士与"诗歌"相拥而吻，呼应了席勒《欢乐颂》中的那句"Diesen Kuß der ganzen Welt"（意为"这个吻献给全世界"），标志着这幅作品的高潮与终结。

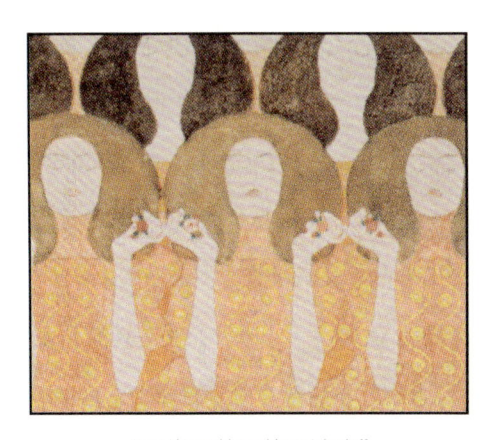

"天堂里的天使唱诗班" 　　　　　骑士与"诗歌"相拥而吻

IX

《古斯塔夫·克里姆特：新艺术运动视角》的作者伊娃·迪·斯特凡诺认为：

《贝多芬壁画》具有深刻的象征意义，因为克里姆特从男女两性关系的角度，用艺术的表现手法展现善良与邪恶、无休无止的战争，还有对理想和自由的渴望。众天使喜悦而歌的画面表现的是自由的到来，拥抱女人的画面则象征着来到了理想王国。画面中孔武有力的骑士与对面墙上的女诗人相对，这位女诗人低着头，好像在消极地期待着什么，此外她还在拨弄着一把里拉琴。她手中里拉琴优美的曲线刚好与骑士身上棱角分明的盔甲相对应。

为了与女诗人相聚，骑士必须穿过地狱，战胜恶魔，抵挡住诡计多端的淫荡的女妖的诱惑。

引导他通过危险地带的两个人都是女人，她们的身体就像水流。地狱里也几乎都是女人，这里被戈尔贡三姐妹（这是对希腊神话中三个蛇发女妖的戏仿）及其淫荡可怕的同伴占据。除了这些女妖之外，还矗立着百头巨怪堤福俄斯，他是一个猴头龙身的混合怪物，代表着漠视现实世界的邪恶力量，这位骑士（艺术家的化身）必须打败他以重振艺术法则。

在希腊神话中，堤福俄斯是雅典娜的死敌，他是赫拉为报复宙斯所生，在这里，他伪装成新艺术的保护神。他以恶龙的身形住在黑暗的火山洞里，是地母邪恶贪婪一面的化身，后者是起源于地中海文明神话中的母神。

因此，这位代表着艺术家的骑士与女诗人遭遇各种阻扰的结合就显得意蕴颇丰，这一段冲破重重阻挠的艰辛过程，就像与神话中的恶龙交战了几百个回合一样。[1]

---

[1] Eva di Stefano（2008）, *Gustav Klimt: Art Nouveau Visionary*, New York: Sterling Publishing Co., Inc., pp.180-185.

X

伊娃·迪·斯特凡诺继续分析道：

在最后一个场景中，在那个点缀着小玫瑰花的魔法花园里有各种赤身裸体的女性，还有一群女孩在唱着席勒的《欢乐颂》。这是由贞洁且积极向上的女性统治的世界，只有安然无恙地通过了戈尔贡女妖统治的黑暗世界的人才能来到这里。这部分依旧是整幅壁画的焦点所在，从后面看，这个脱去了盔甲的骑士完全沉浸在爱人的怀抱里，他看起来不像胜利的英雄，更像是一个温柔的恋人。从表面看，这个画面是在庆祝英雄战胜邪恶势力获得自由和胜利，实际上还表现了男性拜倒在爱神厄洛斯的神力之下，这是战胜恐惧和理性的一场感观上的普遍胜利。克里姆特在分离派殿堂的墙壁上绘制的阿拉伯风格的艺术作品与他倡导的诗学一致，不过这再次体现了情欲与美学的关联。

克里姆特的文章中记录这幅壁画的内容与德国音乐家瓦格纳对《第九交响曲》的理解是一致的，与德国哲学家尼采的"天才与痛苦"的理论也是契合的。维也纳音乐家马勒是克里姆特的好友，克里姆特的很多灵感都来自于他，壁画中的骑士形象就带有他的特点。

克里姆特后来借用圣经中的一句话，把《贝多芬壁画》最后一面墙上的画命名为"我的国不属于这个世界"，以此表达对瓦格纳的支持。1846年，瓦格纳在他写的关于贝多芬的文章中引用了同样的话，强调尽管现实世界已经崩塌，音乐和艺术仍是自由的。[1]

---

[1] Eva di Stefano (2008), *Gustav Klimt: Art Nouveau Visionary*, New York: Sterling Publishing Co., Inc., pp.180-190.

XI

杰出作品让人浮想联翩。卡尔·休斯克在《世纪末的维也纳》中认为：

克里姆特对这最后一幅画的构思来自席勒《欢乐颂》中的一句话："这个吻献给全世界。"对于席勒和贝多芬而言，吻是政治性的，是人们相互之间兄弟情谊的吻——"去拥抱吧，上百万的人们"是席勒普世主义的指令。贝多芬仅仅通过男声，即庄严的行板乐曲来引出这一句，带有兄弟般激情的力量和庄严。对于克里姆特而言，这种情感却不是英勇的，而是色情的。更引人注目的是，亲吻和拥抱均发生在子宫里，自恋式的高"飞"幻想在子宫内圆满完成。纵使在那天堂中，女人的发束也缠绕住恋人的脚踝，我们在克里姆特的作品中已逐渐熟悉了这种危险的方式，即使在世外桃源，性也会诱惑人心。

XII

克里姆特在创作《贝多芬壁画》的同时，也在画那幅维也纳大学的充满反叛意味的《法学》。卡尔·休斯克写道：

两幅作品对立而统一，每幅画的格调都契合其意旨。两则寓言的中心象征均为子宫及其与男性的关系，《法学》中那个子宫般的息肉及其险恶的触角，同贝多芬壁画第三幅中那子宫般的藤架及其柔顺的卷须形成了对比，第一幅画里的吸盘变成了第二幅的花朵。两例中的中心人物皆为男性，第一幅是司法的受害者——一个躬身的老头受困于肉欲的陷阱；第二幅则是艺术的胜者——一个狂喜的青年同自己的伴侣被框进一个圆柱里，柱子的形状很明显就是艺术极乐子宫里一根勃起的阴茎。

《吻》，克里姆特，1907—1908年，美景宫藏

XIII

在其他克里姆特名作面前，简直是人山人海，也许是门票昂贵，只能看一幅壁画，分离派之家的地下室内几乎没人，我们可以静静地欣赏 20 分钟。

我们见分离派之家离艾美酒店不远，就走回去了。没想到第二天跟着导航步行去纳许市场（Naschmarkt），竟然就在分离派之家的对面。

之前，我以为欧洲最精彩的菜市场非巴塞罗那的博盖利亚市场莫属，可来到纳许市场，才明白它应该在欧洲排名第一。纳许市场长约 1 千米，宽约

纳许市场与美食

20米，共有三排房舍，前两排房舍是卖蔬菜、水果、海鲜、鸡鸭鱼肉、南北杂货及糕饼、零食等的铺面，后面一排则是餐饮区，很多铺位是前面卖食材、后面就是根据这些食材烹饪的小饭店。

我们喜欢用"应有尽有"来形容市场商品的丰富，这词用在纳许市场才够贴切。维也纳处于东西方的交界处，又是个"养人"且悠闲的所在，所以它荟萃了东西方各地的美食。我去过埃及开罗和以色列耶路撒冷的最大集市，我的感觉是维也纳基本包含了那两个市场的美食。

纳许市场与美食

我们赶紧坐下，吃了一顿除柏林丽晶酒店之外最美味的海鲜。我早就计划要去纳许市场，但偏偏要到离开维也纳的前两天才来到这里。前一天就想来，不曾想是周日，市场不开门。

最让我惊讶的是，纳许市场里有几百家铺子和如此之多的美食，地上竟然一尘不染，我估计只有日本能做到这一点。在这里吃饭喝茶，没有丝毫的不舒服，一切井井有条，西班牙、意大利或耶路撒冷的菜市场就差多了。

这就是管理水准。

纳许市场与圣司提反主教座堂所在的老城中心位于两个不同的方向，使得我们之前错过了来这里享受美食的大好机会。

但纳许市场也有它不方便的地方：第一，晚上7点半就关门，我们在外面玩，要赶过去吃晚饭，太过匆匆；第二，它是露天市场，遇到下雨天，就很难在那里享用美食了。

我得收回自己对奥地利乃至中欧没有什么美食的观点，纳许市场就有。

XIV

最后，我们去看了较为偏远的百水公寓（Hundertwasserhaus，又名百水-卡尔文纳公寓）。

"百水"（Hundertwasser），是指出生于维也纳的知名画家弗里德里希·施托瓦塞尔（Friedrich Stowasser，1928—2000年）的笔名。约瑟夫·卡尔文纳（Josef Krawina）则是建筑学家，与百水同年，出生于奥地利萨尔茨堡州的拉德施塔特小镇，他们两人在1979至1985年间共同设计改建了属于市政府的公寓，公寓建筑面积为1092平方米，有50间套房，面积介于30~150平方米，租户约150人，房租平均每平方米约5欧元。总占地面积3550平方米。

百水公寓花花绿绿的，红色、蓝色、黄色、白色和灰色……像个童话世界，明显是受到西班牙建筑大师高迪的影响（我在《安达卢西亚的雨巷》中详细介绍过他），但在细节上有自己的理解。比方说，公寓的窗户像不经意的点缀，大小不一，形状各异，恰到好处。"窗户的大小是根据楼层的高低、房间内必要的采光需求而设计。因此人们可以看到，楼层较低而采光效果差的套房的窗户要比高层的窗户大许多，两位设计者以此方式解决了采光不一的问题，让所有的住户都享有共同的阳光"。[1]

五颜六色的百水公寓

---

[1] Verena Loregger（2013），*Hundertwasser- Krawina House Vienna*，Vienna: H B Medienvertrieb Gesmbh, P.42.

百水公寓的入口与狮子雕塑

　　公寓的装饰物独具匠心，那些复杂的雕塑则有其特殊的含义，公寓两侧平台楼沿上众多的保龄球瓶柱和狮子雕塑可以让人知道自己所在的位置，即介于维也纳第三行政区的狮子街和保龄球柱街的转角处。以此类推，面向保龄球柱街那一面的是五彩缤纷的保龄球瓶柱，狮子街的部分则是用威武的雄狮雕塑来装饰的。

XV

　　卡尔文纳原本希望在改建的公寓中保留一部分老建筑，成为建筑物中的建筑物。但由于经费无法落实，于是两位设计师尝试把老旧的东西与现代建筑结合起来。

因此，今天的人们可以在平台、地板上看到那些帝国时期印有皇家双头鹰图样的老红方砖，立面墙上的马赛克装饰物用破碎的瓷片嵌拼而成，在地板上，人们甚至可以发现古墓墓碑的残破碎块，在公寓的灰色立面墙部分，两位创始人用镜子的破损碎片来装饰，当阳光照射在那些镜子的碎片上，会反射出相当有趣的色彩效果。[1]

公寓的另一个与众不同之处是所谓的"租房树"。这些树木不像它们的同类那样长在屋顶或平台上，而是种植在房子里，它们的枝杆叶片则伸出房外自由生长。事实上，它们是"住"在套房的阳台里，因为公寓所有的阳台都是建在立面墙内部的，所以公寓的居民可以通过接通一个定向的喷水器从房间里灌溉这些树木，就像公寓居民使用能源和水源一样，因此这些树木被称为"租房树"。[2]

XVI

公寓内部也非常有趣。

百水认为人至少有三层"皮肤"：自己的皮肤、衣服和居室，他不断提醒人们，每一层"皮肤"都要不断更新，否则死神很快就会降临。

一般来说，租户是不能轻易改变租房装饰的，但百水却使得租户得以对自己范围内的窗户、楼梯间、墙壁和走廊进行粉刷和装饰，从而更新自己的第三层"皮肤"。

住户的门颜色不一、形式多样。套房内的卫生间是百水最为关注的，因

---

[1] Verena Loregger（2013），*Hundertwasser- Krawina House Vienna*，Vienna: H B Medienvertrieb Gesmbh, P.52.

[2] Verena Loregger（2013），*Hundertwasser- Krawina House Vienna*，Vienna: H B Medienvertrieb Gesmbh, P.56.

068

百水公寓及其周边装饰

为这是人们脱掉第二层"皮肤"、回归自然裸体的地方。浴室和厕所的瓷砖以不规则的形式铺设，在卫生间的墙壁上还安装了透明玻璃砖，人们可以里外互相观看。

百水和卡尔文纳用了众多的马赛克和瓷砖条来装饰公寓内外，每个装饰图案都是独一无二的。从地下车库开始就有众多的马赛克花卉和动物图案，一直延伸至楼梯间和走廊。

公寓对面的购物村是由一幢1912年的老建筑改建的，里面完全是百水－卡尔文纳式的，两层楼都是画廊、纪念品商店和小酒吧，地下室则有百水设计的卫生间。对我们这些无缘进入公寓内部的人来说，还真有点乐趣。

游玩百水－卡尔文纳公寓非常轻松，但缺乏高迪大师设计建筑的底蕴和

百水公寓内部

精致，这可能也与建筑的预算和改建的时间不足有关。

这家公寓是百水设计的第一座建筑，他通过与卡尔文纳的合作，学到了许多宝贵的建筑经验和知识。百水接着又设计或改建了高速公路休息站、教堂和温泉酒店等项目，但百水与卡尔文纳两人再也没有合作过。

2000年2月19日，71岁的百水在一艘豪华游轮上去世。按照百水的遗嘱，他被下葬于自己称之为"愉悦之死花园"的新西兰私人墓地中。墓穴深60厘米，百水的尸体用一块裹尸布包裹，一棵种植在墓穴上的美丽鹅掌树的树根将他缠绕其中，让他与树木共同"生存"。

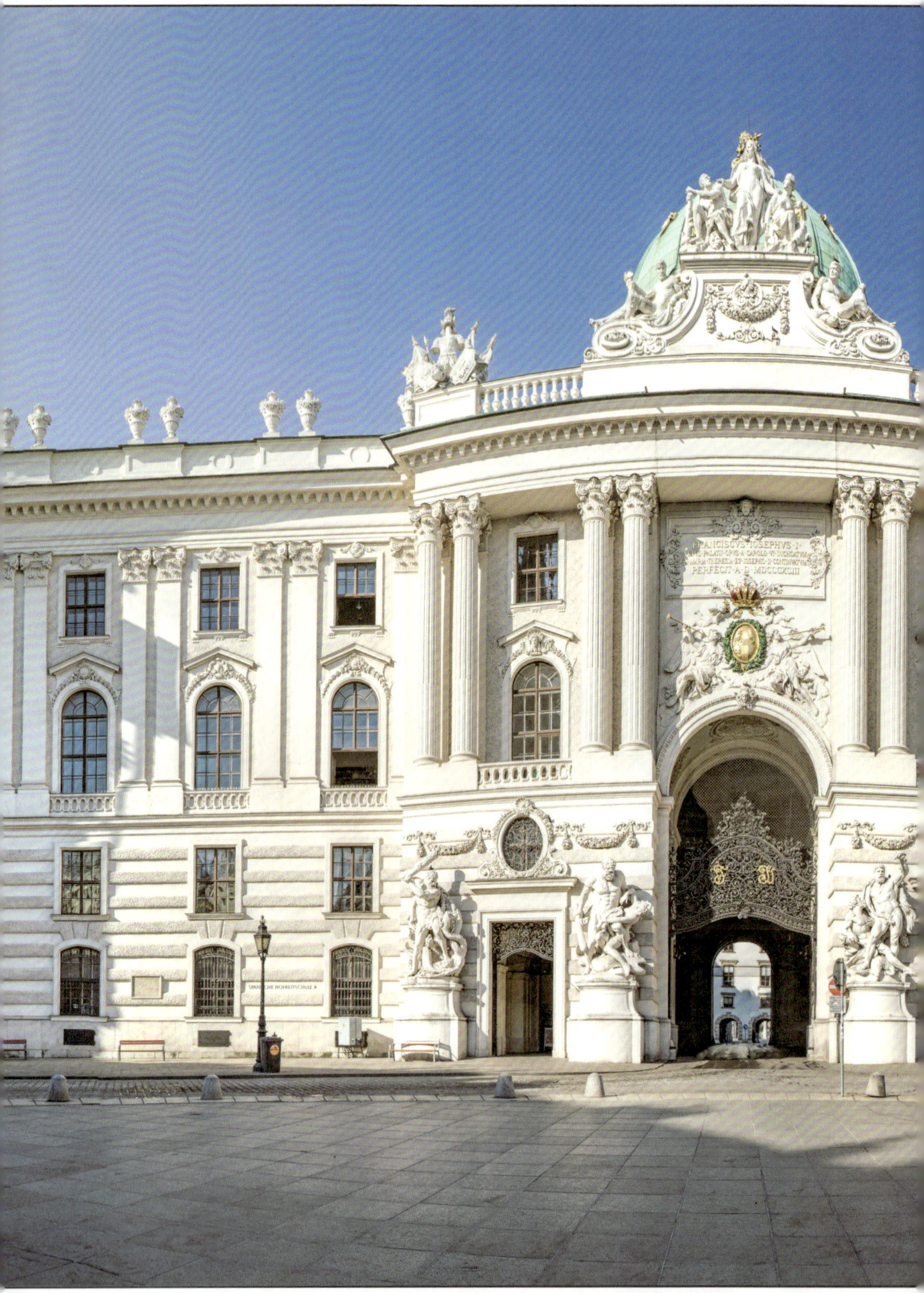
FRANCISCVS · IOSEPHVS · I ·
PERFECIT · A · D · MDCCCXCIII

第三章

霍夫堡茜茜博物馆

霍夫堡的规划与筹建最早可以追溯到13世纪的巴本堡王朝统治时期，它后来成为哈布斯堡王朝的皇宫。几百年来，霍夫堡建筑群不断扩建，19世纪末建成的圣米迦勒宫就是其中之一，它位于霍夫堡东北，穿过它的大门往右，就是茜茜博物馆的入口。

I

为了照顾家人的兴趣，我们从城堡剧院步行至霍夫堡（Hofburg）建筑群中宏伟的圣米迦勒宫（Michaelertrakt），坐了一圈马车游览环城大道，返回后自四尊大力神雕像护卫的大门穿过拱顶，来到了茜茜博物馆（Sisi Museum）、皇室居所与银器博物馆的所在地。

原本只想浮光掠影地参观一下，但由国际著名布景师罗尔夫·朗根法斯（Rolf Langenfass）设计的茜茜博物馆开头的讲解就深深吸引了我：

"不干活，就别吃饭。无政府主义万岁！统治阶级必死！"这是无政府主义者卢伊吉·卢切尼（Luigi Lucheni）被问到为何要刺杀奥地利皇后伊丽莎白（昵称"茜茜"公主）时给出的答案。听到茜茜公主在1898年9月10日遇刺身亡的消息后，整个社会都震惊了。然而，正是茜茜公主的死使她成为一个不朽的传奇。

茜茜公主成了历史上一位永远青春靓丽的皇后。100多年来，她一直被认为是欧洲最美丽的皇后。在生命的最后几年里，她几乎没有发表过任何政治观点，近乎彻底退出了政治舞台。她遇害的消息成了新闻报道的焦点，国内报纸纷纷表达了对国王的同情，认为他又遭遇了一次命运的打击。

但事情远没有那么简单，人们很快意识到孤独的皇帝和美丽却不幸的皇后是宣传君主制度的最佳题材，于是，奥地利的纪念品中充斥着各种纪念照片、纪念币和明信片，日常生活中的各种物品也都印着茜茜公主的美丽头像。她最后几年频繁造访的那些国家专门成立了委员会，前来监督皇后纪念馆的建造。由赫尔曼·克洛兹（Hermann Klotz）设计的真人大小的茜茜公主雕像开始在布达佩斯的圣马太大教堂建造施工，两件复制品则分别由皇后的朋友艾达·费伦塞和她的女儿玛丽·瓦莱丽女大公保存。这位皇后的头像如此受欢迎，

圣米迦勒宫的大门与左侧的"海上力量"喷泉

就连弗朗茨·约瑟夫皇帝也委托工匠把妻子的头像印在了素瓷上，以作为送给皇室成员和贵客的特殊礼物。

即便哈布斯堡王朝后来灭亡了，世人依然对茜茜公主迷恋不已。20世纪30年代出版了一系列有关她生平的小说，为第二次世界大战之后厄内斯特·马利施卡（Ernst Marischka）导演拍摄的《茜茜公主》三部曲提供了基本素材，而由罗密·施奈德（Romy Schneider）扮演的皇后把茜茜公主的女神光环发挥到了极致。

历史上真实的茜茜公主又是怎样的呢？

II

我原以为茜茜博物馆也就浪漫地装饰了一番而已，没想到藏品很多，能明显感受到世人对茜茜公主的迷恋和真爱。于是，我认真地听完解说，看完整个展览，回上海又阅读了布里姬特·哈曼的《茜茜公主》，觉得有很多故事可说。

伊丽莎白出生于1837年的平安夜，是巴伐利亚公爵马克西米利安·约瑟夫（Duke Maximilian Joseph in Bavaria）和妻子路德维卡（Princess Ludovika of Bavaria）的第四个孩子。她降生的那天是周日，出生时有颗乳牙已经外露，这是好运的标志。

她的父母住在慕尼黑小镇上一座富丽堂皇的宫殿里，他们经常去施塔恩贝格湖（Lake Starnberg）西岸的波森霍芬城堡（Possenhofen Castle）避暑，孩子们可以在那里的乡间无拘无束地玩耍。他们住的地方有一个小型农场，孩子们常常和农场里饲养的动物一起嬉戏。父亲经常旅行，他热爱音乐，尤其喜欢弹齐特琴，但他从不在皇室的亲属面前弹拨，而是在旅行地的小酒馆或客栈里自娱。母亲则负责孩子们的成长和教育，孩子们每天都要上课，只有周日休息。然而，学习对孩子们来说似乎没起到什么作用，因为他们还是操着巴伐利亚口音。孩子们或在那儿弹奏齐特琴，或去乡村旅店里唱歌。

1853年，15岁的伊丽莎白与弗朗茨·约瑟夫皇帝订婚，这是她人生的重大转折点，这个年轻的女孩突然间成为了众人关注的焦点。

《7岁的伊丽莎白半身像》，安东·费恩科恩，霍夫堡藏

Ⅲ

约瑟夫皇帝当时23岁，是一位英俊标致的青年，一头金发，没有棱角的面孔和纤弱修长的身材，喜欢穿紧身将军制服，这让他显得格外英俊。

《15岁的伊丽莎白》,阿洛伊斯·洛赫尔摄,1852—1853年,霍夫堡藏

1848年，约瑟夫的伯父——奥地利国王斐迪南一世（Ferdinand I of Austria）因病退位，而他意志薄弱的父亲弗朗茨·卡尔大公（Archduke Franz Karl of Austria）放弃了继位，于是时年18岁的约瑟夫登上了奥地利国王的宝座。在他前任国王那猥琐形象的对比下，这位年轻的君王立即获得了人们的好感。

弗朗茨·约瑟夫是个专制的统治者：他是最高军事统帅，他的国家没有议会，没有宪法，甚至没有首相，他的群臣只不过是这位至高无上的君王的顾问而已。他可以支配强大的军队和警察力量，用以维系他的统治和国家的统一。

1853年的奥地利是欧洲大陆上仅次于俄罗斯的第二大帝国，人口达4000万人，拥有60万军队。在这个多民族的国家里生活着850万德意志人、1600万斯拉夫人、600万意大利人、500万匈牙利人、约100万犹太人和约10万吉卜赛人。以今天的世界版图来看，当时的奥地利可以说是东起乌克兰，西至意大利，南连克罗地亚，北抵捷克。

约瑟夫皇帝的母亲索菲（Princess Sophie of Bavaria）也是巴伐利亚王室的公主，前面提到的路德维卡是她的妹妹，原来的计划是把茜茜公主的姐姐海琳（Duchess Helene of Bavaria）嫁给皇帝，没想到前去德国相亲的约瑟夫对茜茜公主一见钟情。

索菲在日记中写道："皇帝有些陶醉，说茜茜是如何甜美，如何像剥了壳的杏仁一样清新，她的秀发如何与她的面孔相配！说她的眼睛如何妩媚和温柔，嘴唇就像是一颗鲜嫩的草莓。"

15岁的伊丽莎白刚刚结束了一段感情，她热恋着一个父母认为不应该爱的男子——在父亲处当差的一位年轻人。这段浪漫史很快就结束了，那位年轻人被派了外差，他后来虽又回来过一次，但不久就病逝了。茜茜为此很伤心，无法摆脱的痛苦使她变得郁郁寡欢，她常常把自己关进房间几个小时，用眼泪和诗句表露自己的情感。

茜茜对皇帝的感觉如何？虽然她后来对他们的结合耿耿于怀："婚姻是一件荒唐的事情。15岁的孩子被人出卖，先是做出自己不懂的承诺，然后是30年或更长时间的悔恨，而自己又无法从中解脱出来。"可据她的姨妈的转述，当母亲问茜茜是否会爱上皇帝时，茜茜回答说："这样一个男人怎么会不爱呢？"随之流下了眼泪，保证尽一切努力使皇帝幸福，并成为索菲姨妈"最温柔的孩子"。"可是，"茜茜又说到，"他怎么会看上我呢？我真是微不足道的！"不久以后她又说："我真的很喜欢他！如果他不是皇帝该有多好！"

IV

为了提高伊丽莎白皇后的知名度，画家受命为她画了很多肖像，第一批肖像画不能令所有人都满意，年轻的皇帝对这些画像也不满意，1853年9月他在给母亲的信中写道：

他们告诉我那个威尼斯画家叫凯撒，他已经从波森霍芬回来，准备把带回来的画像做成石板画。但是，我满怀期待地看到的这幅画像却画得非常差劲，已经被我没收了——另外，由照片做成的石板画也已经从慕尼黑送来了，如果我没有截住而是直接公诸于众，结果可能会更糟。那幅画把她的脸画得像个黑人似的。现在，我倒要看看宫廷议员冯·汉夫施坦格尔还能给我带来些什么！

其中一件最有名的新娘雕塑是约翰·冯·哈尔比希（Johann von Halbig）制作的半身像，弗朗茨·约瑟夫觉得它制作得极其成功。他在一封写给母亲的信中说道：

我很高兴你已经收到了茜茜的半身像，而且还很喜欢。我是在艾斯特哈兹的工作室里看到的，觉得这是一件最好的半身像。

在另一封信中他又写道：

这是我在这里看到的第一张完美的画像，画得真的很像，是一个叫德吕克的人画的，我的岳父想把它送给我。

这位年轻的皇帝完全被茜茜公主自然美丽的神态迷住了，他彻底地爱上了她。1853年8月19日订婚仪式后的一段时间内，年轻的伊丽莎白必须迅速补上她无忧无虑的童年时期错过的所有课程。

V

离家的日子越来越近，茜茜公主开始变得郁郁寡欢和局促不安，在慕尼黑举办的欢送她的舞会上，所有的眼睛都注视着她，从现在开始她要慢慢适应这样的场合。这位新娘穿着准备好的精致长裙——这件礼服在茜茜博物馆中有复制品——裙子和披肩上都绣着阿拉伯文字，翻译过来的意思是：哦，老爷，多美的梦啊！

但是对茜茜公主来说，这却是一场噩梦：和皇帝结婚后，她的地位将上升到皇室的最高级别。从那时起，她将不得不遵守各种礼节，出席各种庆典。刚开始，她讨厌这样的生活，排斥皇宫的安排，不愿遵守这里制定的严格规定。朝中贵族对茜茜公主的这种态度非常不满，但是当她以皇后的身份履行国家职责时，她又成为了人们崇拜的对象。

婆媳之间的恩怨向来是人间常态，更何况是在皇室。索菲并非是个苛刻的婆婆，对茜茜也抱有善意，但有时用了错误的方法。茜茜公主又是个自由随性的人，两人的关系只能日趋恶化。

伊丽莎白皇后在婚礼前夕的舞会上穿的礼服（复制品），霍夫堡藏

《身穿陆军元帅制服的弗朗茨·约瑟夫皇帝》，温特哈尔特，1865年，霍夫堡藏

索菲是儿子约瑟夫内心的权威,她亲自扶植儿子上台,也参与政务。约瑟夫在母亲与深爱的茜茜之间也是无可奈何。

约瑟夫与茜茜,不仅在性格与教养上各异,情趣也多有不同。随着时间的推移,这种差异越来越明显。就拿莎士比亚的《仲夏夜之梦》为例,这是茜茜最喜欢的作品,她甚至可以大段大段地背诵。但她的丈夫写给母亲的信中却说:"昨天我和茜茜到皇宫剧院去看莎士比亚的《仲夏夜之梦》——这是一出很乏味和愚蠢的戏,只有戴驴头的贝克曼表演得还算有趣。"

这对年轻的夫妇在开始的一段时间里是非常恩爱的,后来茜茜写诗回忆:"当我依偎在你的胸膛上,你我只有深情的目光,我的眼睛是你的伊甸,我的心是你的温床。我们在亲吻中忘却世界,我们的灵魂已经汇于一堂。"

Ⅵ

但是,在他们结婚五年后,年轻的皇帝可能由于工作的紧张,无法从她那里得到情感上的满足,因而出轨。这在维也纳是司空见惯的事情,茜茜公主却无法容忍,她觉得嫁给约瑟夫不是为了追求社会地位,而是出于感情。她愤而出走,回到娘家,将婚姻危机公开化。

接着茜茜公主大病一场,引起了国内外的关注。当时有各种传说,可从现代医学上看,皇后患有精神方面的疾病,说的准确一些是心理障碍。她得了神经性厌欲症,并常常伴有拒绝性欲的现象。这也是茜茜公主一离开维也纳和丈夫就会很快康复的原因。

茜茜离开了维也纳近两年,期间到各地疗养旅游,约瑟夫也去看她,但两人再也没能和好如初。年轻的皇后变了,变得自信和坚定,她已经知道如何有效地维护自己的利益。皇帝一直担心他的妻子又会因一点烦恼离他而去，给皇室的声誉造成更大的损害，所以格外小心地对待她，表现出极大的宽容性。

茜茜却因此开启了可以经常离开丈夫、摆脱皇后与妻子的责任、时不时游山玩水的模式。

Ⅶ

茜茜公主的美貌越来越超凡脱俗，到了19世纪60年代，她的美貌已经名扬四海，这也成了她自信心日益增强的源泉。

茜茜公主真正的妩媚出现在婚后，她的身段，特别是在婚后四年的三次生育之后，变得越来越有女人味了。通过经常性的运动与饥饿疗法，她保持着苗条而诱人的体型。她身高1.73米，体重50千克左右，实际上是处于过度消瘦的状态。她的腰围终生未变：保持在令人瞠目结舌的50厘米，这是伊丽莎白采取强力束腰直至呼吸困难的结果。

茜茜也有美中不足的地方，例如她难看的牙齿。为了避免暴露自己的牙齿，她说话尽量不张大嘴巴，所以发音十分含混，几乎到了让人难以听清的程度。此外声音也十分小，使得人们甚至认为她不是在说话而是在耳语。

但茜茜的美貌是无与伦比的。哈曼在《茜茜公主》中写道："60年代中期，伊丽莎白是一位20岁的美女，她享受着美貌的自信，战胜了她在维也纳的对手，并把这作为理所当然的资本，因为她的第一个崇拜者就是她的皇帝丈夫。这对夫妇的关系自从茜茜的逃逸开始就发生了变化：茜茜公主变成了强者，可以用她女性的手段向皇帝施加压力。维也纳宫廷以巨大的忧虑注视着这种发展态势，她的婆婆索菲越来越被排斥出局，她对皇帝的影响已经微乎其微。

"这种变化并非来自茜茜的奋斗、亲切或智慧，而是完全通过她的美丽。

因而，她对自己外表的格外重视也就可以理解了。60年代中期，她已经知道得很清楚：她的美丽是她的力量，可以为满足自己的愿望而加以利用。她善于成功地利用这种施压手段，不仅在皇室家族中，而且在奥地利的政治生活中也有所反映。"

最明显的例子就是茜茜公主对匈牙利政局的干预，她让丈夫听从自己的意见，成立了奥匈帝国，匈牙利至少在形式上与奥地利平起平坐。我们在维也纳格拉本大街的黑死病纪念柱上了解到，奥地利、匈牙利与波希米亚是哈布斯堡王朝世俗上的三位一体，将波希米亚抛离，在政治上是奇怪的。原因是被茜茜公主视为主要对手的维也纳显贵们大多出生于波希米亚，而茜茜在匈牙利则深受人们的爱戴。

从某种程度上说，皇后成了匈牙利民族主义者的工具。所以事成之后，朝中对她日益敌视，这也在情理之中。

对茜茜而言，1867年加冕为匈牙利女王时，她的人生可以说是达到了巅峰。在加冕仪式上，她穿了一件银白色织锦蕾丝礼服，礼服的上半身是深色的蓝丝绒紧身衣，上面缀着珍珠和蕾丝花边，这件礼服是著名的巴黎服装设计师查尔斯·弗雷德里克·沃斯设计的。

伊丽莎白皇后1867年加冕匈牙利女王时身穿的礼服（复制品），霍夫堡藏

《身穿舞裙的伊丽莎白皇后像》，温特哈尔特，1865年，霍夫堡藏

茜茜公主最著名的肖像画是她28岁时由弗朗茨·克萨韦尔·温特哈尔特（Franz Xaver Winterhalter）所绘制的这幅《身穿舞裙的伊丽莎白皇后像》（*Empress Elisabeth of Austria in Dancing Dress*）。她穿着舞裙，上面缀着星星样式的钻石，和她头发上的星状钻石发饰十分般配，这件裙子让她的美丽蜚声世界。

VIII

此后，伊丽莎白远离宫廷事务，开始按照自己的意愿生活。她大量的时间都用来骑马和盛装起舞，模仿德国诗人海因里希·海涅的风格作诗，还常常出去旅行。她在自己的寓所里装了一套健身器材，每天都进行大量的运动，这使整个宫廷大为震惊。

今天的女性已经习惯这种健身活动，殊不知对那个时代的女性来说，这简直就是一个丑闻。

茨威格在《昨日的世界：一个欧洲人的回忆》中回忆19世纪末的维也纳学校生活时写道："我们对一切体育运动都不闻不问，甚至瞧不起。要让今天的年轻人理解这一点可能很不容易。诚然，体育运动的浪潮在上个世纪还没有从英国冲击到我们欧洲大陆，当时还没有这样的体育场：当一个拳击手用拳头向另一个拳击手的下颚频频猛击时，上万名观众会兴奋得狂呼乱叫。当时报纸不会派出自己的记者，让他们用通栏的篇幅像'荷马史诗'似地报道一场曲棍球比赛。在我们那个时代，摔跤、体育协会、举重纪录，这一切都是郊外发生的事，参加者乃是屠夫和搬运夫之流，只有那种比较高雅、比较贵族气的赛跑运动，一年有几次把所谓的'上流社会'的人吸引到赛跑场上。"

茜茜公主的"实现自我"在当时的维也纳实属离经叛道之举。茨威格写道："今天，到处推崇年轻、活力、干劲、自信；而在那个太平年代，任何一个想要进

《穿着轻质睡衣披着长发的伊丽莎白皇后像》，温特哈尔特，1865年，霍夫堡藏

取的人，为了使自己显得年老一些，不得不想尽办法打扮自己。报纸上宣传介绍加速长胡须的方法，刚刚从医学院毕业的二十四五岁的年轻医生都已蓄起大胡须、戴上金丝边眼镜，尽管他们的眼睛根本没有这种需求，之所以这样做，仅仅是为了给病人留下'有经验'的印象。男人们都穿着长长的黑色小礼服，步履从容稳重，有可能的话，会挺起微微凸显的圆肚子，体现那种刻意追求的老成持重。"

IX

茜茜公主每天都会花上几个小时把自己打扮得光彩照人，她最显著的特点是那一头浓密的过膝长发，每次都要花费很长的时间梳理。弗兰齐斯卡·费法里克（Franziska Feifalik）是皇后的私人发型师，在这两个小时的梳理和做造型的时间里，皇后都会跟着康斯坦丁·克里斯托曼诺（Constantin Cristomanos）学外语，特别是古希腊语和现代希腊语。康斯坦丁记录下了其中一个场景：

我看到她的头发就像波浪一样从脑后缓缓垂到地上，她精致的脸蛋和完美的身形并没有被头发遮住——她的头发从肩上的蕾丝披肩开始滑落，一直垂到白色长裙下面。①

每隔一个星期，她都会用蛋黄和干邑制作的特殊护发剂清洗秀发，她用的许多化妆品都是宫廷药剂房按照特殊配方专门为她配制的。她喜欢在浴缸里放一些橄榄油，然后把柔美的身体浸泡在放了多种营养物质的热水里，从而使皮肤变得紧致光滑。她旅行的时候会带几只山羊，有时甚至还会带着奶牛，

---

① Ingrid Haslinger, Katrin Unterreiner（2013）, *The Vienna Hofburg: Imperial Apartments, Sisi Museum and Imperial Silver Collection*, Vienna: Schloss Schonbrunn Kultur- und Betriebsges m.b.H., P.29.

以保证她一直都可以喝到新鲜的奶。

节食和体操的效果一样，都是显而易见的，在19世纪，一个已经30岁且多次生育的女人几乎就相当于是一个老太婆了。茜茜公主却是一个非比寻常的例外，她美貌的名声持续了30年之久。

正如哈曼所言：对茜茜公主来说，"外表"对她的自信心至关重要，对它的维护最终发展成真正的对美的膜拜。茜茜公主的侄女（哥哥的女儿）玛丽·拉里施（Marie Larisch）后来有些恶意地把这称为"超越一切的狂爱……她崇拜自己的美貌，就像一个信徒膜拜自己的偶像，跪倒在它的面前。观赏自己完美的身体，对她是一种美学的享受；一切掩盖这种完美无缺的事物，对她都是庸俗和厌恶的——她的生活使命就是保持年轻，她的全部心思都倾注在维护自己的美貌上"。

X

茜茜公主这样感情细腻、充满幻想、高智商的女人却拴在一个理智型的勤于事业的男人身上，他完全无法理解妻子复杂的精神世界。随着年龄的增长，夫妻间出现了一条鸿沟，它只是在表面的友善和宫廷礼仪下才得以掩饰。茜茜公主的精神越是接近崩溃，弗朗茨·约瑟夫的学究气和唯理智表现也就越严重，他更加少言寡语。对于丈夫的固执和冷漠，茜茜公主内心充满了悲哀。

但凭心而论，能满足茜茜公主这样任性的妻子着实不容易。

茜茜公主拒绝承担一个妻子、母亲和皇后所应该承担的义务，也没有做其他什么更有意义的事情来充实自己。有位旁观者正确地指出了这一点："她是一个幻想者，她的主要活动就是冥思苦想。这是很危险的事。她想解释一切，而且四处寻找答案，我想说，即使是最健康的神经也会在这样的生活中被累垮的。"

据说匈牙利杰出的政治活动家久拉·安德拉西（Gyula Andrássy）伯爵才是皇后的"真爱"，但茜茜公主和这个男人之间的亲密关系只是一种柏拉图式的感情。

茜茜公主在她的一生中都未曾热衷过肉体的爱恋，在她的生活中，任何男人都没有超越单纯崇拜者的界限。茜茜公主把对她的崇拜看成是对自己美貌的认可，从而把这当成是一种享受，始终保持着可望不可即的冷面皇后的名声。有旁观者仔细观察了茜茜公主在其崇拜者面前的态度："伊丽莎白只喜欢爱情本身，因为这对她意味着生命的火焰，她把崇拜者的狂热看成是对她美貌的认可。但她的激情并不长久，显然，她更多地把这看成是一种艺术，而无法明确其真实的概念——她应该升华至神灵的行列，应该在帕耳纳索斯圣山上受崇拜或者像勒达或塞墨勒那样被宙斯选中。皇后在生活中拒绝粗俗，就像她膜拜美貌一样执着。"

但茜茜公主这样的生活方式是需要高昂费用的，正因为她有个宠爱自己的皇帝才能办到。约瑟夫的个人经济状况开始是比较拮据的（哈布斯堡王朝毕竟有别于中国的封建王朝，皇帝是不能挪用国库资金的），他不得不一再请求茜茜公主控制过量的开支。

1875年，没有子嗣的老国王斐迪南一世亡故，作为侄子的约瑟夫就成了他遗产的继承人。皇帝发财了，之后再也没有拒绝过妻子任何需要花钱的愿望，皇后也利用一切可能的机会巧妙地捞取钱财。尽管伊丽莎白日常开销巨大，但从1875年起，她的私人财产仍然有了大幅增长。她购买了国家铁路、多瑙航运公司的股票，以不同的名义在银行设立储蓄账户。为了应对可能的意外事件，比如流亡，她还把一部分财产存入瑞士银行。尚无史料表明丈夫对她

《佩戴红宝石首饰的伊丽莎白皇后》,格奥尔·拉布,1879年,霍夫堡藏

这种转移财产的做法是知情的。

从一个人对金钱的态度和运用可以看出他的人生之道，这足以让我们对茜茜公主的另一面刮目相看。

XI

50多岁的皇帝坠入比他年轻20岁的已婚妇女——城堡剧院的女演员卡塔琳娜·施拉特（Katharina Schratt）的情网，茜茜公主非但没有丝毫嫉妒，反而表示了支持。皇后结识了卡塔琳娜，邀请她到皇宫来，成为自己的朋友，担当丈夫恋情的保护神。

茜茜公主的意愿是继续发展自己的爱好：写诗，读书，学习希腊文和她渴求的越来越远、要求越来越高的旅行。然而，在此之前，她还想让她的两个最亲近的人——丈夫和爱女得到良好的照顾，让他们不致于孤单，所以她要为约瑟夫找一个女朋友。

其实，在卡塔琳娜进入他的生活之前，皇帝实际上已经和一个维也纳铁路官员的妻子安娜·纳霍斯基（Anna Nahowski）秘密来往多年。安娜比卡塔琳娜还要年轻将近7岁，安娜一家在皇帝的慷慨帮助下变得非常富有，他们在美泉宫宫墙对面买了一处别墅，皇帝清晨偷偷进入，安娜的丈夫则故意回避。

约瑟夫对安娜谈不上什么深厚的情感，到她那里去，目的很明确，迅速解决问题后立刻消失。安娜虽然也感到这是对她的羞辱，但由于丰厚的经济补偿而获得了心理上的平衡。

XII

对于家庭的混乱，他们最小的女儿玛丽·瓦莱丽（Archduchess Marie Valerie

of Austria）在她的哥哥皇太子鲁道夫（Rudolf, Crown Prince of Austria）死后，在日记里写下了这样一段话：

假如妈妈能够用上天赋予她的力量与性格，以高亢的勇气和永恒的意志为自己的幸福而奋斗；假如她不是受虚假骄傲的驱使而总是沉默不语，而是向爸爸敞开自己的心扉，重新接纳这份爱情；假如她没有因为每一个细小且通常无故的伤感而对很多她曾爱过的人丧失信任，那么，这巨大的悲痛也许就不会沉浸在那千百重的苦涩之中了。

《伊丽莎白皇后肖像画》，老弗朗茨·鲁斯，1863年，美泉宫藏

1889年1月30日，鲁道夫在精神恍惚的状态下杀了自己的情妇，然后自杀。

茜茜公主陷入了极大的悲痛，从此，她一身黑色。黑色的衣服、黑色的珠宝首饰代替了曾经佩戴的明亮的配饰，并将其送给了女儿和孙女。黑玻璃珠或黑玉珠成了这位奥地利皇后经常佩戴的首饰，黑头纱和黑扇子让这悲伤沉默的女人形象显得更加突出。

皇后变得愈发焦躁不安，她开始不停地旅行，乘坐皇家游轮出海航行成了茜茜公主主要的生活。

乘坐米拉玛尔号（Miramar）游轮，她到过大西洋、地中海，还沿着希腊的海岸线转了一圈。在那片海域，她最喜欢的一个地方就是科孚岛（我在《飞越柏林慕尼黑》中介绍的《死亡之岛》系列画作的原型），她在那里建造了阿喀琉斯宫，这是一座庞贝式的富丽堂皇的别墅，以她最喜欢的希腊神话的英雄人物阿喀琉斯的名字命名。为阿喀琉斯宫购置的所有物品都有一个戴王冠的海豚标志。然而，尽管她在1888年写给丈夫的信中热情洋溢地把科孚岛描述成"一个完美的旅行地"，但这栋别墅刚刚竣工，她就失去了兴趣，转手把它卖给了别人。茜茜公主说："我应该把我自己的银制餐具也卖了，有个美国人可能会买。"

XIII

茜茜公主出海航行的时候，游轮后面的甲板装了一顶遮阳棚。她在甲板上过着简单的生活，不用接待贵宾，也不用举办国宴，她对自己的希腊语老师克里斯托曼诺说："甲板上的生活已经超越了旅行的意义，这样的生活更快乐，也更真实，我要尽可能享受在船上待的每一分钟，要尽可能延长这样的生活。"

在维也纳稍吹一点冷空气就受不了的茜茜公主，到了外出旅行时却成了最不惧怕狂风暴雨的强人。皇后的随从说："皇后陛下离开维也纳，就因为受不了那里的寒冷，可我们恰恰是在最寒冷的地方度过了6个星期，她在这样的坏天气里照样出游，风把她的雨伞吹翻过两次，甚至吹掉了她的帽子。"

在刮起风暴的海上，她甚至让人把自己绑在甲板的椅子上，以免被海浪冲走，"我这样做和奥德赛一样，因为海浪在引诱我。"她对她的希腊语老师说。

XIV

茜茜公主还喜欢乘火车旅行。1873年，奥地利铁路公司专门定制了一列车厢，将其作为礼物送给了皇后。其中包括一节餐车和卧铺车厢，都按照皇后的意愿布置。车厢里有电力设备、蒸气加热系统和盥洗室。为了保证列车在邻国的铁道上也可以顺利通行，列车上还安装了伸缩台阶，以适应意大利狭窄的轨道。车厢内部的装饰既简单又有品位，没有华丽的装饰，看上去很舒服。

皇后的卧铺车厢被保存了下来，目前陈列在维也纳科技博物馆（Vienna Technical Museum）中，游客可以透过窗户看到里面的陈设。茜茜博物馆也放有一个相同大小的复制品，为的是让游客在这里也能看到皇后的卧铺车厢。

此时的茜茜公主总是刻意避开他人，包括保护她的警察。有位侯爵后来回忆说，当他还是一个小男孩时，也就是在1896至1897年间，看到过皇后，由于没有成年人在附近，茜茜公主竟没有用扇子遮面！孩子仿佛从云端里掉了下来，因为他看到的是一张极其衰老的面孔，上面满是皱纹。

当孩子如实告知祖母时，没想到祖母竟然给了他一记响亮的大耳光，因为祖母认为他看到的应该是"世界上最美的女人"。

哈曼在《茜茜公主》一书中指出："直至今天，我们也没见过伊丽莎白老年时的模样，因为对此没有留下一幅照片。在那个时代的记忆以及后人的印象里，她始终是年轻漂亮的画中美人，这个由她自己制造出来的传奇故事却使伊丽莎白的晚年充满压抑，因为她在人们面前充满恐惧，怕被人看见她那满是皱纹的真实面貌。"

XV

1898年9月，她在疗养期间去了瑞士的日内瓦湖并到罗斯柴尔德男爵夫人的乡间别墅拜访了她，由于不是正式访问，为了不让东道国举办官方接待仪式，旅行期间她化名为霍恩奈姆斯伯爵夫人（Countess of Hohenems），这是哈布斯堡家族的化名之一，皇帝秘密出游时也会使用它。

茜茜公主来到日内瓦，在博里瓦奇皇宫酒店选了一间套房住下。晚上，在女伯爵艾尔玛·茨泰瑞（Countess Irma Sztáray）的陪伴下，茜茜公主去了镇上她最喜欢的一家蛋糕店，还为孙子孙女买了一些礼物。一个不慎的举动引起了当地媒体的注意，皇后在日内瓦的行踪第二天就被刊登在报纸上。

意大利无政府主义分子卢伊吉想刺杀身为法国皇位继承人之一的奥尔良亲王亨利（Prince Henri of Orléans，法国国王路易·菲利普一世的曾孙），但后者没有如期来到日内瓦。这时，他看到了关于茜茜公主的报道。茜茜公主也是他理想的目标：她是一个专制贵族，名气又是如此之大，足以引起轰动。

卢伊吉先是在皇后住的酒店门口观察了一段时间，正当茜茜公主准备离开日内瓦去湖边的码头时，他用一把锋利的锉刀刺入了她的心脏，伤口虽然不大，但很致命，沉重的一击让她跌倒在地，但她很快又站了起来。路边的人们及时向她提供帮助，谢过他们之后，她迅速登上了轮船，她觉得自己只是受到了重击，登船之后，她就陷入了昏迷。当茨泰瑞解下她身上的胸衣，看到衬衣上的血迹时，才意识到事情的严重性。

茜茜公主清醒了片刻，用清晰的声音问道："到底出了什么事？"这是她说的最后一句话。

茜茜公主的朋友、笔名"卡曼·席尔瓦"（Carmen Sylva）的诗人与罗马尼亚王后认为，对于茜茜公主来说，这样的结局"美好而平静，在她深爱的大自然母亲的注视下死去真的很棒，没有痛苦，没有喧闹；只是对整个世界来说，这是个可怕的噩耗"。

茜茜公主的小女儿瓦莱丽写道：

现在，她终于按照自己所期盼的方式离开了这个世界：转瞬之间，没有一丝痛苦，没有各种诊疗，不用为爱的人长时间地担心焦虑。[1]

茜茜公主遇刺时穿的黑色斗篷

---

[1] Ingrid Haslinger, Katrin Unterreiner（2013）, *The Vienna Hofburg: Imperial Apartments, Sisi Museum and Imperial Silver Collection*, Vienna: Schloss Schonbrunn Kultur- und Betriebsges m.b.H., P.35.

卢伊吉被当场抓获，他没有试图掩盖自己的罪行，听到皇后去世的消息后，他狂喜不已。在法庭上他被判处终身监禁。1910年10月19日，他用腰带结束了自己的生命。

皇帝听到消息后哭了，但很快恢复了镇定。他后来对帕尔伯爵说："您不知道，我是多么爱这个女人。"

几个星期之后，人们才知道不算不动产，茜茜公主拥有各种有价证券1000万古尔登。皇后每年获得的年薪和零用钱都用以有息投资，而她的奢侈生活所需要的花费却要由皇帝支付。这笔现金，相当于20世纪90年代末的10亿奥地利先令，极为庞大。

茜茜公主的遗体被运回了维也纳，葬在嘉布遣会修士教堂（Capuchin Church）下面的皇家墓室里。弗斯滕伯格伯爵夫人（Countess Fürstenberg）后来作了精辟的评论：

> 她迷人的个性与无穷的魅力并非出自雕刻家的斧凿或画家的画笔，那是她独有的天性，她会以传奇人物而非历史人物的方式继续活在人们的心中。[1]

伊丽莎白皇后的死亡面具

---

[1] Ingrid Haslinger, Katrin Unterreiner（2013），*The Vienna Hofburg: Imperial Apartments, Sisi Museum and Imperial Silver Collection*, Vienna: Schloss Schonbrunn Kultur- und Betriebsges m.b.H., P.35.

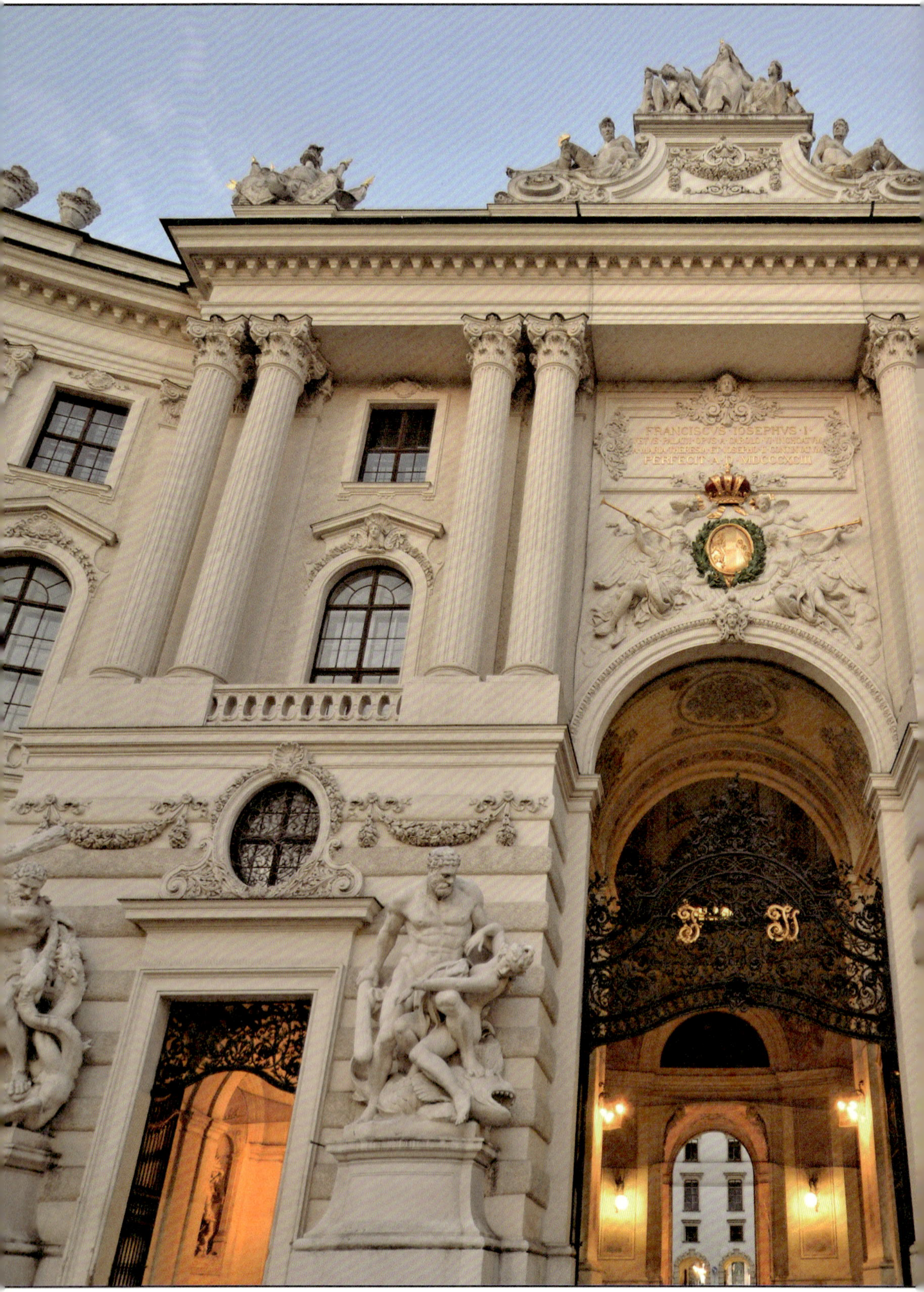
FRANCISCVS IOSEPHVS I
PERFECIT A D MDCCCXCIII

第四章

霍夫堡皇室居所

银器博物馆

数百年来,霍夫堡不但是哈布斯堡王朝的权力中心,同时也是皇室家族的冬宫。接下来要介绍的皇室居所,其实就是霍夫堡东北角的阿玛琳堡宫与首相宫,也是弗朗茨·约瑟夫皇帝与妻子伊丽莎白皇后生活起居的地方。

I

游览完伊丽莎白皇后的展厅后，我们继续参观另一边的皇室居所（Imperial Apartments）。

6个多世纪以来，维也纳的霍夫堡皇宫一直是行政中心，是政府和奥地利统治者的主要官邸。除了皇室家族以外，还有2500人在这里居住和工作。霍夫堡宫也是皇室的冬宫，从18世纪开始，皇室常常在美泉宫或拉克森堡宫（Laxenburg Castles）度过炎热的夏季。

每位皇室成员都在其中一座皇宫内拥有自己的一套包括多个房间的居室。约瑟夫皇帝和茜茜公主起初住在霍夫堡的利奥波德宫（Leopoldine Wing），1857年他们才搬进装饰一新的首相宫（Imperial Chancellery Wing）和阿玛琳堡宫（Amalienburg）。

皇室居所里洛可可复兴风格的家具都制作于19世纪下半叶。

这对小夫妻非常喜欢他们的新宫殿，1857年11月13日，弗朗茨·约瑟夫在写给他母亲的信中说：

我们已经打算搬到新宫殿去了，因为我们现在住的这个寝宫总是勾起茜茜悲伤的回忆［指他们的第一个孩子索菲（Archduchess Sophie of Austria），她在1857年5月29日夭折］，而且这里对我们来说已经有点小了。现在我们就要住到大房子里去了，再过几天等那儿的基本清洁工作完成后就能搬进去。茜茜将搬到阿玛琳堡宫的居室里，可以把亚历山大居室作为会客室和宴会厅。而我自己的寝宫则是从首相宫的边角处一直到高大的大厅里，我将在这里接待客人。我将拥有很多房间，但不打算都用，我甚至想把这些房间和那间大的舞厅让给客人住。

II

参观者从帝王楼梯（Emperor's Staircaste）下来，首先来到护卫室（Trabant Guards Room）。约瑟夫皇帝在位时，身边共有五支卫队，分别是：两支高级军官卫队——弩骑手禁卫队与皇家匈牙利贵族禁卫队，这两支骑兵卫队负责护卫皇室车仗；一支从军队挑选出来的骑兵禁卫队；以及另外两支步兵卫队——特拉班禁卫队（编者注："特拉班"是"Trabant"的音译，是欧洲一种手持"长柄斧戟"的卫兵，早期以步兵为主）和步兵连禁卫队。

候觐厅（Audience Waiting Room）的墙上挂着三幅1832年的彩色蜡画，其中左右两幅描绘的是政治事件，中间那幅是约瑟夫皇帝的祖父——神圣罗马帝国的末代皇帝弗朗茨二世（Francis II, Holy Roman Emperor）出行的画面。房间里还有弗朗茨二世皇帝与23岁的约瑟夫的两尊大理石半身塑像。

候觐厅，首相宫

觐见室，首相宫

约瑟夫皇帝每周有两次接见日，所有百姓都可以申请，只要通过，就能亲眼见到皇帝。来到这里的男士须穿燕尾服，军队成员要穿军装，女士要穿高领礼服戴礼帽。皇家领地内的其他访客如果愿意的话，也可以穿自己的民族服装来这里，穷人或流浪汉没有特别的着装规定，但他们必须干净整洁。在觐见日，来自四面八方的各个民族和各个阶层的人都会聚集在候觐厅，而有诉求的人或来自世界各地的艺术家与政要则需一直候着，直到他们被皇帝单独召见。

在觐见室（Audience Chamber）靠窗的地方放有一张台子，诉求者可以在台子后面表达自己的请求，也可以在获得奖章或宽恕之后感谢皇帝的恩典。为了接见更多的人，按照规定，每人的觐见时间只有几分钟，即便这样，皇帝那几天的日程表仍然排得满满当当，约瑟夫在给情人施拉特的信中写道："昨天我已经接见了127位宾客，今天给我安排了108位。"

约瑟夫的统治长达数十年，总计接见了约26万名宾客。皇帝和他的臣民在整个接待期间要一直端坐着，皇帝最后会以微微点头以示谈话结束。

III

每天凌晨四点，皇帝就开始在书房里工作了。到了六点，第一批文件处理完并整理好以后，皇帝的贴身侍从才把早餐端到他的桌子上，已经签阅的文件放在桌子右边，而那些需要他审阅的文件则放在桌子的左边。他的早餐通常包括一杯茶或咖啡、几块面包圈和奶油卷。早餐过后，他会抽一支烟。11点左右，约瑟夫会再吃一份早餐或者叫午前茶，餐点放在壁炉前扶手椅中间的小桌子上，通常包括一碗清汤、一份焖肉、一些蔬菜和面包圈，还有一杯葡萄酒或啤酒。

皇帝的正餐在下午5点左右开始，通常会有一位大公陪他一起用餐，包括一碗清汤，然后是约瑟夫最喜欢的里脊肉、烤肉，最后是甜点和水果。这间书房实际上也是他的起居室，里面有很多家庭照片，其中就包括温特哈尔特的那幅著名的《穿着轻质睡衣披着长发的伊丽莎白皇后像》（*Empress Elisabeth with Loose Hair in a Neglige*）。

书房的桌子上有一幅《身穿便服的伊丽莎白皇后像》（*Empress Elisabeth en déshabillé*），同样出自温特哈尔特之手，是皇帝最喜欢的画像，画面上茜茜公主松散的头发交叉系在胸前。房间里有皇帝后代的照片，约瑟夫是一个很注重家庭的人，也是一位幽默风趣的爷爷，孙子孙女们经常在书房的地毯上翻来滚去，他还给孩子们用过的信封和彩笔，让孩子们画画。孩子们学会

约瑟夫的书房，首相宫

自己吃饭后，约瑟夫就让他们在书房里和自己一起吃午饭——每次通常会有七八个孩子。

IV

当这对夫妇分居后，弗朗茨·约瑟夫在自己的卧室（Bedroom of Franz Joseph）里放了一张便携的棕色铁床，他在美泉宫、布达佩斯和拉克森堡等地巡游时也使用这张铁床。除此之外，卧室里还有一个简单的折叠梳洗架和一个镜面可调节的剃须台，这体现了约瑟夫简朴的生活方式。皇帝让贴身侍从在每天凌晨三点半叫醒自己，随后，服侍他沐浴的仆人进来放好橡胶浴缸。沐浴更衣完毕后，他直接去书房，开始批阅文件。

墙上都是家人的照片，其中有一幅订婚期间的茜茜公主像，画面上的茜

约瑟夫自己的卧室，首相宫

茜公主骑着马,身后是波森霍芬的别墅,这是巴伐利亚公爵马克西米利安·约瑟夫送给他未来女婿的圣诞礼物。沙发上还有一幅皇太后索菲抱着约瑟夫的画像,那时索菲还年轻,约瑟夫也只有两岁。卧室里还有一张祈祷椅,约瑟夫每天都会坐在上面进行晨祷和晚祷。和哈布斯堡家族的其他成员一样,他也是个虔诚的天主教徒。

V

大会客厅(Large Salon)是约瑟夫接待家族成员的地方。墙上有一幅威风凛凛的皇帝画像,画中的约瑟夫穿着配戴金羊毛勋章的长袍,这幅画像由英格曼(Engelmann)绘制于1898年,是庆祝他登基50周年画的。然而,同年9月茜茜公主在日内瓦遇刺身亡,为这场庆祝活动笼罩上了一层阴影。

大会客厅的两个小架子上放着几份王储编辑的报刊,这是前述提到的皇太子鲁道夫最重要的作品之一,它生动地记录了国内不同的地域和文化,也表达了王储本人对政治结构的看法。父子二人对政治与其他事物的看法截然不同,以致产生了激烈的冲突。

小会客厅(Small Salon)曾经是吸烟室,如今成为了墨西哥皇帝马克西米利安一世(Maximilian Ⅰ of Mexico)的纪念堂。

这位马克西米利安是约瑟夫的弟弟,他的妻子卡洛塔皇后(Carlota of Mexico,也被称为比利时的夏洛特公主)野心勃勃,在她的催促下,马克西米利安在1864年政治动荡时期接受了墨西哥王位。放弃了奥地利的所有皇室头衔后,马克西米利安和妻子动身去了墨西哥,墨西哥后来被保守党和革命党发起的内战弄得四分五裂,尽管马克西米利安努力平复动乱,还在墨西哥实施了很多改革措施,结果还是无法恢复秩序。1867年,贝尼托·胡亚雷斯(Benito Juárez)领

左图:《墨西哥皇帝马克西米利安像》,奥古斯特·肖福特,约 1865 年,霍夫堡藏
右图:《卡洛塔皇后像》,伊西多尔·皮尔斯,约 1865 年,霍夫堡藏

导的革命军逮捕了马克西米利安,军事法庭审判后枪决了他。匆忙赶回欧洲寻求支援的卡洛塔皇后无法承受丈夫的死和丢失王位带来的双重打击,由于长期遭受妄想症的折磨,她变得精神错乱,一直住在比利时的别墅里,直到 1927 年去世。

其实,马克西米利安有很多约瑟夫不具备的优势:想象力、风度、科学和艺术修养,包括在政治上的自由主义倾向,而且受人们爱戴的程度也较高。他是专制主义反对者的希望。

很可惜的是,他娶了一位野心勃勃却不具备政治智慧的妻子。也许,马克西米利安与茜茜公主更般配,而这位比利时公主需要的是约瑟夫,虽然约瑟夫未必爱她。

马克西米利安也是皇太后索菲最喜欢的儿子,他死后,索菲彻底丧失了生活的勇气,5 年后离世。

VI

茜茜公主的居室与约瑟夫的居室毗邻。

这套居室同样包括多个房间，此外还有一个大健身房，只是今天已经不存在了。

这些房间是18世纪玛利亚·特蕾莎统治时期按照洛可可风格装饰的，但是茜茜公主搬进去时已经是19世纪中叶了。那时，里面的装饰已经变成了洛可可复兴风格。她1857年得到这套居室，一直住到去世之前。19世纪70年代以后，套房的色调改成了红色、白色和金色，但最初房间被刷成了不同的颜色，单是客厅就有白色、黄色和蓝色三种色彩。

起初，约瑟夫与茜茜公主共同居住在一间卧室里，1870年，皇帝搬到了另一间卧室独居。茜茜公主的床和她丈夫的一样，是一张新式的保健铁床，在屋子中间的屏风后面放着。

VII

具备健身房功能的更衣室（Dressing & Exercise Room）是茜茜公主待得最多的地方，她每天的生活就是从这里开始的。冬季，她每天早上6点就起床梳理长发。茜茜公主的及腰长发是出了名的，她的私人发型师费法里克每天会把她的头发编成各种精美的发型，皇后称之为"通缉令发式"，曾被很多人模仿过，但都不成功。没有任何女人有如此健康茂密的头发，也没有如此多的时间和耐心去护理，更没有人像茜茜公主那样把梳理长发当作艺术。她为护理头发所花费的功夫是巨大的——每三周洗一次头发，要耗费一整天的时间。皇后在这天是不接待任何人的，她每天至少要花三个小时梳理头发。

茜茜公主的希腊语老师克里斯托曼诺经常能够看到她的编发仪式：

茜茜公主的起居室和浴室里的浴缸，阿玛琳堡宫

发型师站在皇后的椅子后面，她穿着黑色的拖地长裙，裙子上还有白色的蛛网花边围裙；尽管她只是一个仆人，却是个重要的人物……她白皙的双手伸进皇后波浪似的长发里，然后抬起，灵活的手指把丝绒般顺滑的秀发盘绕到手臂上，就像要抓住奔腾的急流一样，因为"水流"不是在缓缓地流淌而是要飞走了，然后又用一把金黄色的琥珀梳子把一股头发分成两半。①

但头发太重，茜茜公主也深受困扰：

她告诉我说："我有时用手把头发抬起来，以减轻头的负担。它就像一个沉重的身体压在我的头上。"皇后厚重的头发就像一顶皇冠——不过，人们可以轻松地把皇冠摘下，她苦涩地笑了笑。②

茜茜公主的健身房兼更衣室，阿玛琳堡宫

茜茜公主还会在这个房间里做一些小运动，她说"顺道"就把这些事给做了。通向大客厅的门框下面安的肋木、高杠还有吊环被保存了下来，如果需要进行高强度的锻炼，她会到大健身房去，在那里可以用更重的健身设备。但是这个房间现在已经不存在了。

更衣室后面正对着院子的是皇后

---

①② Ingrid Haslinger, Katrin Unterreiner（2013）, *The Vienna Hofburg: Imperial Apartments, Sisi Museum and Imperial Silver Collection*, Vienna: Schloss Schonbrunn Kultur- und Betriebsges m.b.H., P.35.

的盥洗室（Lavatory & Bathroom），卫生间里有一个漂亮的马桶和一个小小的洗手盆。茜茜公主绝不是皇宫里第一个使用抽水马桶的人，早在1835年，茜茜公主的婆婆索菲就在利奥波德宫的二楼安了一个"闻不到气味的英式马桶"。

在1876年的改建中，茜茜公主还把卫生间旁边的小房间改造成浴室。不过，自茜茜公主去世之后，那里就成了储藏室。浴室里的大部分陈设都按原样保存，包括那个铜箔镀锌浴缸。为了防止镶木地板受潮，地上铺了一层油毡。浴室的墙上装饰着花卉图案的纺织壁挂，镜子上绘着牡丹图案。

Ⅷ

大前厅（Large Anteroom）的画则把我们再次带回18世纪，带回弗朗茨·约瑟夫的高祖母玛利亚·特蕾莎的时代，她1740—1780年间统治奥地利，并嫁给了洛林公爵弗朗茨·斯特凡（Francis Stephen），后者1745年被选为神圣罗马帝国皇帝，即弗朗茨一世。他们生了16个孩子，有10个活到成年。画上画的是玛利亚·特蕾莎的孩子在舞台上表演的情景，父母鼓励他们唱歌、跳舞，还鼓励孩子们在生日会、取名日和婚礼等各种家庭庆典上表演节目。

在窗户间的一幅画上，描绘的是特蕾莎女王最小的三个孩子跳舞的场景，他们分别是：奥地利-埃斯特大公斐迪南·卡尔（Ferdinand Karl, Archduke of Austria-Este）、后来的法王路易

玛利亚·特蕾莎女王最小的三个孩子跳舞的绘画

十六的王后玛丽·安托瓦内特（Marie Antoinette），以及奥地利大公马克西米利安·弗朗茨（Archduke Maximilian Francis of Austria）。1765年1月，他们在长兄——神圣罗马帝国皇帝约瑟夫二世（Joseph Ⅱ，Holy Roman Emperor）与巴伐利亚公主玛利亚·约瑟法（Maria Josepha of Bavaria）的婚礼上，还跳了一出芭蕾舞剧。

茜茜公主的红会客厅（Red Salon）又名布歇屋，里面的各种装饰与18世纪的哥白林挂毯可以说是皇室高贵华丽的典范。这些挂毯是约瑟夫二世1777年参观凡尔赛宫时，法国国王路易十六送给他的。1770年，约瑟夫的妹妹玛丽·安托瓦内特嫁给了这位法国太子，那时她才14岁。但是，他们一直没有孩子，于是，约瑟夫和他的妹夫私下里进行了一次交谈，具体细节不详，但

红会客厅，阿玛琳堡宫

这位皇后很快就有了身孕，这对夫妇满怀感激地给约瑟夫送去了很多珍贵的礼物，其中就包括这些哥白林挂毯。挂毯中间是根据洛可可画家弗朗索瓦·布歇的作品所绣的圆形图案，具有很好的装饰效果。

室内的扶手椅、沙发以及织锦炉栏和织锦屏风都是1772—1776年间由哥白林工厂制造的。

我看着这位法国皇后的早年画像，有种很奇怪的感觉，因为我经常读法国历史，对她太熟悉了。作为皇后，安托瓦内特也许有些无知，革命者却把38岁的她送上了断头台。在将要行刑时，她因为不小心碰到了刽子手，赶忙说，"对不起"，这至少说明她还不是一个霸道的女人吧。

IX

在弗朗茨·约瑟夫统治时期，宴会厅里有一套正式宴会用的桌椅，根据规模、所用餐具和摆设，可分国宴、家宴、军宴或元帅宴。

每周还会举行三次高级官员晚宴，每次大概会邀请30名官员来参加，这常常在亚历山大居室的宴会厅（Dinning Room）举行（编者注：亚历山大居室由多个房间组成，是伊丽莎白皇后会客、举行宴会的地方。因为这里的一系列印有亚历山大大帝英雄事迹的挂毯而得名，前面提到的红会客厅和这里的宴会厅都是其中的一个房间）；如果人数超过30人，宴会就在利奥波德宫的枢密院举行。受邀参加宴会的基本上是来自贵族阶层、军队和财政方面的人士，他们常常带有政治目的而非单纯的社交。邀请单和菜单要先呈递皇帝，他会用红笔标出哪些人或菜肴需要更换。高级官员宴会通常在晚上6点开始，所有的宾客都到齐后，皇帝才会出场，一起走向餐桌。弗朗茨·约瑟夫坐在中间，如果没有其他贵宾，宫廷内务部总管就坐在他的对面。

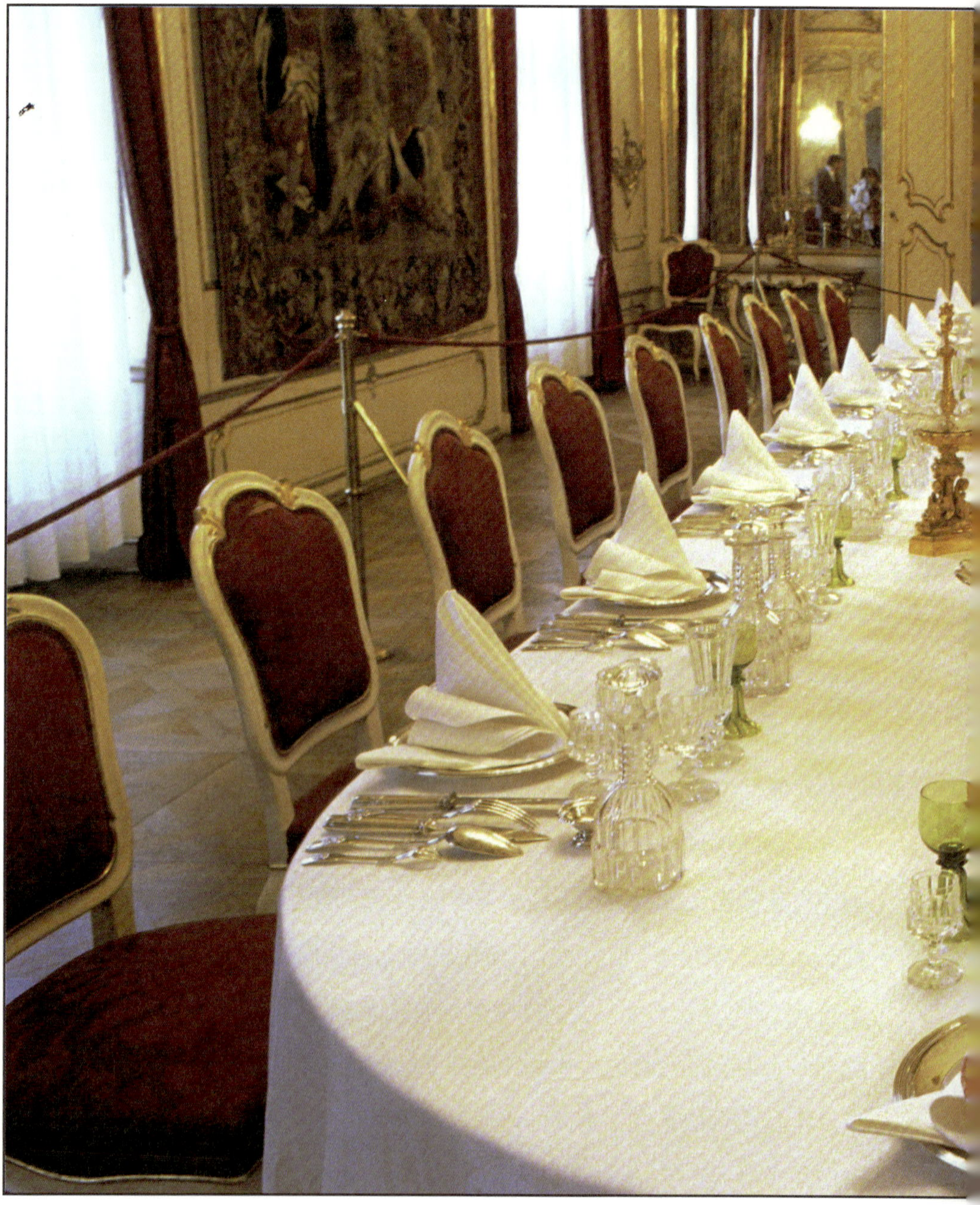

宴会厅，阿玛琳堡宫

皇宫里正式的晚宴通常是由牛肉清汤开始，然后是牡蛎、沙拉、鱼和肉类，最后是甜点和奶酪。一般来说，宫廷晚宴会有7～13道菜，而高级官员宴会提供的则是法式菜肴。宴会上的服务及时而谨慎，每两名宾客的身后都有一名侍者，他们可以为所有的客人同时提供服务。宴会通常持续40～50分钟，席间，宾客只能和他左右两边的人交谈。

为了确保食物在上菜途中不至于变凉，它们一般都由带加热装置的推车从宫廷膳房运送到阿玛琳堡宫的餐厅里。

每周日，皇室成员都要聚集在一起参加家宴，住在维也纳的所有哈布斯堡家族的成员都要参加。弗朗茨·约瑟夫只接受因疾病或执行公务而缺席的理由，缺席者必须把缺席的原因以信函的形式提前交给宫廷内务部总管。当家族成员都聚集在一起时，宴会变得很热闹。利奥波德·沃夫灵（Leopold Wölfling）原本是位大公，先是与情妇生下私生子，后又与妓女私通，最终被赶出皇室家族，丢了爵位，下面是他对家族宴会的描述（由于被驱逐出皇室，他无法对哈布斯堡的家族生活给予正面的描述）：

当这一小群人——我差点说成臭味相投的一群人——坐在一起或站在窗边，餐桌边立刻就热闹起来，他们从这个话题转换到那个话题，皇帝是个犀利的聆听者，他常插进别人的谈话，以他独特的讲话风格为自己的观点辩护。[1]

然而，在高级官员宴会上，皇室成员需要保持谨慎，把发言的机会留给最上层的人物。他们从不会详述任何私密的事情或者冒昧地表达个人意见。相比之下，家宴上做的是威尼斯菜，菜单以家族成员喜欢吃的菜为主。

---

[1] Ingrid Haslinger, Katrin Unterreiner（2013）, *The Vienna Hofburg: Imperial Apartments, Sisi Museum and Imperial Silver Collection*, Vienna: Schloss Schonbrunn Kultur- und Betriebsges m.b.H., P.71.

银器博物馆藏品

X

最后一部分是皇家银器博物馆（Silver Collection）。

维也纳皇宫自 15 世纪起就设立了银器总管办公室，1527 年，皇室内务部任命一位血统高贵的人担任银器室管家，由他管理银器、餐具、面包和水果的分配。

18 世纪时，银器室员工的职责包括管理和照看皇帝和其他皇室成员的银制餐具。银器室存放的银制餐具后来也成了国家财产。

19 世纪时，主厨会把皇家餐桌和所需的碗碟列一份单子，银器室根据收据把宴会所需的物品放在橱柜里一并交给厨师。银器室员工的重要职责是把银器室所有的餐具放在合适的位置妥善保管，这些器具要放在便于取放的地

银器博物馆皇家餐具

方。19世纪上半叶以来，银器室的员工就开始用机器擦亮银制和镀银餐具。

1918年哈布斯堡王朝灭亡后，银器室所放的银器成为奥地利共和国的财产，这些皇室器具直到1999年还在国宴上使用，那一年，奥地利共和国又添置了一张陶瓷和玻璃制的新餐桌。

XI

奥地利宫廷御膳房包括几个不同的部门，每个部门都聘请有主厨、宫廷厨师、学徒和下层佣人：

第一，皇家御膳房只为皇帝和皇室成员准备餐点；

第二，大厨房配备有烘焙设备；

第三，冷盘厨房负责提供糕点、凉拌肉和奶酪；

第四，沙拉厨房；

第五，西式厨房、舞会和晚餐用的著名的法式清汤就是在这里做的。

做糕点的一大一小两个厨房是宫廷御膳房单独的部门，厨师们会在这里做一些搭配汤品的糕点（如煎饼、猪肝烧卖、粗面粉团、面条等）、煎蛋卷、馅饼、蛋糕、果派和装饰大碟子的面包圈。

皇室所有的早餐（咖啡、茶、巧克力）都是由宫廷糕点房提供的，此外，它还负责制作冰淇淋（由果汁、牛奶或奶油制成）、冰沙、柠檬汁、杏仁露、潘趣酒、糖果、水果夹心巧克力和精致的（杏仁）饼干。

皇家酒窖不仅用来储藏葡萄酒、啤酒和白兰地，所有的玻璃器皿都存放在酒窖上层的壁橱里，19世纪中叶以来，葡萄酒开始由国外运来并存放在这里。

玻璃器具中有一部分是玻璃瓶，这些瓶子只用来装水和佐餐酒。

19世纪时，皇家酒窖里不仅有哈布斯堡帝国生产的酒，还有其他国家生产的酒。如夏布利酒、马德拉酒、雪莉酒、波尔多葡萄酒、勃艮第葡萄酒、莱茵河白葡萄酒、香槟、托卡伊绍莫得尼酒和甜葡萄酒。

宫廷御膳房和宫廷糕点房使用的器具大部分是铜器、锡器，还有陶器和铁器。19世纪下半叶也使用珐琅器皿，但只有少数器皿被保存了下来。器皿的洁净极其重要，铜制器皿要定期镀锡。18世纪时，铜器表面开始镀锡、铅和金，人们使用醋和沙来清洗铜器。为了防止失窃，所有的铜器和锡器都印有双鹰标志和"KKHK"（皇家宫廷御膳房）以及"KKHZ"（皇家宫廷糕点房）的字样。

由于御膳房和糕点房位于不同的区域，这些器皿也要跟随厨师在不同的部门之间"奔波"，存放器皿的储藏室很大。哈布斯堡王朝覆灭后，被卖掉了1万多件器皿，只有最初储存的一小部分器具收藏在博物馆里。

XII

最初，哈布斯堡皇室使用的餐具都是从荷兰进口的。到了19世纪初，则换成了萨克森的。当国内的工厂能够满足宫廷的需求时，奥地利－西里西亚的制造厂开始为皇室提供餐桌用品。

皇室用的桌布一般是圆形或方形的，也有矩形的。除了皇室用餐巾外，还有甜点巾和普通餐巾，后者的质量较差，通常放在皇家佣人的餐桌上。

皇室用的桌布和餐巾都绣着皇冠，这些织品上除了花朵图案，还印着皇家的标志。皇帝参加军事演习时会使用特殊的桌布，哈布斯堡皇室的狩猎别墅和游轮等的桌子上也会铺着精美的桌布，以展示其独特的设计。

1821—1824年，维也纳瓷器制造厂制作了一套哥特式的装甜点的器具，上面印着哈布斯堡统治者及其夫人的头像。这套器具是神圣罗马帝国的末代皇帝弗朗茨二世下令制造的，最初被称为拉克森堡餐具，是在他的小儿子，也就是约瑟夫皇帝的父亲——弗朗茨·卡尔大公和索菲公主的婚礼餐桌上用的，通过把先辈的头像印在上面，这位皇帝试图把他在1804年放弃了神圣罗马帝国王冠后建立的奥地利帝国变成真正的帝国。这套餐具不仅在皇室的餐桌上使用，百姓的餐桌上也会使用，以便使帝国的思想观念深入人心。

　　1860年，这套餐具被运送到皇家银器室的古物和珍奇收藏馆，此后再没使用过，几乎所有的器皿都保存了下来。

XIII

　　约瑟夫皇帝的弟弟，那位墨西哥皇帝马克西米利安曾是伦巴第-威尼斯王国（Lombardy-Venetia）的总督，后来去了墨西哥，尽管那里动荡不安，他还是想把宫殿适当地布置一下，并试图引入一套和威尼斯宫殿标准一样复杂的宫廷礼仪。1864年，他要求海伦德瓷器厂制造一套餐具，上面要印着他曾住过的意大利北部的米拉马雷城堡（Miramare Castle）的图案，并要求以亚洲装饰花纹和日本伊万里瓷器的色彩为特色。不过，这套瓷器还没送到墨西哥，他就去世了。

　　茜茜公主用丈夫的格雷夫号（Greif）和前面提到的米拉玛尔号游轮去各地旅行。1890年左右，茜茜公主可能想为自己买一套旅行餐具，1893年，亚瑟·克房伯（Arthur Krupp）的伯恩多夫金属制品厂为茜茜公主送来了一套镀银的装饰着海豚和帝国皇冠的旅行餐具。茜茜公主还买了一套与餐具相配的装饰着海豚图案的桌布。

茜茜公主一直很注意形体的保养，她喜欢牛奶和奶制品，1895年，美泉宫的园子里修建了一个乳牛场，专门为茜茜公主饲养奶牛。那里有为饲养员和工人提供的住处，还有一间茜茜公主的起居室，里面是匈牙利风格的装饰，布置的是手绘图案的家具和五颜六色的窗帘。茜茜公主使用的餐具、茶具和咖啡器具都出自匈牙利。

银器博物馆皇家餐具

银器博物馆皇家餐具

茜茜公主以前使用的另一套精美的器具是四件鸭血压榨机，发明这些厨房器具是为了烹饪著名的法国菜肴——"血鸭"。茜茜公主却用这种压榨机把小牛肉和菜牛肉里的原汁挤出来，她定期服用肉汁来保持自己苗条的身形。

XIV

餐桌装饰是一种古老的传统，史书中记录的最豪华的餐桌装饰来自15世纪的勃艮第宫廷，实用和非实用的材料都被拿来装饰餐桌，这样的装饰无法长时间保留，所以每次用餐都要做新的装饰品，制作这些装饰品的厨师和糕点师常常从历史事件和《圣经》故事中获取灵感。

折叠的餐巾、黄芪胶和糖浆工艺品、水果雕花、稻草、木头、苔藓、石蜡、纺织品和油脂做的艺术品都用来做成餐桌装饰品，流水工艺品、喷泉、火山石工艺品也为宾客们带来了赏玩的乐趣。

18世纪中期，出于经济上的考虑，这些一次性的餐桌装饰品被淘汰了。比如，糖浆工艺品被素瓷工艺品取代；陶瓷、玻璃、仿金箔制作的餐桌中心摆件逐渐取代了耗时耗力的餐桌装饰品；糕点师和仆人用不同尺寸的装饰品来布置餐桌，把蜡烛、鲜花、水果、糖果、冰淇淋、蒸煮的水果和饼干摆放在餐桌上以后，这些装饰品就成了餐桌上的主要亮点。此外，这些装饰还能把精致的点心衬托得更加诱人。

花卉是另一种元素，如果使用鲜花，必须要选用无味的花朵，这样才不会影响食物的香味。它们会被放在桌子中央的花瓶里或围绕餐桌一周，或在餐桌边摆成花环的造型。宫廷糕点房还会用假花来装点餐桌，它们可以反复使用以节省开支。秋天，人们习惯用彩色的叶子来装饰餐桌，秋天和狩猎派对的餐桌上也常常放满了打来的猎物。

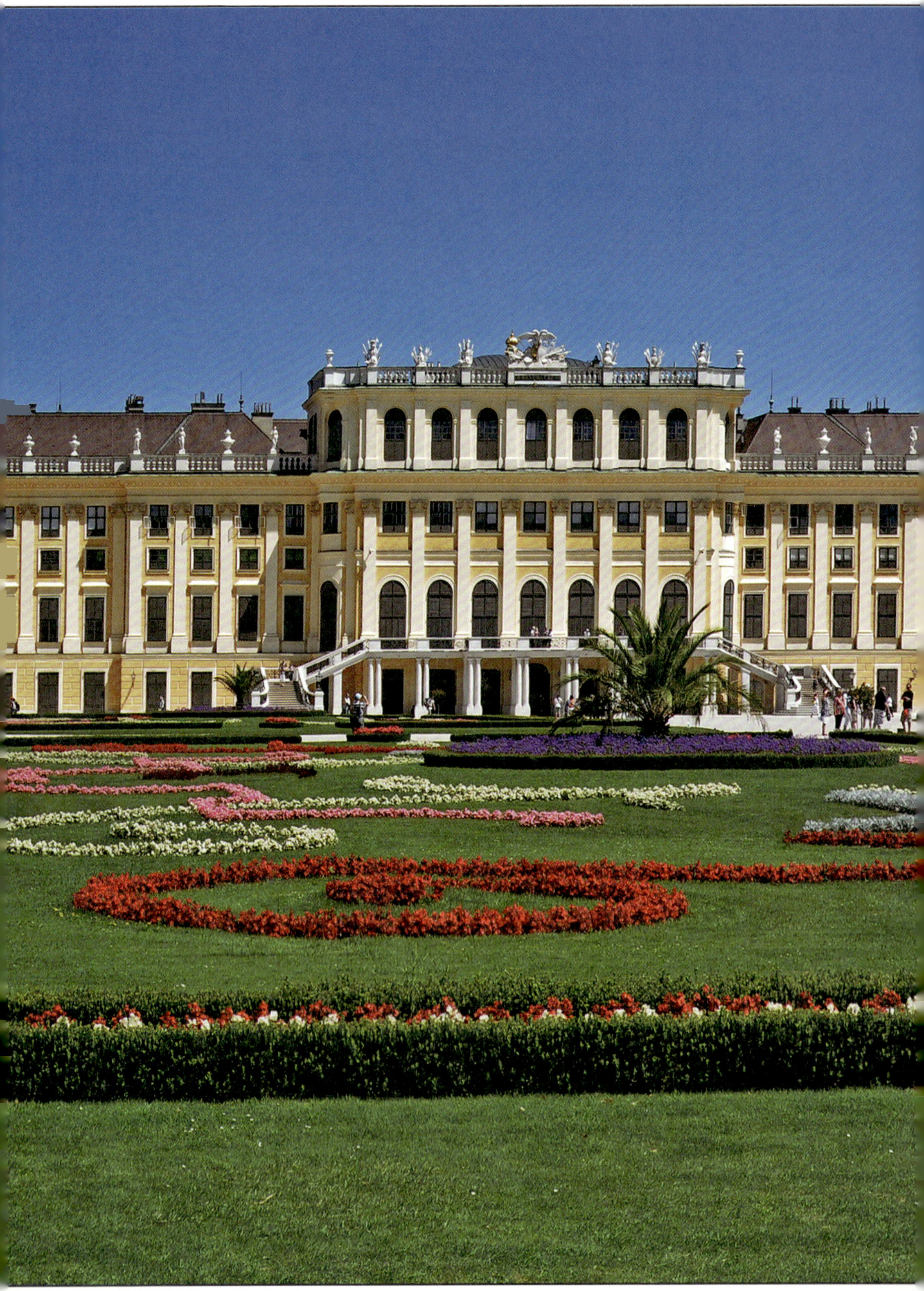

第五章

美泉宫

据说，美泉宫的名字可以追溯到17世纪初的神圣罗马帝国皇帝马蒂亚斯。那年，他在看到这里的一处喷泉后称赞道："看，真是美丽的喷泉。"在德语中，"schön"意为"美丽的"，"brunn"则是"喷泉"的意思，这两个单词拼起来，就是美泉宫（Schönbrunn Palace）最初的由来。这里既是哈布斯堡皇室的夏宫，也是奥地利帝国历史上在位时间最长的皇帝——约瑟夫·弗朗茨出生与去世的地方。

I

美泉宫（Schönbrunn Palace）的名气要比霍夫堡大得多，游客也多，排队买票就需要半个多小时，买好票还不能马上进去，得再等一个小时。

美泉宫地处郊外，面积大，可以让建筑师自由挥洒，加之哈布斯堡的帝国财富，使得它成为巴黎凡尔赛宫之外，又一座别具一格的欧洲皇室宫殿与园林。

我在《从布拉格到布达佩斯》中介绍了穆夏的"斯拉夫史诗"系列绘画，在讲述那幅《波希米亚国王欧图卡二世》时提到过这位国王，他野心极大，四处扩张，其他选帝侯对他十分忌惮。1273年，他们推举相对弱小的哈布斯堡家族的鲁道夫一世（Rudolf I of Germany）为神圣罗马帝国的实际统治者。

哈布斯堡家族原本不过是今天从瑞士东北部到德国与法国阿尔萨斯一带的小领主，此时却登上了历史的舞台。

历史上充满了这样的故事，几位造王者想选择一个弱小可控的人物当他们的"领导人"，最后却发现人家是一个装糊涂的强者。其实，一个稍有能力的人，若给他一个拥有很强大权力的舞台，很容易爆发出难以想象的能量。

鲁道夫一世就属于这种人，他消灭了最大的对手——波希米亚国王，并把夺来的一部分土地并入哈布斯堡家族。其他选帝侯一看，立刻对这个家族心生警惕，鲁道夫一世亡故后，他们再也不从哈布斯堡家族中选择统治者了。

130年后，鲁道夫一世的来孙（第五代孙）、25岁的腓特烈三世（Frederick III, Holy Roman Emperor）在1440年登基。1452年，又前往罗马参加神圣罗马帝国皇帝的加冕仪式，同时与葡萄牙公主埃莉诺（Eleanor of Portugal）联姻，期望能从这贸易大国获得公主丰厚的嫁妆。

1459年，腓特烈三世夫妇生下了后来的神圣罗马帝国皇帝——马克西米利安一世（Maximilian Ⅰ, Holy Roman Emperor）。腓特烈碌碌无为，却做对了一件最重要的事情，即促成儿子与当时欧洲文化最发达的勃艮第家族的联姻，迎娶了勃艮第公爵——勇士查理（Charles the Bold, 也译作"大胆的查理"）的独生女玛丽（Mary of Burgundy）为妻。

对哈布斯堡来说，幸运的是勇士查理直至战死也没生出一个儿子。虽然玛丽在1482年的一次狩猎中因坠马踩踏而不幸早亡，但当时从法国的勃艮第一带到荷兰、比利时，以及卢森堡都并入了哈布斯堡家族。

壮大哈布斯堡的致胜法宝就是联姻，继承腓特烈三世的马克西米利安一世育有一男一女（与情妇私生的除外），并让他们分别同西班牙公主胡安娜（Joanna of Castile）与王子胡安（John, Prince of Asturias）二重联姻。由于带有西班牙血统的人除了胡安娜外都已死亡，所以哈布斯堡家族就继承了西班牙国王的领地，获得了那不勒斯、西西里岛、萨丁尼亚岛等地。

与胡安娜结婚的是马克西米利安一世那绰号"美男子"的儿子腓力一世（Philip Ⅰ of Castile），他们夫妻二人共育有四女二男，其中的玛丽（Mary of Austria）嫁给了当时身为匈牙利、克罗地亚，以及波希米亚国王的路易二世（Louis Ⅱ of Hungary，或译作拉约什二世）。自继位以来，路易二世的鲁莽导致了匈牙利与奥斯曼土耳其帝国的战争，他自信能战胜对手，但在关键的摩哈赤战役（Battle of Mohács）中被苏莱曼大帝率领的远征军所击败，自己也在撤退时坠马而亡，年仅20岁。因为没有后代，遗孀玛丽的哥哥——斐迪南一世（Ferdinand Ⅰ, Holy Roman Emperor）接替了王位。从那以后，匈牙利的领土也就成为了哈布斯堡家族的一部分。

有人调侃哈布斯堡王朝是"要联姻，不要战争"。哈布斯堡的联姻征服史确实是世界和平史的一部分，当然，哈布斯堡血与火的扩张征服也不少。哈布

美泉宫的林荫大道

斯堡能够成功，原因在于当时的死亡率高且寿命预期短，君王又喜欢身先士卒，很容易战死。哈布斯堡家族的人却以活着为第一目标，成功的几率就比较大了。

II

肥水不流外人田，联姻战略的致命缺憾是近亲结婚。

腓力一世与胡安娜的长子成为了神圣罗马帝国皇帝查理五世（Charles V, Holy Roman Emperor, 作为西班牙国王，他也被称为卡洛斯一世），他能征善战，也很会治理国家，是哈布斯堡王朝最伟大的皇帝。

1529年，奥斯曼帝国的军队围攻维也纳，查理五世与他在奥地利领地的弟弟斐迪南一世共同抗敌。而早在1521年，两兄弟就已将帝国一分为二，哈布斯堡分成西班牙与奥地利两个王室。

西班牙王室这边的卡洛斯一世（Carlos I of Spain，即查理五世）与表妹结婚生下了腓力二世（Philip II of Spain），他治理国家的水平不错，可婚姻状况一波三折，最后与外甥女（亲妹妹的女儿）安娜（Anna of Austria, Queen of Spain）结婚，才生下了男性继承人，即腓力三世（Philip III, King of Spain）。令人不安的是，这个外甥女也是近亲婚姻的产物（编者注：因为她的爷爷和外公正是将哈布斯堡帝国一分为二的斐迪南一世与查理五世两兄弟）。

再后来的腓力四世（Philip IV of Spain）则与妹妹的女儿玛丽安娜（Mariana of Austria）结婚。56岁的腓力四世竟然获得了男性王储，但他3岁还没断奶，也不会站立，身心极其脆弱，智力低下，相貌颇为丑陋，但他还是奇迹般地活到了39岁。1700年，随着他的离去，哈布斯堡的西班牙王室分支也就消失了。

西班牙王国被瓜分，法国波旁王朝占领了一部分西班牙领土，奥地利则得到了意大利的一些省份与西班牙的荷兰领地。

III

美泉宫也贯串了哈布斯堡王室的历史。

中世纪时，美泉宫是一个地主庄园。1569年，马克西米利安二世（Maximilian II，Holy Roman Emperor）买下了这个地方，购买合同上写着一座房子、一间磨坊、一间牲畜圈房和果园。面积看上去不大，却为修建后来的官邸、休闲花园和动物园奠定了基础。

后来这里成为了皇室的狩猎场，1612年，神圣罗马帝国皇帝马蒂亚斯（Matthias，Holy Roman Emperor）发现了一泓美丽的涌泉，约30年后，另一位神圣罗马帝国皇帝斐迪南二世（Ferdinand II，Holy Roman Emperor）的遗孀在这里建起了休闲宫殿，也就是美泉宫。

1683年，奥斯曼军队围困维也纳，美泉宫的花园和动物园都被彻底摧毁了。1686年，皇室决定建造一座新的美泉宫，但因为西班牙王位继承战争的爆发，直到1736年还未建成。这一年，查理六世（Charles VI，Holy Roman Emperor）将美泉宫送给了女儿玛利亚·特蕾莎。

在西班牙长大的查理六世是随着父亲利奥波德一世和哥哥约瑟夫一世（Joseph I，Holy Roman Emperor）的相继离世而在1711年登基的，为了阻止哈布斯堡的王位继承权落入他人之手，或避免其他帝国分割家族的世袭领地，1713年，查理六世颁布了《1713年国事诏书》（*Pragmatic Sanction of 1713*），这份文件保证女性也享有继承权，这为他的长女特蕾莎接替他成为奥地利世袭领地的统治者铺平了道路。

1740年，特蕾莎继承了奥地利王位，但不久又为了保护王位与法国和普鲁士对抗。在历时几年的战争中，双方互有胜负，最后，特蕾莎不得不把西里西亚省割让给普鲁士国王腓特烈大帝，反过来她又获得了后者的认可，支

美泉宫的园林喷泉与后面山丘上的"凯旋门"

持她推举自己的丈夫——洛林公爵弗朗茨·斯特凡就任神圣罗马帝国皇帝。这对夫妇创立了哈布斯堡-洛林王朝。

出于政治上的考虑,特蕾莎遵循哈布斯堡的传统,让自己的 16 个孩子和欧洲的其他皇室联姻。受到启蒙运动的影响,她迈出了政治和法律体系改革的第一步,其中包括酷刑的废除。为了与启蒙运动的基本思想保持一致,她立法规定年龄 6 ~ 12 岁的儿童都有接受教育的权利。

在特蕾莎女王执政期间,昔日的狩猎宫被改建成帝国皇家宫殿,从此,美泉宫成为了深受特蕾莎喜爱的夏宫。整个夏季,皇室成员一直在此居住。这样一来,就需要保证宫廷一千多人在这里的日常生活。

18 世纪 70 年代,根据特蕾莎的布置,建筑师在山顶建起了观景台——"凯旋门"(Gloriette),在山脚挖掘出希腊海神喷泉,在侧翼构筑了罗马废墟,竖立起了方尖碑。此外，建筑师还用众多古典人物雕像、塑像群和花瓶装点林荫道、喷泉和广场。

特蕾莎去世后，美泉宫无人居住，直到19世纪弗朗茨二世统治时，美泉宫才恢复了昔日皇家夏宫的地位。

在弗朗茨二世执政期间，美泉宫两度被拿破仑占领，1817年和1819年，烦琐的洛可可外墙装饰被铲除，刷上了原创性的美泉宫黄色，这也成为了美泉宫风格的代表。

IV

很难想象明清时代的紫禁城会让老百姓进去逛逛。但在1779年，就算特蕾莎女王还在世时，美泉宫的皇家花园与宫殿的礼仪大厅都是可以参观的，只要"皇帝不在，并且您和宫殿管理人员预约好了时间"。

美泉宫的格局与装饰都不如霍夫堡的皇室居所那样气派，不过功能大同小异。我只挑一些特别的地方说一下。

桃木厅（Walnut Room）是弗朗茨·约瑟夫皇帝接见客人的地方，在周一或周四，所有臣民都可以求见皇上，我们在介绍霍夫堡时也说过。有意思的是，通过这样的接见，约瑟夫锻炼出了惊人的记住人名与相貌的能力，直到老年时仍是如此。能记住无数的人名和相貌是一种很讨人喜欢的实用技巧，在与人交往中很有优势。

1765年，弗朗茨·约瑟夫的前辈——约瑟夫二世开始与母亲特蕾莎女王共同摄政，为表纪念，他们让工匠对这间屋子进行了重新装饰并将其命名为桃木厅。这里使用的是昂贵的桃木，单个的桃木片镶嵌在墙架上，四周是镀金的木条，再饰以镀金的洛可可装饰物。雕刻精细的橱柜和由48个支架构成

桃木厅

约瑟夫的书房

的吊灯也属于这种引人注目的洛可可风格。

约瑟夫的书房与卧室都很朴实，采用简单的"文艺复兴风格"家具，这在当时很大众化。这两个房间都是在1868年布置的，直到皇帝去世的50年间都没有任何变化，卧室中有一面装饰有许多"徒步朝圣"图片的屏风，那是前面提到过的皇帝的情人——施拉特——送给他的礼物。

V

茜茜公主的皇后生涯也是从美泉宫开始的，她在1854年4月22日抵达维也纳郊区，在美泉宫度过了第一个夜晚。第二天，欢庆的游行队伍把她迎进了维也纳市中心。

约瑟夫和茜茜公主1854年结婚，在皇帝夫妻的卧室（Imperial Couple's Bedroom）里，装饰着蓝白色纺织物，陈列着沉重的紫檀木家具。夫妇二人只是在婚后头一年共同住在这间卧室里，茜茜公主很快就不让约瑟夫进来了，或者她一个人住在底楼的私人房间。

所以，约瑟夫在婚后五年出轨也就不难理解了。可茜茜公主不肯原谅他，逃亡外地，虽然之后回来了，但仍远离维也纳宫廷，常住美泉宫。在自己的写字间（Staircase Cabinet），她让人修建了一条通向底楼她私人房间的旋转楼梯（现已拆除）。这位喜爱自由、拒绝宫廷古板生活的皇后可以随时从这里离开宫殿，而无须让门房和卫兵瞧见。

玛丽·安托瓦内特厅（Marie Antoinette Room）装饰着白色金边护墙镶板、枝形吊灯，墙上安装着用波希米亚玻璃做成的蜡烛支架灯。在茜茜公主时代，皇帝一家人在这里就餐，按照原有格局布置的餐桌让我们感受到这个时期的宴会文化。不过，我猜对于喜欢外出旅行又要瘦身的茜茜公主来说，在这里

皇帝夫妻的卧室

玛丽·安托瓦内特厅

就餐的次数应该是越来越少了吧。

黄色会客厅（Yellow Salon）是其中第一个面朝花园的房间，里面的家具都是玛利亚·特蕾莎时代的，它在18世纪中叶被称作"被火焰烤黄的"房间，里面最让人感慨的是出自木匠师艾斯埃雷之手的写字柜，制作于路易十六统治时期的1780年，它也是1793年法国王后玛丽·安托瓦内特被送上断头台处死后送回维也纳的唯一纪念物。

黄色会客厅

Ⅵ

明镜大厅（Mirrors Room）以其华丽的白色描金装饰与水晶明镜为特色，是特蕾莎时代典型的接见大厅，墙面和天顶都用包金装饰，中间镶嵌着巨大的玻璃镜子，两边是镀金蜡烛灯支架。1762 年，特蕾莎可能在这里接见了小莫扎特，6 岁的莫扎特为女皇演奏后，"跳到女皇的膝上，抱住她的脖子，狠命地亲了一口"。[①]

明镜大厅

[①] Elfriede Iby（2014），*Schönbrunn Palace: Guide to the Palace*, Vienna: Schloss Schönbrunn, P.23.

宫殿中央是长 43 米宽近 10 米的大节日厅（Great Gallery），这里是举办大型宫廷活动最理想的地方，大型舞会、盛大的接见活动以及节日宴会都在这里举行，特蕾莎很喜欢举办各种节日庆典，尤其是家庭节日活动，除了舞会，还有她的孩子们演出的话剧和舞蹈节日。

白色描金的浮雕装饰、巨大的水晶玻璃镜面和大厅天顶画构成了完整的洛可可风格作品，是欧洲宫殿建筑中最为富丽堂皇的大厅，1755—1761 年间完成。

天顶画中部展现了在特蕾莎和丈夫弗朗茨·斯特凡统治下帝国的繁荣，围绕在他们的身边是各项美德——言行谨慎、坚韧不拔和司法精神，还有身旁哈布斯堡帝国的世袭领地和丰富的资源，游走在他们之间的则是商业之神墨丘利，他是联结上天和人间的纽带。

大节日厅

VII

小节日厅（Small Gallery）是特蕾莎时代举行小范围家庭庆典的地方。17世纪70年代，工匠们用一种乳白色的抛光墙面代替了以前的白玫瑰色石灰大理石墙面，而白色描金的浮雕装饰则沿用至今。

小节日厅的两侧分别是中国厅和日本厅，因为里面装饰有来自中国和日本的丝绸与漆器，所以又被一起称作东亚厅（Asian Cabinet）。它们都有私密性好的特点，特蕾莎喜欢把它们当作社交聚会的场所，例如在这里打牌。中国厅是小型会议厅，可以召开秘密会议，会议期间，有一张桌子可以移开来，那是通向底楼房间的通道，与会者的食物和饮料都是从这里送上来的，这样不会受到侍者的打扰。

特蕾莎十分喜爱东亚艺术，她将很多美泉宫的房间装饰成东亚风格，东亚厅装饰着白色描金护墙镶板，在镜子之间安装着各式大小和形状的中国漆器画板，画板上画满了山水花鸟，墙面镀金支架上放着瓷器人物、花瓶和其他瓷器，这些大多来自中国，一部分来自日本。

小节日厅

中国厅

VIII

我们在《似水流年德累斯顿》中介绍无忧宫时，谈到了它的主人腓特烈大帝，而同时代的美泉宫的主人就是特蕾莎皇后。

路德维希在《德国人：一个民族的双重历史》中评论认为，"她和腓特烈一样聪明，但要比他坚强和稳重得多。"特蕾莎只有三十多岁时就经常对自己说："要保持精神思想上的宁静！""要以己度人。"

当被告知自己抱上孙子时，她正在市剧院看戏，她走向包厢的前沿，朝着下面的乐队喊道："利奥波德有儿子了！"她经常劝女儿多生孩子："我们需要皇太子"或者"你的孩子需要伙伴"。她在给子女写信时总是在结尾写上几句王室箴言。她严格的道德规范容不得她已经长大成人但尚未成亲的孩子们有一点放荡的行为，但在涉及国家关系时，她又显得相当的明智与灵活，她给路易十五的情妇蓬帕杜写信，逢迎这位影响力很大的女人，还说服女儿在宫里接待公公的这位情妇。

她给26岁的摄政王儿子写信说："你的心地并不坏，但有可能变坏，现在是你改邪归正的时候了，不要让别人为你感到伤心或被人取笑，你对自己追求的目标不能过于轻率，在我即将搁笔之际，我拥抱你，温柔地吻你，原谅我的啰嗦。对待做人的道德，我一说起来就没完，我只希望你能得到你应该得到的尊敬和爱戴，并使你相信，我永远是你最好的、真正的老母亲。"

公余之暇，特蕾莎非常热爱生活。她深沉而真挚地爱着自己的丈夫，和孩子们一起玩旋转木马、打扑克牌，如果去公开场合参加舞会，她一定会乔装打扮得使人认不出她。

与腓特烈相比，特蕾莎确实具有赤子的天性。在莱茵河畔法兰克福的加冕典礼之后，她的丈夫在上千群众面前身穿一件古怪的长袍，学着"查理曼

《身着貂袄的奥地利世袭统治者玛利亚·特蕾莎女皇》，
宫廷画师，约 1745—1750 年，美泉宫藏

大帝鬼魂"的模样，蹿跳到她的面前。她失声大笑，挥舞着手帕，向上千群众欢呼，群众也欢呼雀跃不已，这样的场面在寒冷的普鲁士是从来都看不到的。但特蕾莎在外交场合上的庄严一点也不逊色于腓特烈，她是一个相当出色的统治者。她热爱生活，这是她与腓特烈最大的不同点。

特蕾莎与150年后的茜茜公主也有着鲜明的不同之处。特蕾莎是个头脑健全的坚强妻子，是个有责任感的母亲，一个出色的政治家。这些品质都是茜茜公主所不具备的，她只爱她自己。

IX

接下来的礼仪大厅（Hall of Ceremonies）有一系列极其出色的油画。1760年，皇太子约瑟夫二世和帕尔玛的伊莎贝拉公主（Princess Isabella of Parma，法国国王路易十五的外孙女）举行婚礼，这是特蕾莎的一步政治好棋，目的是把法国拉到奥地利一边。该系列画中最大的一幅描绘了10月5日这天公主的马车队伍驶入维也纳霍夫堡的场景，接着是婚礼、午宴、晚宴和音乐会。

最有趣的是画家在其中一幅画上把当时并不在场的小莫扎特画在了观众席上，自从他在美泉宫传奇式地为皇家演出之后，这个音乐神童在欧洲家喻户晓。

特蕾莎的丈夫1765年突然去世，她的儿子约瑟夫二世被指定为摄政王，与母亲共同管理国家。自己的母亲与腓特烈一直是敌人，但约瑟夫二世却被这个冷酷无情且愤世嫉俗的腓特烈大帝给迷住了。

母亲去世后，约瑟夫二世决心用真正的伏尔泰启蒙精神来治理国家，如废除农奴制，迅速解决宗教、阶级和民族之间的矛盾，最后收效甚微，临死之前称自己是最不幸的人。

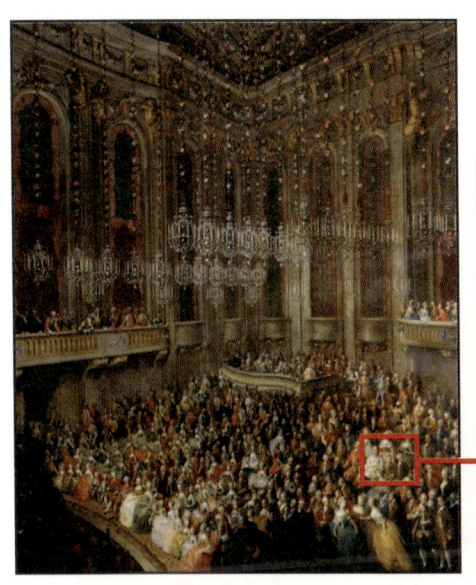

《舞会厅的小型音乐会》（局部），在观众中的小莫扎特

约瑟夫二世于1790年亡故，他的弟弟利奥波德二世（Leopold Ⅱ, Holy Roman Emperor）继承了皇位。可惜两年后去世。利奥波德的早逝标志着改革的结束，因为他的儿子与继承者——神圣罗马帝国的末代皇帝弗朗茨二世——转向了保守主义。

哈布斯堡家族最后一个世纪的统治变成了"履行职责"。以弗朗茨二世为开端，他上台的第一年社会十分动荡，那时法国大革命和拿破仑发动的战争都在进行中。他以勤劳区别于他的祖辈，但他常常阻碍而不是推进国家事务的发展。弗朗茨二世也自称奥地利皇帝，由于神圣罗马帝国的诸侯渐渐地转向支持拿破仑，他解体了"既不神圣也不罗马"的神圣罗马帝国。于是，存在了一千多年的庞大帝国就这样退出了历史舞台。

弗朗茨二世统治期间，他的儿子斐迪南一世建立的带特务系统的警察部队开始发展壮大，而首相克莱门斯·冯·梅特涅（Klemens von Metternich）发挥了他的外交才干，将奥地利这个欧洲二流国家扮演成维持欧洲秩序的强国，并实质性地统治了奥地利半个世纪。

斐迪南一世于 1835 年开始执政，但只是位"影子皇帝"，他有严重的癫痫。1848 年的奥地利革命期间，斐迪南一世退位，我们前面多次提到的他 18 岁的侄子约瑟夫·弗朗茨当上了皇帝。

《弗朗茨·斯特凡与玛利亚·特蕾莎和他们的孩子们》，马丁·凡·梅滕斯，约 1745 — 1755 年，美泉宫藏

X

蓝色中国厅（Blue Chinese Salon）位于美泉宫东侧，是特蕾莎的丈夫斯特凡的会议室。这个厅最早的装饰是桃木镶板墙面，1806年换成了中国宣纸墙面，它来自18世纪中叶特蕾莎购买的收藏品。

这种宣纸裱糊纸张用黄色作底色，上面加以花卉图案。从纵向上看，蓝色的背景下，用昂贵的石青色颜料绘制的椭圆和菱形交替排列，透过黑墨水和铜色颜料绘制的图案，欧洲人得以更加详细地了解中国人的四大生活主题：丝绸产品和蚕茧养殖、水稻种植、瓷器生产、茶叶种植。用花和竹子架把这些画装裱起来，上方的篮子中盛满了鲜花，周围是鸟儿、蝴蝶和昆虫。

这间房间也见证了哈布斯堡王朝的最终灭亡。

正如《哈布斯堡的灭亡：第一次世界大战的爆发和奥匈帝国的解体》的作者杰弗里·瓦夫罗所言："从未有哪个帝国垮得如此之快。靠英国的财政援

蓝色中国厅

助和海军,将拿破仑打得一败涂地的强大的奥地利帝国,1866年却败于普奥战争。在遭到实力劣于自己的德国彻底击溃前夕,奥地利还让外界觉得它几乎是所向无敌的。"

1866年的战败给帝国人民带来了巨大的心理创伤,原来在哈布斯堡王朝的土地上安分守己的德意志人、意大利人、波兰人、捷克人或匈牙利人都想独立了。

奇怪的是,在茜茜公主的推动下,约瑟夫皇帝竟然同意了匈牙利人所有的政治要求。当时匈牙利人只占哈布斯堡王朝人口的七分之一,完全没有资格与奥地利人平起平坐,但最后却弄出了"二元帝国":两个首都(维也纳与布达佩斯)、两种"国民"(德意志人与匈牙利人)、两个君主(由约瑟夫兼任奥地利皇帝和匈牙利国王)。

帝国内的其他民族无疑觉得自己成了二等民族,于是他们发起了争夺最高权力的斗争。

讽刺的是,匈牙利人并没有因此成为帝国的中流砥柱,他们继续走向独立,这给帝国带来了巨大的内耗。到了1914年,奥匈帝国沦落到与意大利争夺"最小大国"的地位,但由于皇位继承人斐迪南大公(Archduke Franz Ferdinand of Austria,约瑟夫皇帝的侄子)此时突然在萨拉热窝遇刺,帝国不甘被人称为窝囊废,竟然引发了第一次世界大战。

XI

约瑟夫皇帝年轻时英俊潇洒,年老时一脸慈祥,工作勤奋,让后人很是敬仰。美泉宫就有一个约瑟夫皇帝的特展,参观的人也不少。

其实,约瑟夫这位帝国老爹应为哈布斯堡王朝的覆灭承担主要责任,瓦夫罗在《哈布斯堡的灭亡：第一次世界大战的爆发和奥匈帝国的解体》一书中评论道：

> 弗朗茨·约瑟夫皇帝有着慈爱的眼神和羊排络腮胡，乃今日奥地利观光业的宠儿，但在1914年却是个恶性十足的人物。这位皇帝虽不像捷克作家雅洛斯拉夫·哈谢克在其小说《好兵帅克》中所说的那么老迈昏庸（让两个奶妈一天喂奶三次，糊涂得不知道战争正在开打），却多年处于惊人的衰老状态。他洋洋得意地霸着皇位，不肯让作为皇储的侄子弗朗茨·斐迪南（即斐迪南大公）接位，又不愿意尽皇帝的职责。在1914年前的那些年里，哈布斯堡君主国走到每个重要的十字路口时，这个昏聩的老人都使这个君主国困在路中央束手无策。
>
> 就最高指挥官的角色来说，他是个屠夫；就战略家的角色来说，他是个自不量力之人；就政治家的角色来说，他原本可以利用在位如此之久的契机修正或减轻令奥匈帝国衰弱的诸多难题，结果他毫无作为。传说得悉意大利于1915年向奥地利宣战的消息时，这位老皇帝深情地微笑，低声道："终于和意大利打起来，这下我可以开心了。"如果此说不假，我们不得不推断约瑟夫年老时已性情大变，变成凶残之人，与年轻时的谦逊判若两人。
>
> 1914年7月，老皇帝最后一次抽出他的剑，却惊骇地看着挥出的剑刃被挡开，反转，刺回他的肚子里。哈布斯堡王朝没理由于1914年开战，却开了战，让自己的人民在准备不周的攻势中送死，然后打起一场使已经衰弱的君主国必然垮掉的消耗战。在这场惨绝人寰的战争里，有太多的错误和失算，而奥匈帝国1914年的决定堪称是其中最不明智且最应受到斥责的。这场大战只是在我们的历史地图上赢得的一块黑暗地，而维也纳和柏林一样，同是黑暗的核心。

XII

1916年11月，86岁高龄的约瑟夫皇帝终于在美泉宫去世，王位让给了他的侄孙卡尔一世（Charles I of Austria，约瑟夫皇帝弟弟的孙子）。卡尔本有机会与协约国讲和，规避德国主导的战争，最后却在德国的胁迫下一事无成。

就在这间蓝色中国厅里，卡尔皇帝被劝说在1918年11月11日放弃政府的权力，哈布斯堡王朝在奥地利近650年的统治宣告结束，他本人也遭到流放。1922年，他在葡萄牙的马德拉群岛（Maderia）去世，年仅35岁。

《85岁时的约瑟夫皇帝戎装像》，海因里希·瓦斯穆特，1915年，霍夫堡藏

1989年，奥匈帝国的末代皇后吉塔（Zita of Bourbon-Parma）去世；2011年，末代皇帝的长子奥托（Otto von Habsburg）也离开了人世。

他们都被安葬在维也纳老城中心的嘉布遣会修士教堂地下的皇室墓穴，我在前面提到过，这里也是茜茜公主安息的地方。1633年以来，这里一直是哈布斯堡家族的墓地。除了一百多位家族成员外，福克斯莫拉德女伯爵（Countess Marie Karoline von Fuchs-Mollard）是唯一的例外，她是特蕾莎与孩子们的家庭教师。为了感谢女伯爵的培育之恩，特蕾莎将她葬在皇家墓地。

莉娜·施诺尔在《帝国之都维也纳》中描述了哈布斯堡家族丧葬的礼仪规矩：

黄昏时八匹黑色骏马牵引大型葬礼车带领长长的送葬队伍由霍夫堡皇宫绕城而行，缓慢走向嘉布遣会修士教堂。一位贴身侍卫登上台阶，敲击教堂紧闭的大门，请求准许死者进入墓穴。大门里传出谁将进入的询问声，侍卫骄傲地用家族名、头衔、荣誉称号回答，却听到冰冷的拒绝声："我们不认识你！"并再次询问来者是何方人士，侍卫又用死者的官位和功绩应对，得到的是同样生硬的拒绝："我们不认识你！"

这样的问答多次重复，大门却紧闭如初，当侍卫最终无奈沮丧地讲："有罪该死的某某人"，大门却突然开启，准许死者棺椁和送葬队伍进入。上帝面前人人平等。①

XIII

美泉宫中最有意思的是拿破仑厅（Napolean Room）。1805年和1809年，拿破仑两次攻陷维也纳，都把美泉宫作为司令部，这间屋子当时可能是他的卧室。据说拿破仑对美泉宫的建筑喜爱之极，却对宫中房间的布置与陈设极度不满，尤其是床铺不像他希望的那么舒适。

但我对拿破仑不感兴趣。

我觉得有意思的是他的儿子。弗朗茨二世在1810年采取和亲策略，将大公主——帕尔玛女公爵玛丽·露易斯（Marie Louise）嫁给了拿破仑。拿破仑战败退位后，刚两岁的莱西斯达特公爵［即拿破仑二世，莱西斯达特公爵

---

① Lina Schnorr: *Vienna Imperial*, H. B. Medienvertrieb GesmbH, 2015, P.11.

拿破仑厅

（Duke of Reichstadt）是他外祖父弗朗茨二世于1818年授予他的头衔］就住进了这个房间。房间内有一幅画，描绘的是莱西斯达特公爵在外祖父的庇护下，与世隔绝地长大，学习植物学，接受花匠的训练，在拉克森堡宫的花园里学习园艺的场景。他于1832年（21岁）死于肺结核。房间内那尊躺着的"半身雕像正是他过世时在病榻上的形象，那只小百灵鸟是他心爱的动物"。

我是第一次知道这个故事，看着看着，总有点说不出的滋味。欧洲贵族王室对拿破仑恨之入骨，对他的儿子恐怕也是万般警惕，害怕拿破仑势力卷土重来的人对他强烈地敌视和抵制。他的生活环境其实就是一座监狱，外祖父再喜欢他，从政治上而言，也不可能让他获得真正的自由，只允许他在有限的范围内活动，结果只能做个花匠。他的早逝，使得拿破仑的敌人如释重负。

我没有查阅有关莱西斯达特公爵的书籍，应该有人写过，这是个好题材。

XIV

美泉宫的园林极为浩大,天气又热,我们只是陪孩子走了迷宫,看了看没什么特色的橘园,在园林里吃了一顿仅是环境优美的午餐。

出了美泉宫,坐小火车继续观光。

皇帝斯特凡将政务扔给妻子特蕾莎,对动植物学却极其痴迷。今天美泉宫内的动物园就是他在1752年开设的,当时喂养着来自世界各地的动物,最稀罕的是一头来自印度的尖角犀牛。皇帝的第一头长颈鹿是埃及国王送的礼物,让维也纳人疯狂不已,商人们趁机推出"长颈鹿香水"和"长颈鹿蛋糕"。

美泉宫动物园是世界上现存最古老的动物园,园中的动物超过500种。

斯特凡在创立动物园的一年后又开设了植物园,植物园由著名的荷兰植物学家设计完成,也被称为"荷兰式花园"。现在园里有4500种来自世界各地的植物。

美泉宫园林最奇特的地方在花园尽头,即山丘上号称"凯旋门"的建筑。我反复琢磨,不知建筑师为何有如此神来之笔?后来才知道当时计划修建像凡尔赛宫那样正式的皇家夏宫,但是由于山丘的承重达不到要求,所以做了个权宜之计的设计,好在还有些创新。

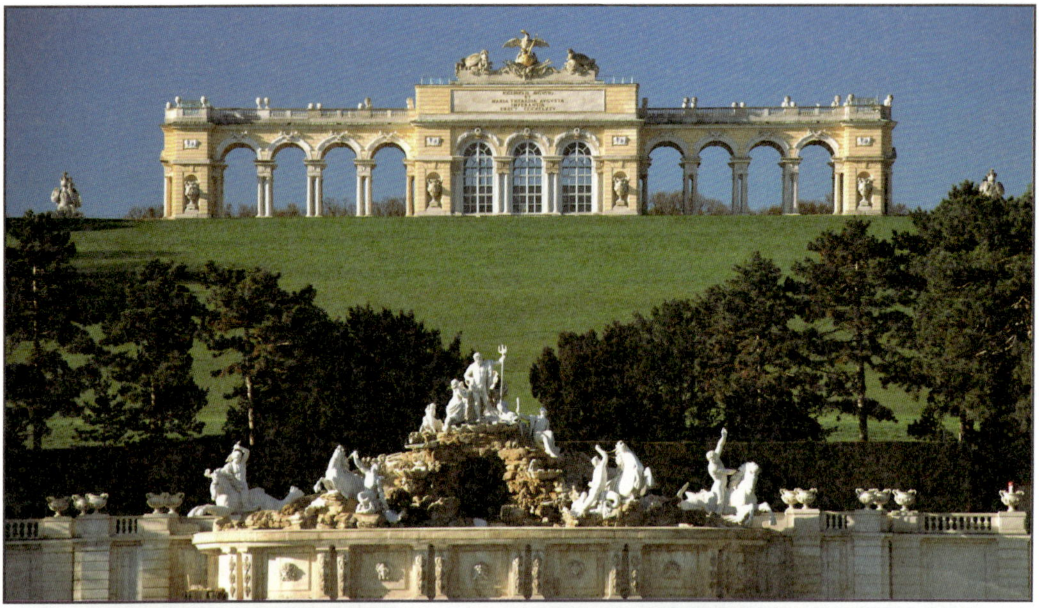

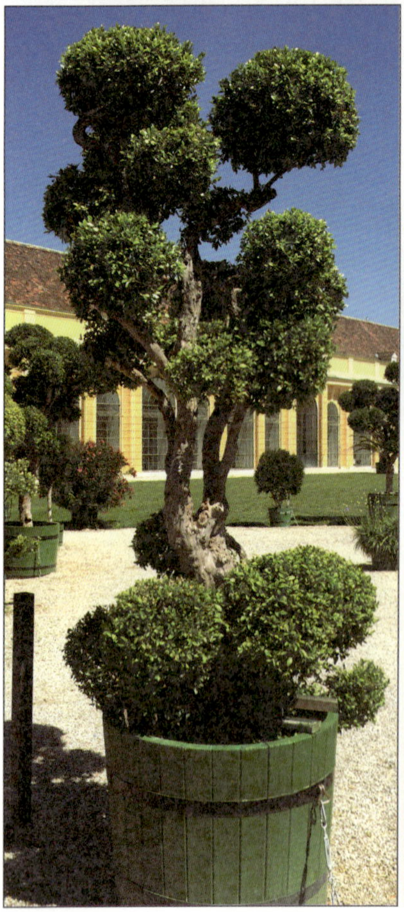

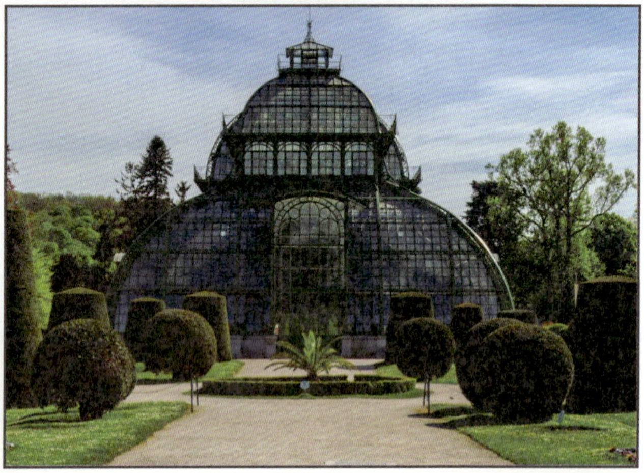

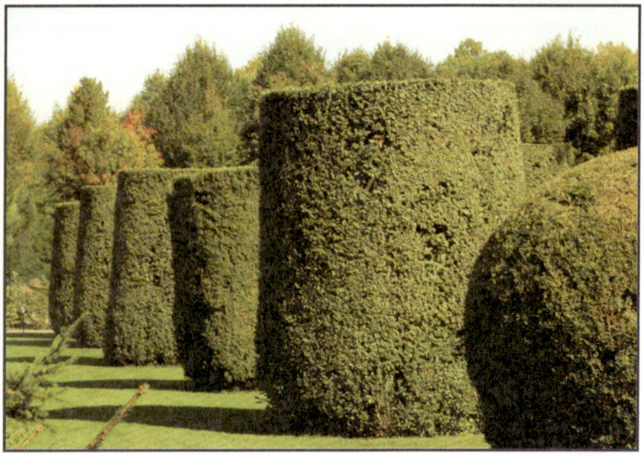

美泉宫的园林与周边景致

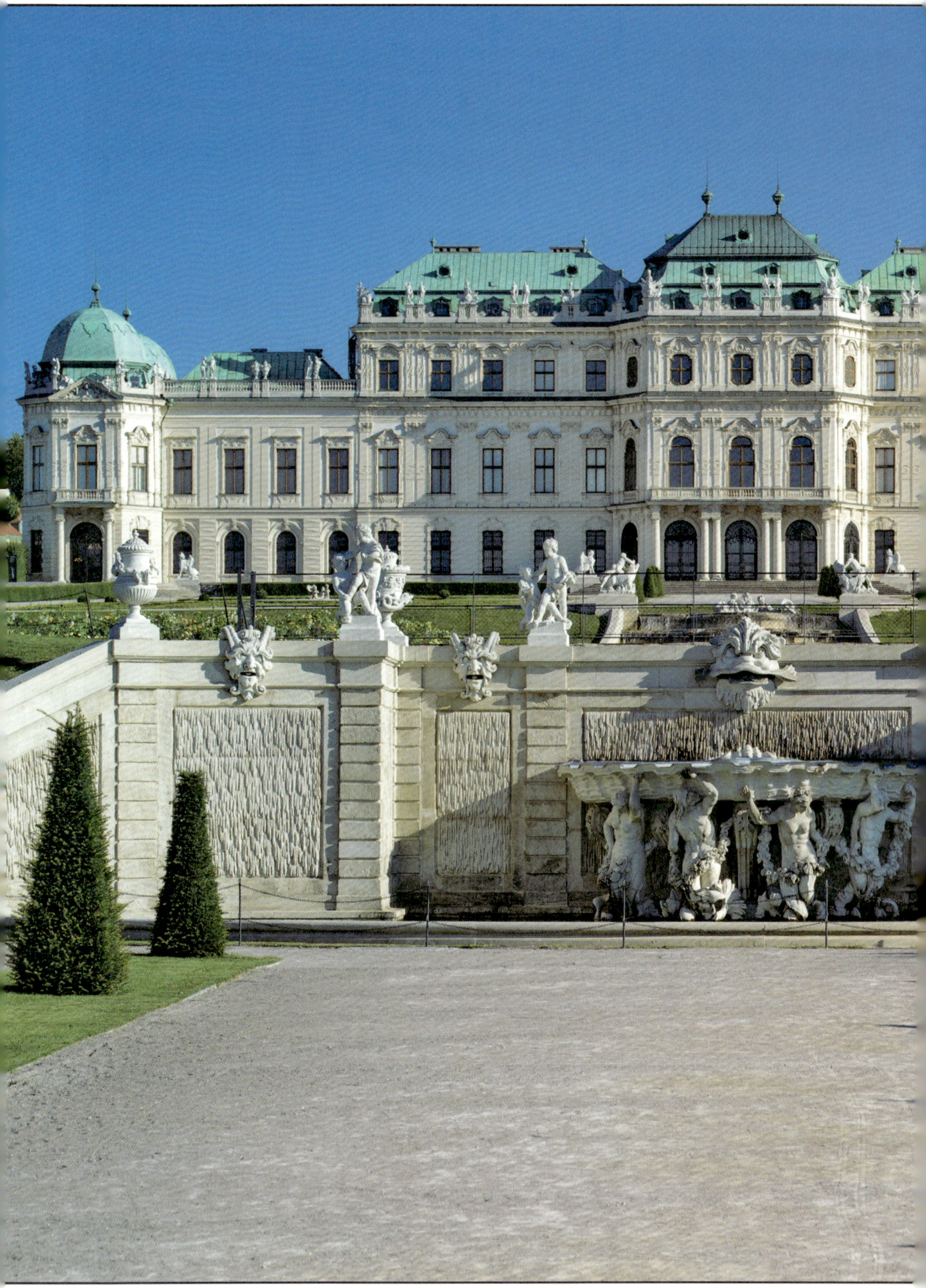

第六章

美景宫（上）

美景宫是维也纳一处历史悠久的建筑群，主要包括上美景宫与下美景宫，曾经是神圣罗马帝国与奥地利帝国的名将欧根亲王的夏宫。今天的美景宫已经成为了知名的美术博物馆，所收藏的古斯塔夫·克里姆特的作品数量位居全球第一，此外，还包括毕德迈雅、奥地利巴洛克、1900年的维也纳艺术，以及法国印象派等艺术流派的作品。

I

美景宫（Belvedere，或译作贝维德雷宫）的名字源于意大利语，其中"Bel"意为美丽的，"vedere"指的是风景，合在一起取"将美景尽收眼底"之意。它分为上下两宫，中间长达500米的巨型花园连接着两座建筑。

美景宫原是奥地利名将欧根亲王（Prince Eugene of Savoy）的夏宫，现在成了美术博物馆。上美景宫的藏品为固定展出，下美景宫则不定期举办各种特展。

上美景宫（Upper Belvedere）也有中世纪作品和巴洛克作品，但精彩的还是德国浪漫主义作品和近现代作品。

这里收藏有一位很特别的巴洛克艺术家弗朗茨·克萨韦尔·梅塞施密特（Franz Xaver Messerschmidt，1736—1783年）的"个性头像"雕塑作品。

1736年，梅塞施密特出生于斯瓦比亚的维森施泰格小镇（Wiesensteig，今属巴登-符腾堡州），父亲是一位有名的制革匠，母亲则出生于艺术世家（画家、木匠以及雕塑家等）。年迈的父亲过世后，母亲带着梅塞施密特等5个孩子前去慕尼黑投奔自己的哥哥。在那里，年轻的梅塞施密特跟着舅舅度过了自己的学徒生涯。

据说梅塞施密特因为傲慢的性格而被舅舅赶出了工作室，随后去了维也纳，并于1755年11月4日进入艺术院校就读。

后来，梅塞施密特制作过一些雕塑作品，以今天的眼

俯瞰美景宮

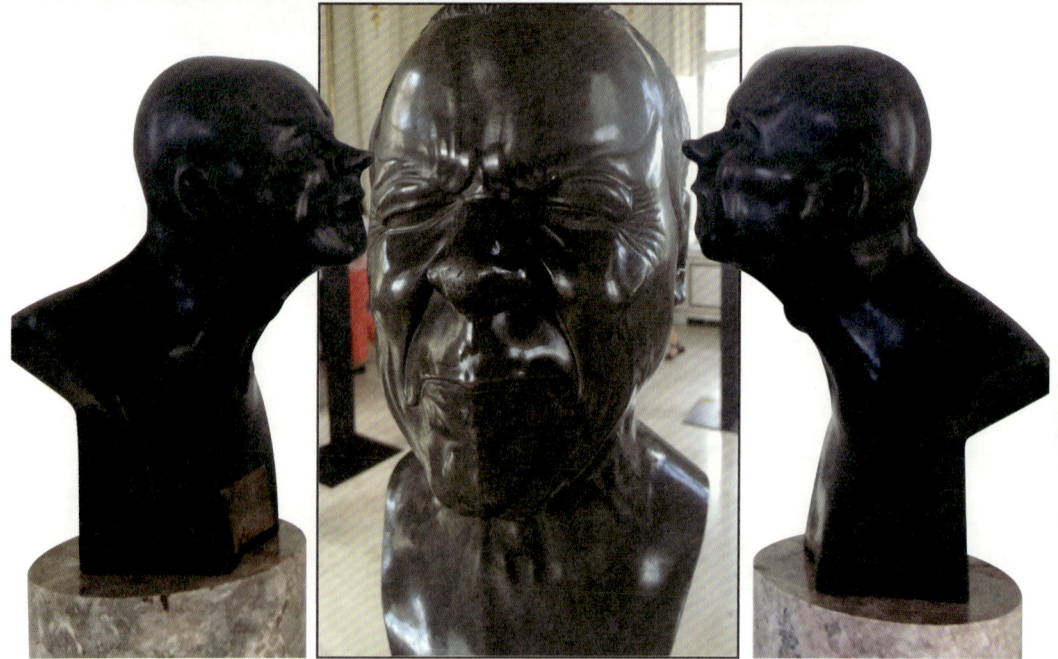

个性头像

光倒推，不乏才情。但真正让他名垂青史的是18世纪七八十年代完成的69件颇具个性的头像，它们至今仍然是个谜。《巴洛克艺术：人间剧场·艺术品的世界》的编著者罗尔夫·托曼评论道：

它们过度夸张的奇特表情，事实上并没有揭示出人物的情感状态，无论是好色的花花公子还是断头或者是被绞死的人，这些严格塑造的头像始终都带着艺术家的特征。这些雕像是如此充满刺激性，以至于很久以来人们都在怀疑梅塞施密特的精神状态是否健康，事实上，他在自己的雕塑生涯以失败告终后回到了普雷斯堡，1783年在那里孤零零地与世长辞。今天这些"个性头像"被解释成启蒙运动的证据，据说它们表明了当人们从宫廷生活的束缚中解放出来后，对于人类存在的真正本质的探求。

II

不少人都会在法国新古典主义兼革命画家雅克·路易·大卫（Jacques Louis David，1748—1825年）的《跨越阿尔卑斯山圣伯纳隘口的拿破仑》（*Bonaparte franchissant le Grand-Saint-Bernard*）前留影，尽管美景宫内不允许拍照。

这幅名画不止一个版本，它们都是刻画拿破仑风采的佳作。但我越来越不喜欢这种在后世发扬光大的革命浪漫主义风格，因为彼时衣衫破旧、精疲力竭的拿破仑才更加真实，况且他骑的还是一头骡子。

有些讽刺意味的是，正是率领28000人越过天险的拿破仑在意大利北部的马伦戈会战（Battle of Marengo）中击溃了奥地利军队。

我在《飞越柏林慕尼黑》中介绍慕尼黑新美术馆时曾经说过大卫有着惊人的才气，可是，他为了逢迎时代的阴暗面所表现出来的卑鄙，也让人瞠目结舌。

《跨越阿尔卑斯山圣伯纳隘口的拿破仑》，大卫，1801年，美景宫藏

我们前面说过,奥地利女王特蕾莎的女儿玛丽·安托瓦内特是法王路易十六的皇后。

1793年10月16日,皇后被游行示众,押至断头台。一路上。阳台上围观的妇女往她身上吐口水,然而她一动不动。西蒙·沙马在《艺术的力量》中写道,"大革命的宣传工具已经将玛丽渲染成一个不知餍足、贪婪邪恶之徒,一半是妓女、一半是怪物的化身;法庭对她的审讯还声称,皇后教会她的小儿子手淫,目的是为了削弱他的体格,并让他疏于共和国的再教育"。

大卫为此画了一幅速写——《玛丽·安托瓦内特在赴刑场途中》(*Marie Antoinette on the Way to the Guillotine*)。艺术史家西蒙·沙马在《艺术的力量》一书中评论认为:"昔日的美人变成了一个面容枯槁、神情淡漠的阶下囚。不过,尽管你能在这幅素描中读出幸灾乐祸之意,还是能看出画家给了玛丽应有的尊严。"

日本绘画爱好者中野京子在《胆小别看画1:方块A的作弊者》中的评论就没那么宽厚了,她认为这幅画极为恐怖,大卫在安托瓦内特身上突出了哈布斯堡家族那出了名的嘴巴歪斜的特征,裸露在外的脖子上甚至画有代表着衰老的青筋。

《玛丽·安托瓦内特在赴刑场途中》,大卫,1793年,卢浮宫藏

从侧面看去，安托瓦内特的下唇异常突出，嘴唇两侧随着脸颊的下垂也朝着下方歪斜，给人一种心眼很坏的印象。她脸上略微呈鹰钩状的鼻子和紧闭的双眼也是画家为了加深人们的坏印象刻意而为。

对于那一双双早已看惯了她在肖像画中华贵模样的眼睛来说，大卫的这幅速写是多么具有冲击性、多么残酷啊！与其说这是写实，我倒是更多地从中感受到了作画者的恶意。虽说这只是一幅速写草稿，但一支技艺精湛的笔可以在不经意间扩大缺点，达到丑化对方的目的。只要是女人，恐怕都不愿意如此被画在纸上，因为谁都不想将这副模样流传到后世。

Ⅲ

斐迪南·乔治·瓦尔德米勒（Ferdinand Georg Waldmüller，1793—1865年）是19世纪早期维也纳著名的肖像画、风景画和风俗画艺术家，美景宫里有他的多幅作品，让我首次认识他的是其在柏林老国家艺术画廊中的那幅《斯蒂勒·荷兹麦斯特上尉的母亲像》（*The Mother of Captain von Stierle-Holzmeister*）。在此之前，瓦尔德米勒熟悉的是风景写生，他尝试将面对大自然时的作画方式应用到肖像画上。

1819年，斯蒂勒·荷兹麦斯特上尉要求画家绘制他母亲的肖像，并交待"请您为我仔细地画下她的真实样貌"。瓦尔德米勒自述："当荷兹麦斯特上尉委托我为他母亲画像时，曾嘱咐我仔细画出他母亲的真实样貌。遵照他的嘱咐，我试着忠于原貌地描绘他的母亲。在这项委托画的进行过程中，我豁然明白，他那句话指明了一条正确的路，让我找到了永恒而取之不尽的创作源泉——这种对自然的观看、理解和认识，化解了我长久以来蛰伏心中的疑惑。"

据赖瑞莹在《世界名画家全集：华德米勒》的分析，画家放弃了肖像画传统,"将这位65岁的老妇人以极近的距离、正面朝着观众置于构图中,毫无掩饰地展现丝质衣服下妇人肥胖的身躯,肥硕的头好像没有脖子似的被直接安在了肩膀上。""瓦尔德米勒以极度客观冷静的写实手法,一五一十地刻画下年岁已老、昔日皇家剧院女演员之样貌风华不再,丝毫未加以美化的身材和相貌,也未利用光影理想化人物的气质。"

《斯蒂勒·荷兹麦斯特上尉的母亲像》,瓦尔德米勒,1819 年,柏林老国家艺术画廊藏

《35岁自画像》,瓦尔德米勒,1828年,美景宫藏

而美景宫中的那幅《35 岁自画像》（Self Portrait at the Age of 35）开始出现人物背后的风景，着盛装的人物坐在前景，赖瑞莹的《世界名画家全集：华德米勒》继续写道，"人物与背后的夏日景色形成不相连贯的空间关系，并且将地平线压到人物的肩膀以下，让大片的天空和云彩衬托人物。"

瓦尔德米勒也擅长画静物与风俗画，同样收藏于美景宫的《圣体游行的早晨》（The Morning of the Feast of Corpus Christi）是他的风俗画代表作。

《圣体游行的早晨》，瓦尔德米勒，1857 年，美景宫藏

IV

"1900年的维也纳艺术"中的许多作品是美景宫最初设立现代美术馆时珍藏的,创立于1897年的维也纳分离派艺术家协会在国内外艺术家的作品展上购买了几十幅作品,比如斐迪南·霍德勒(Ferdinand Hodler,1853—1918年)的《深情》(*Emotion*)和梵高的《奥维尔的平原》(*The Plain of Auvers*),以促进这个现代美术馆的发展。把奥地利艺术与国际主流艺术融合在一起要归功于分离派艺术家,这让我们能在美景宫看到莫奈、利伯曼、雷诺阿、阿列克谢·冯·雅夫伦斯基(Alexej von Jawlensky,1864—1941年)以及埃米尔·诺尔德(Emil Nolde,1867—1956年)等顶级国际艺术家的作品。

这时也是奥地利艺术的黄金时代,美景宫的知名度首先在于它是克里姆特作品最重要的收藏馆。

《奥维尔的平原》,梵高,1890年,美景宫藏

《深情》，霍德勒，1900 年，美景宫藏

V

　　艺术史专家阿尔弗雷德·威丁格认为：被称为"女性画家"的克里姆特的每一幅女性肖像画都被流言笼罩，不少人对于画作中的色情元素抱有质疑的态度，甚至认为克里姆特行径诡异。

　　1912年，一位记者指出："如果没有女性为其作品提供灵感，克里姆特的艺术将变得不堪入目，女性就像盛放的鲜花支持着他的作品。画中人应有尽有，包括维也纳的平民女孩、上流社会女性、犹太女性、女贵族。克里姆特深深地了解这些女性，因为他就活在她们的生活圈子里，他是这些女性一举成名的原因，是现代欧洲女性可找到的少数天才。"[1]

　　刘振源的《世纪末绘画》透露，据说经常有数十个模特儿姑娘在克里姆特画室隔壁的房间里聚集，有衣衫不整地躺在那里的，有全裸着在走动的。

　　威丁格的研究表明，女模特是克里姆特的灵感和激情源泉，"虽然他在工

克里姆特和艾米丽在画家的画室花园里，拍摄于1910年

---

[1] Agnes Husslein-Arco, Alfred Weidinger（2016）, *Gustav Klimt: Woman*, Österreichische Galerie Belvedere, P.9.

作室观察和绘画这些女性时,在身体上(不时)相当亲近,但他们从无实质性接触,这份狂喜体现于画作中描绘性爱主题的大胆线条上,也于画布上的精心构图中可见一斑"①。

众所周知,克里姆特与弟媳的妹妹艾米丽曾在1895至1899年之间有着暧昧的关系,但威丁格认为:"他从未与自己的裸体模特、女顾客和女管家发生过性关系。"

似乎也有反例,如现藏于美国大都会博物馆的《塞雷娜·莱德雷尔像》(*Portrait of Serena Lederer*),画中的主人公出身于匈牙利犹太人家庭,家境富有,年轻时以美貌著称,25岁时嫁给年长自己10岁的实业家。塞雷娜的家庭与克里姆特私交甚笃,每周四他们都会共进晚餐。据孙欣的《克里姆特绘画研究》介绍,塞雷娜是克里姆特的情人,她的女儿伊丽莎白就是与克里姆特所生。第二次世界大战期间,身为犹太人的塞雷娜为逃避纳粹迫害而公开了这个秘密。

塞雷娜夫妇也是克里姆特绘画最大的收藏家,如克里姆特从政府手中赎回的维也纳大学的《哲学》和《法学》就在他们

《塞雷娜·莱德雷尔像》,
克里姆特,1899年,美国大都会
博物馆藏

---

① Agnes Husslein-Arco, Alfred Weidinger(2016), *Gustav Klimt: Woman*, Österreichische Galerie Belvedere, P.9.

的手中。可惜的是，第二次世界大战期间他们受到纳粹的迫害而去世，克里姆特的作品转移到了维也纳的伊门道夫堡（Schloss Immendorf）。1945年，《法学》和《哲学》毁于大火，其他藏品不知下落。

克里姆特一生未婚，传记作者克里斯蒂安·内贝海在1983年揭露了他有多达14个私生子的秘密。

VI

威丁格还认为，克里姆特的个性并不复杂。他的思想直截了当，行为表现一贯以自我为中心，情感非常坚定。艺术史家哈斯·蒂策在1919年的回忆录中写道：克里姆特之所以深受女性的欢迎，是因为他的"原始力量对人类（尤其是女性）非常有效"，并描述他的外表"就如呼吸着强烈的泥土气味"。1903年，另一位参观克里姆特画室的人将画家形容为"一位外表俊朗的男士：中等身高、健壮结实，但身段有如体操运动员一般灵活敏捷"。

在克里姆特的时代，维也纳日益自信的中产阶级迅速崛起，让克里姆特成为当地富裕资产阶级首选的肖像画家。克里姆特对于资产阶级妇女肖像画的态度颇为务实，凭借她们建立起自己的声誉。他因此变得富裕起来，同时能够享受艺术和社交上的自由。

威丁格还提醒我们，克里姆特之所以能成为一名成功的肖像画家，与奥地利1849年的宪法修正案不无关系，该修正案首次允许犹太人拥有自己的财产，结果，富裕的犹太家庭开始在维也纳修建富丽堂皇的宫殿式大宅，并根据中产阶层的习惯设计装修。大宅中夫人们的肖像画当然是不可或缺的，但这为丈夫们带来了一个问题：知名的维也纳艺术家很少是犹太人，像克里姆特这样不受拘束的人并不多。

VII

克里姆特的画作集中在上美景宫的最后一个展厅内,让人目不暇接,好在人群都汇集在那幅太过著名的《吻》(The Kiss)前,让我可以安安静静地欣赏其他作品。

自 1898 年起,克里姆特开始专注于女性肖像画,并深受比利时象征主义画家费尔南德·赫诺普夫(Fernand Khnopff, 1858—1921 年)和美籍画家詹姆斯·麦克尼尔·惠斯勒(James McNeill Whistler, 1834—1903 年)的女性画作所启发。

这一年,克里姆特借鉴了巴黎奥塞博物馆惠斯勒的杰作《灰与黑的改编曲》(Arrangement in Grey and Black No.1,也被称作《惠斯勒的母亲像》),创作了第一幅大型女性肖像画《索尼娅·妮普丝像》(Portrait of Sonja Knips)。

欣赏克里姆特《吻》的人群

《灰与黑的改编曲》，惠斯勒，1898年，奥塞博物馆藏

主人公是一位皇家陆军旅长的女儿，23岁时嫁给了一位实业家，这幅画作于索尼娅婚后的第三年。她婚姻不幸，两个儿子在她生前相继离世，她喜欢的弟弟在骑马时坠马而亡，但这匹马恰恰又是她送的，可谓一生充满了悲剧色彩。

据何政广主编的《世界名画家全集：克里姆特》描述，受到惠斯勒的影响，克里姆特的"兴趣纯粹是为了美学的效果，方形的画布上被谨慎地平分

《索尼娅·妮普丝像》,克里姆特,1898年,美景宫藏

为明暗两个区域,暗的区域描绘的是主人翁背后的阴影及不确定的空间,色调较浅的部分描绘的是她的身体,她似乎正在从椅子上起身去招呼客人,她那粉红色的衣服正好与深褐色的背景形成强烈的对比。整幅图显得很平坦,方形的画布切掉了任何立体空间的想象,画面的结构由右上角的花来平衡左侧的红色速写本"。

VIII

《弗丽莎·里德勒像》（Portrait of Fritza Riedler）中34岁的女主人公生于柏林，后来嫁给维也纳动力学家阿洛伊斯·里德勒。画面的构图与《索尼娅·妮普丝像》有点相似，但更强调了稳定性，所有的形态都严谨地遵循水平与垂直的整体结构。

这幅画最大的特征是围绕着女主人公的装饰构图，左边有两块金色的装饰，较小的银块则分配于整个画面中。椅子的样式类似孔雀图案，里德勒身后的彩色马赛克几何图案很像灯罩。何政广主编的《世界名画家全集：克里姆特》认为，"居于中央的主人公的脸孔以自然主义的手法描绘，反而较不引人注意。这显示了自然主义与抽象化之间的冲突，主人翁的个性已被主导的装饰图案所压制。"

总之，里德勒的身体仿佛被镶嵌入画面似的，很别致，但还没达到其巅峰时期的作品《吻》那样的水准。

威丁格分析认为，1898年以来，克里姆特肖像画的重点都在脸和手上，苍白的面色，火红的两颊，平坦的胸部，对人物脚部的描绘则是到了1912年之后的作品中才有所体现。

与克里姆特之前的作品不同，这些胸部扁平的模特既不色情，也没有完全展露其身材，画面无关乎欲望和性。画像虽然可以用来描绘个性，但克里姆特避免这样做。"他渐渐将女性去女性化和非人性化，背景和身体互相结合：并非在图像空间中演绎女性整体，而是让她的头部和双手等个别身体部位在所在的图像空间中浮动，与现实脱节。女性是装饰品，只是用来装点家中的客厅"①。

---

① Agnes Husslein-Arco, Alfred Weidinger（2016）, *Gustav Klimt: Woman*, Österreichische Galerie Belvedere, P.19.

《弗丽莎·里德勒像》，克里姆特，1906年，美景宫藏

威丁格继续分析道，克里姆特确立了女性形象在富裕的维也纳资产阶级中流行的图示："妻子本是丈夫的一种自我表现手段，她们的职责是作为一位忠诚的助手，肉体或性感不适合官式肖像中的主角，只有两颊通红（克里姆特的标记，他的所有妇女肖像画中都可看到）是故意的说法并不公平，这承载着天真无邪的耻辱，让所刻画的女性变得软弱、一脸无辜和害羞。但红色脸颊也是兴奋的结果，精神分析则认为害羞脸红是一种从阴部转移到脸部的精神耻辱。"①

IX

克里姆特的著名情人阿德勒出身于维也纳富有的中产阶级犹太家庭，父亲是奥匈帝国七所大银行的行业领袖。1899 年，19 岁的阿德勒嫁给了比她年长 17 岁的中欧最大的制糖公司的老板斐迪南·布洛赫–鲍尔（Ferdinand Bloch–Bauer）。

阿德勒两次流产，第三个孩子也在出生几天后死去。孙欣的《克里姆特绘画研究》分析道，"她的生活原则体现在她对知识的渴求上，她寻找知性的刺激——她总是生病，受痛苦的折磨，抽烟很凶，身体很虚弱。呈现着宗教般的精神气质的面孔，纤瘦精致——她的一个手指有残疾，她总是试图掩盖它……"

阿德勒和克里姆特的恋情可能始于她婚后不久（还有种说法是婚前认识的），一直延续到画家去世。克里姆特为她画过两幅大型肖像，画家绘制肖像的速度极慢，她是唯一拥有克里姆特两幅大型肖像画的人，它们原来都收藏在维也纳艺术史博物馆里。但在 2006 年，第一幅肖像的继承人阿德勒的侄

---

① Agnes Husslein-Arco, Alfred Weidinger（2016）, *Gustav Klimt: Woman*, Österreichische Galerie Belvedere, P.21.

女玛利亚·阿特曼（Maria Altmann）讨回了它，并以 1.35 亿美元的价格卖给了纽约新美术馆。第二幅肖像画也于 2006 年归还至玛利亚手中。

《阿德勒·布洛赫-鲍尔像Ⅰ》（*Portrait of Adele Bloch-Bauer Ⅰ*，也被称作《黄金中的女子》），它是画家唯一一幅使用黄金装饰的作品，当时维也纳报章将画像戏称为"闪闪发光的寺庙中的偶像"。

威丁格认为，"在早期的妇女肖像画里，克里姆特已经将表达方式转移到画面处理，并将人物形象置于其中。作为绝对不透明的材料层，黄金似乎注定会达到预期的高潮效果。"[1] 在这幅黄金画作中，只有头部和双手是以自然主义的方法来表达，让大家知道人像照片只是用作提醒而已。马赛克与头发部分重叠，从而让头部退入背景中，因此，它看起来确实像镀金神龛中的拜占庭圣像。

《阿德勒·布洛赫-鲍尔像Ⅰ》，
克里姆特，1907 年，
纽约新美术馆藏

---

[1] Agnes Husslein-Arco, Alfred Weidinger（2016），*Gustav Klimt: Woman*，Österreichische Galerie Belvedere，P.27.

《阿德勒·布洛赫-鲍尔像Ⅱ》，克里姆特，1912年，私人收藏

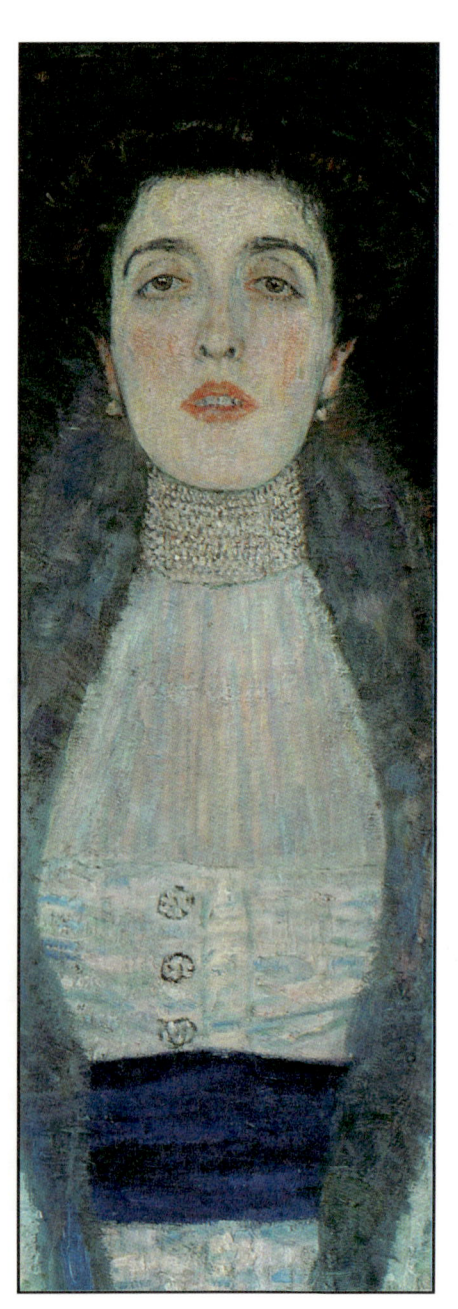

阿德勒脖子与手腕上的珠宝都是她丈夫费迪南德委托"维也纳工坊"让克里姆特设计的，她请克里姆特画像时，特别要求突出她脖子上戴的镶有两颗红宝石的碎钻项链以及手腕上的钻石镯子。

创作《阿德勒·布洛赫-鲍尔像Ⅱ》（*Portrait of Adele Bloch-Bauer Ⅱ*）时，克里姆特受到野兽派马蒂斯的影响，收藏在旧金山现代艺术博物馆中的马蒂斯的《碧眼女孩》显示："在克里姆特的绘画世界中，通过其表面装饰性和观赏性的使用和空间设计，色彩几乎是自由的，通过使用近乎野兽派的方法，克里姆特从那时起建立了一个新的视觉世界，在这个世界中，对象不再像空间一样受到重视，退入背景的物件之间的关系得到解决，但不能完全否定。理想化意象的悲怆以及反映在装饰品和图画内容的情色想法消失了，女性只是狂欢色彩实验的背景。"①

X

克里姆特还以阿德勒为原型创作了两幅主题为"朱迪斯"的作品，其中第一幅也收藏在美景宫。

朱迪斯是《圣经》中记载的犹太寡妇，她与仆人来到侵略军将领霍洛芬斯的帐篷，趁其酒醉割下了他的头，解救了以色列人。

这是西方绘画中的经典题材。在弗洛伊德的精神分析学中，朱迪斯是处女禁忌的原型，代表了女性的致命魅惑；砍头是阉割的隐喻，体现了男性对女性性欲望的恐惧。于是，在男性心理中，女性的极度诱惑和极端暴力相悖并存。

孙欣在《克林姆特绘画研究》中对《朱迪斯Ⅰ》（*Judith Ⅰ*）做出的描述是：

---

① Agnes Husslein-Arco, Alfred Weidinger（2016），*Gustav Klimt: Woman*, Österreichische Galerie Belvedere, P.31.

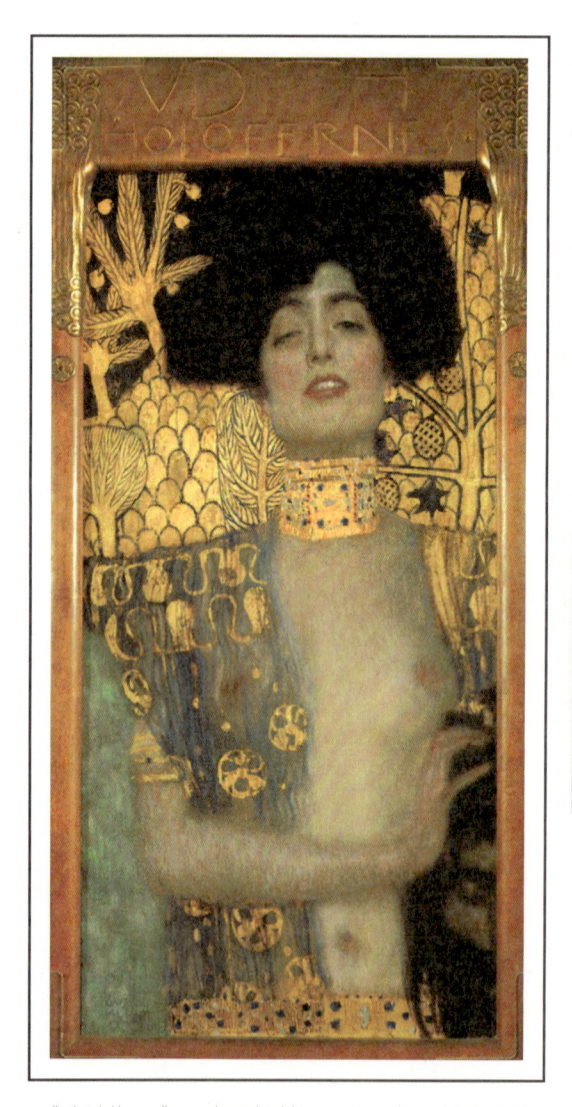

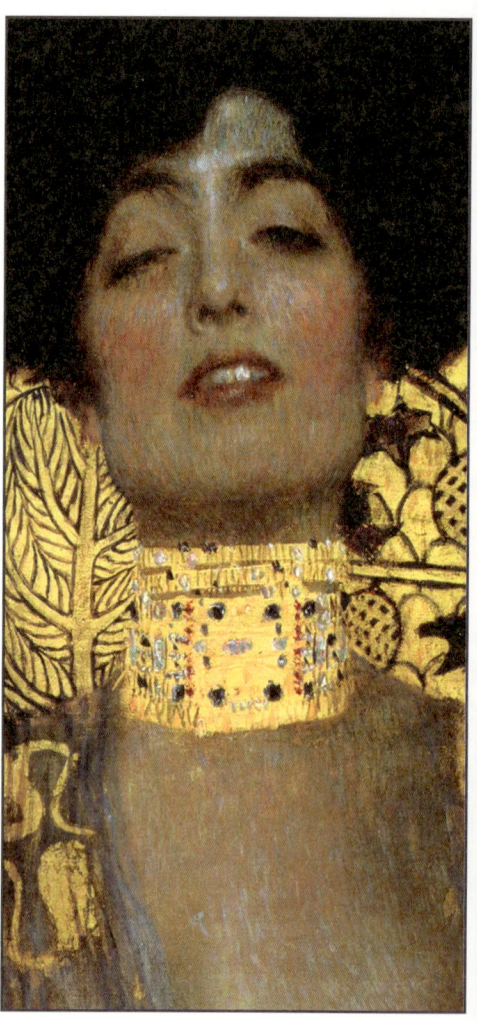

《朱迪斯Ⅰ》，克里姆特，1901年，美景宫藏

朱迪斯处于金色的树的图案所形成的背景中，她的头发达到画面的边缘——她诱惑的目光通过半闭着的双眼投向观者。装饰着金色纹样的衣服从右肩垂下，遮盖着右边的身体。左边裸露的乳房下面，模糊地描绘了被砍下的深色的头颅，它被画框截去一半。

克里姆特没把朱迪斯放在砍掉男人首级的血腥情境中，而是描绘她致命魅惑中女性性感的一面;"没把她塑造成一个杀死被自己征服的男人的女英雄，而是她自身被性欲征服，这使她显得出乎意料的危险"。绘画中没有直接呈现杀人的行动，霍洛芬斯的头几乎被完全排除在画面之外，画中的朱迪斯不是抓住头颅的头发，而是轻柔地用手爱抚它，这在视觉上减弱了对砍头（阉割）的恐惧——他对阿德勒肉体的迷恋，以及她作为情人所给予他的压力，也在神话寓言的叙事中得以呈现。

据说，《朱迪斯Ⅰ》中女主人公的神态酷似阿德勒在床上的表情，她的丈夫斐迪南·布洛赫第一次在画展上看到时吓了一跳。至于《朱迪斯Ⅱ》（*Judith Ⅱ*），布洛赫则说这是她骂人时的样子。

这也许是好事者编的故事，即便不是布洛赫的独家披露，我们似乎也能辨认。

《朱迪斯Ⅱ》，
克里姆特，1909年，
佩萨罗宫藏

XI

克里姆特的《水蛇》有两幅作品，一幅纵向，一幅横向，收藏在美景宫里的是纵向作品，不像由私人收藏的另一幅那样丰富多彩。

《水蛇》又名《女朋友》，表达的是女同性恋的情感世界。据孙欣在《克林姆特绘画研究》中的描述，《水蛇Ⅰ》（*Water Serpents Ⅰ*）中"深蓝色的背景象征着海水，相同色调的蛇皮状的装饰图案由富于女性性象征的椭圆形符号组成，共同构成了深蓝基调的背景，与主体人物明亮的金色形成对比。两个沉迷于爱欲中的女性形体被拉长了，金色描绘的精致的发丝、衣饰上的椭圆符号、摇曳弯曲的水草与女性纤细的形体产生呼应。从画面右下方探入

《水蛇Ⅰ》，克里姆特，1904—1907年，美景宫藏

的蓝色的鱼似乎象征着异性的窥探者。两个主体人物,其中一个背对观者,另一个闭拢双眼,沉浸在女性自我的欲望情境中。观者完全不在她们的知觉范围之内,成为潜在的窥视者"。

《水蛇Ⅱ》(*Water Serpents Ⅱ*)的不同之处在于,有位女性把头转向观者,暗示着女性在自我欲望满足的同时感知到男性的窥探。

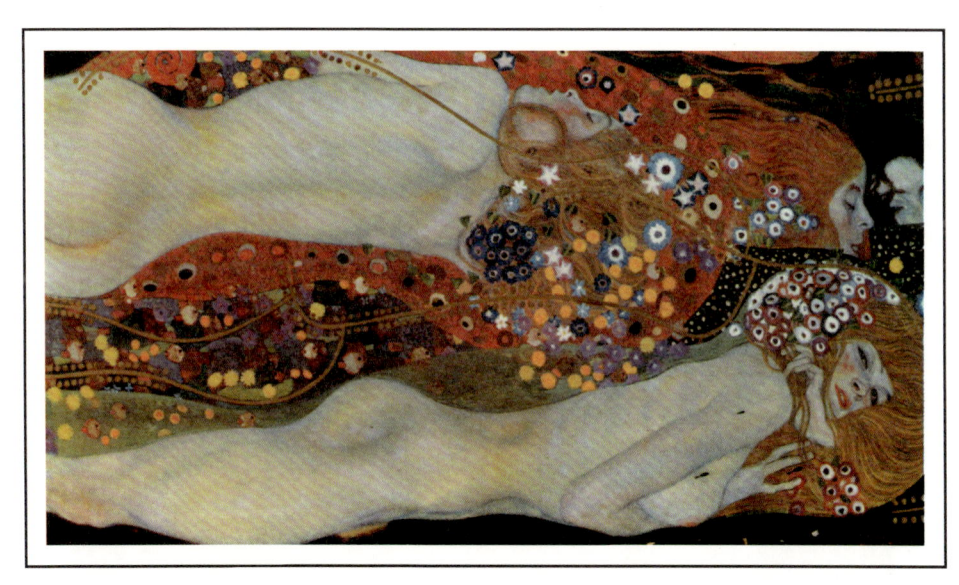

《水蛇Ⅱ》,克里姆特,1904—1907 年,私人收藏

XII

对于大名鼎鼎的《吻》(见第二章的插图),卡尔·休斯克认为,要将它和日内瓦私人收藏的《达那厄》(*Danaë*)联系起来看。

达那厄也是西方的经典绘画题材,作为阿尔戈斯国王阿克里西俄斯的女儿,她的父亲相信自己会死于女儿所生的儿子之手,就把她关在青铜之塔中。没想到宙斯看上了达那厄,变作黄金之雨与她交合。

休斯克在《世纪末的维也纳》中评论道：

在《达那厄》中，克里姆特再次调用希腊众神来表现现代人类的境遇。这是克里姆特所画的最后一位希腊女性，同其前者——雅典娜、胜利女神、海吉亚、复仇三女神（都是双性同体、长着阴茎的女性）毫无共同之处。克里姆特似乎已经克服了对女性的恐惧。很少有比达那厄更鲜活的、对放任之欲望的外部特征所进行的刻画，她的躯体充溢着宙斯金色的爱流，呈现出甜

《达那厄》，克里姆特，1907—1908 年，私人收藏

蜜的色彩。克里姆特已经同这位女性相安无事——她不再贪得无厌、充满威胁，而是在满足了欲望后快乐地蜷曲着。克里姆特再次将两种表现媒介彼此对照，虽然他采取自然主义来展现达那厄的被动热情，但主导情节的还是象征主义。克里姆特为金色的神话大雨赋予了染色体一般的生物形态，最终增加了象征意义：垂直的矩形是男性准则，像死亡一样又尖又黑，以致无法调和。这是爱神与财富交合中的不和谐细节。

《吻》让克里姆特的黄金风格达到了顶峰。作为克里姆特在艺术展上乃至之后最受欢迎的作品，这幅画通过牺牲现实、扩展象征的方式加强了感观效果。在《贝多芬壁画》中的那幅《圆满》（编者注：即前文提到的《贝多芬壁画》之三）中，甚至在《达那厄》中，情色效果都通过所塑造的裸体得以传达；而在《吻》中，肉体却被遮盖，但感观效果由于暗示性的爱抚线条反倒更加强烈。在服饰上，如同恋人所跪的花丛底部，装饰性元素充当了象征符号，男女主人公身上的衣物凭借其装饰性设计而格外显眼。

XIII

《吻》似乎也可以说是克里姆特寓意画与风景画的结合，我在之前的两本书中介绍德累斯顿与布拉格时都提到了他的风景艺术，这里继续欣赏美景宫中的几幅作品。

《盛开的罂粟花》（*Poppy Field*）的顶部是一排"日本风格"的梨树，树木底下则是象征着生命无限繁衍的罂粟花。画面呈现出两种观赏方式，一种是俯瞰，另一种就像躲藏在树间窥视着整个原野。

克里姆特的笔触是后印象主义的修拉点彩画派风格，使用马赛克的装饰性来表现。这片原野中不仅有罂粟花，还掺杂着矢车菊、雏菊、金凤花和番红花。

《盛开的罂粟花》（局部），克里姆特，1907年，美景宫藏

《卡默城堡公园的林荫道》（*Avenue of Schloss Kammer Park*）的画风让我想起了梵高，景象则像上海两边种满法国梧桐的马路，很亲切。

《雨后》（*After the Rain*）表达的是空气的清新感，抒情意味浓厚，与《白桦林农场》（*Farmhouse with Birch Trees*）则有异曲同工之妙，透露的是宁静安详。

《卡默城堡公园的林荫道》，克里姆特，1912年，美景宫藏

《白桦林农场》，克里姆特，1900年，私人收藏

《雨后》，克里姆特，1898年，美景宫藏

诗人彼得·阿尔腾贝格是克里姆特的仰慕者，他认为这些风景画比克里姆特的寓意画更能体现意象、思想和情感的完美平衡，这些是维也纳现代派艺术思潮的真正标志，它由忧郁、优雅、亲密和颓废等表现自我和心灵的概念组成。

阿尔腾贝格在1917年写道：

作为一个喜欢沉思的画家，古斯塔夫·克里姆特也是一个现代意义上的哲学家，一个非常时尚的诗人。通过绘画，把自己变成在现实世界里不可能存在的非常时髦的年轻人！你的乡村风景画画的千万朵鲜花和那株硕大无比的向日葵成了连接理想主义和现实主义的完美纽带！是的，从理论上看，这是解决该问题的一种切实可行的方法！你画的黑暗的小屋、森林和湖泊都带着忧伤的美，就像一首首现代的乐曲和诗歌！性情温和的人看到你画的山毛榉之后也会落泪，因为它们是那样的孤独、细腻、阴郁！①

XIV

1918 年 1 月 11 日，克里姆特在寓所中风，2 月 6 日去世。美景宫中留有几幅画家未完成的作品。

阅读各种分析克里姆特绘画的文章，最有趣的是不同的解读方式，比如针对未完成的作品《亚当与夏娃》（*Adam and Eve*），洪麟风的《克林姆魅力》认为：类似的题材作品都是把亚当与夏娃对等地置于乐园内外。但在克里姆特这幅《亚当与夏娃》里，却把夏娃描绘得既明亮又堂皇，紧靠着的背后的亚当则被画得无精

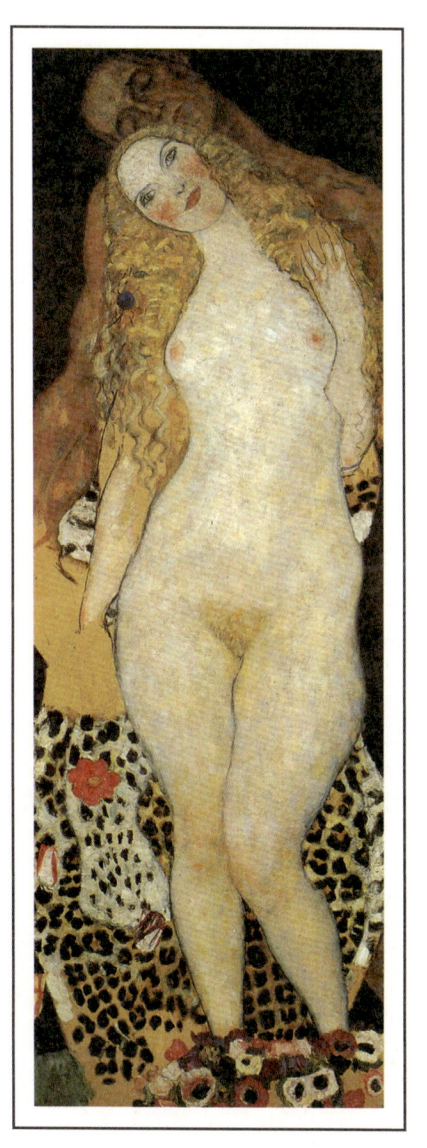

《亚当与夏娃》，克里姆特，1917—1918 年，美景宫藏

---

① Eva di Stefano（2008），*Gustav Klimt: Art Nouveau Visionary*, New York: Sterling Publishing Co., Inc., p.170.

打采，徒有隆起的肌肉，满脸倦容地躲在暗处。

在克里姆特去世前的画室照片中，可以看到一幅未完成的《新娘》（The Bride），它也被收藏在美景宫中。

这幅画延续了布拉格国家美术馆中的《处女》的构思（见《从布拉格到布达佩斯》的第四章），画中左侧女子的面孔与《处女》中左边的面孔十分相似，而两幅画的中间脸孔似乎也是对应的。

在《新娘》的左下方半藏着一个婴儿，它也出现在另一幅美景宫的《家庭》（Family Painting）中。《家庭》只是描绘了母亲与两个孩子熟睡的脸，对于极少关注整个家庭的克里姆特来说，是很特别的作品。

右边新娘的下身加上了花裙，上身仍是裸体，因为未完成，我们只能想象。

克里姆特去世前的画室照片

《新娘》（未完成），克里姆特，1917—1918年，美景宫藏

《家庭》，克里姆特，1910年，美景宫藏

XV

20世纪90年代初，我在重庆出版社出版的一套美术画册中读到了《克里姆特·席勒画风》，我对埃贡·席勒（Egon Schiele，1890—1918年）的画风印象深刻，但未必喜欢，今天看了仍是如此。

英国历史学家保罗·约翰逊在《艺术的历史》中的一段评论很到位：

克里姆特的追随者席勒，画家生涯只有短短10年，却留下了令人难忘的作品。他原本只是个线条画家和版画家，却在油画的用色与新颖的厚涂法上和梵高颇为相似，只是手法更为老练。他最出色的作品是那些素描，这些作品细致，有时很残暴，但都很独特且原创性十足，有时美丽得与波提切利不相上下。他对性十分着迷，视交媾为快乐和生命的象征。

席勒生于维也纳，16岁考入了要求极为严格的维也纳艺术学院（一年后，也正是这所学校拒绝了当时年轻的希特勒，后来他再考，还是被拒绝。学校认为希特勒更擅长建筑画，应该报考建筑系。从今天能看到的希特勒的作品上看，学校的观点是对的）。

1909年，席勒结识了克里姆特，大师对21岁的席勒很是欣赏，将自己17岁的模特沃莉（Wally Neuzil）介绍给他。

后来，席勒搬到了维也纳外的纽伦巴赫（Neulengbach）小镇，当时有一个出身大户人家的14岁女孩经常往席勒的画室跑，她也许喜欢上了席勒。有一次她离家出走，要席勒帮忙送她去维也纳的外婆家，可到外婆家后急忙返回小镇。因为席勒被她的父亲告上法庭，坐了24天牢。

沃莉一直与席勒在一起，但席勒又喜欢上了一对姐妹，最终他追到了妹妹伊迪斯·哈姆斯（Edith Harms）。后者答应与席勒结婚，但要他与沃莉断绝关系。

席勒答应了，其实仍想与沃莉藕断丝连，他让沃莉签署了一份声明，保证没和他动真情："1913年6月8日，特此声明，我没爱上世间任何人。沃莉。"

沃莉永远离开了席勒。

这时席勒感伤了，创作了现藏于美景宫的《死神与少女》（Death and Maiden）。画中，席勒把自己想象成死神，少女是沃莉，两人紧紧抱在一起，死神却试图推开沃莉，地上铺开的白布应该是她的丧服。沃莉伸出如同枯枝一般的手臂，无法挽留死神。中野京子在《胆小别看画4：人性的暗影》中以

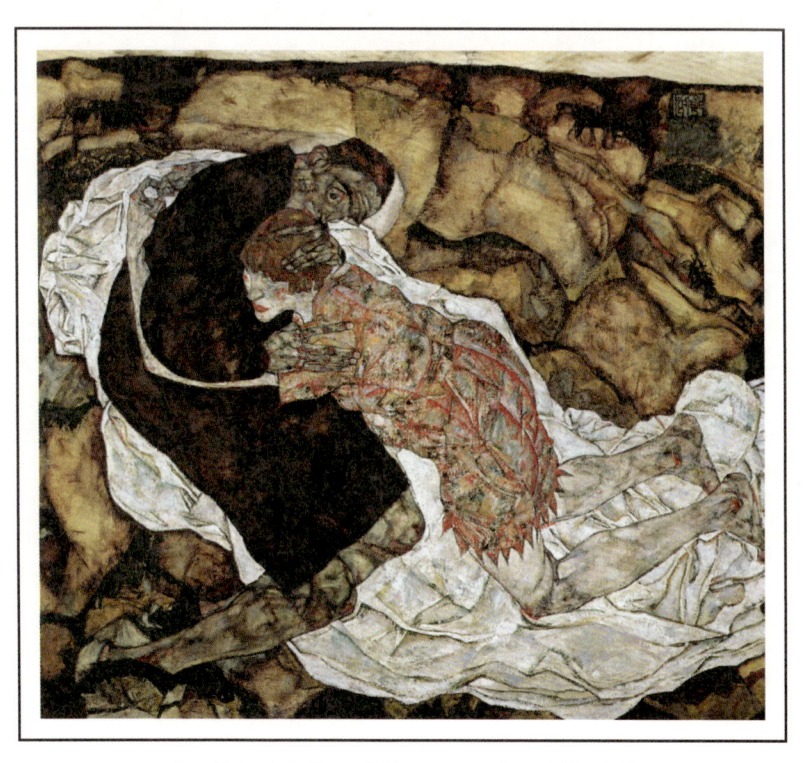

《死神与少女》，席勒，1915年，美景宫藏

女人的敏感评论道:"明明是席勒自己践踏了沃莉的感情,画中死神的眼神却好像受伤的是他自己——分明是自己选择了被世人所认可的完美家庭,真到了与过去分别之际,却又害怕失去自己的缪斯沃莉。席勒希望的是,妻为妻,妾为妾,两个人都永远陪在自己的身边。"

沃莉离开席勒后,报名从军,来到战场,成为红十字会护士,两年后,得了猩红热,23岁就失去了生命。席勒真是她的"死神"?

1918年2月克里姆特去世,席勒却功成名就,妻子也怀孕了,他创作了

《家》,席勒,1918年,美景宫藏

美景宫中的名作《家》（*The Family*），他把没出生的婴儿也绘入画中，席勒护着整个家庭，妻子护着婴儿。特别的是，三个人的眼神看着不同的方向，据刘振源在《世纪末绘画》中分析，这"暗示着无法理解的亲子间联系上的心理葛藤"。

1918年5月，马德里暴发了西班牙流感，全世界感染者多达三四千万，不少人失去了生命。伊迪斯外出购物被感染，怀孕6个月的她离开了人世。三天后，28岁的席勒也去世了。

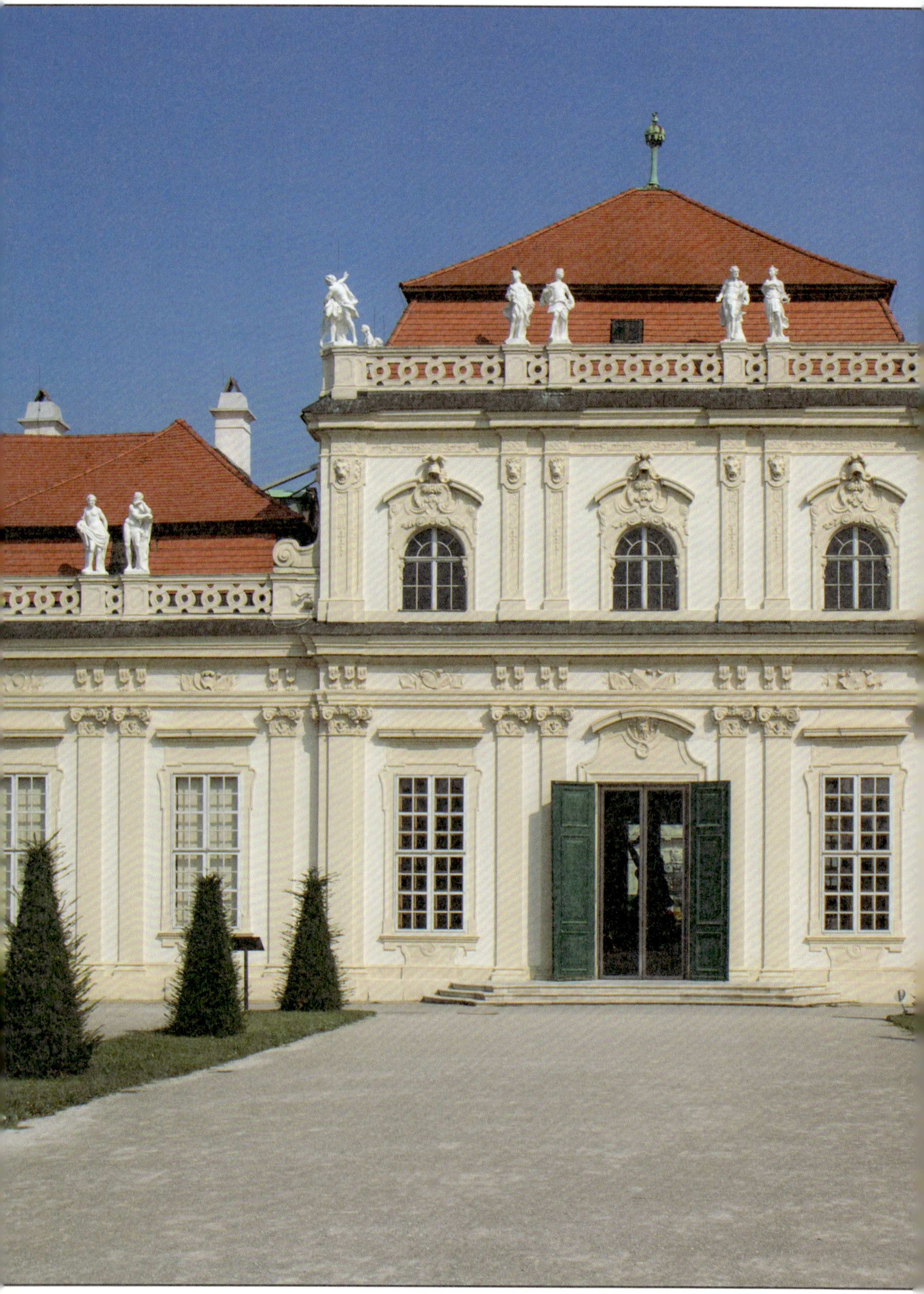

第七章

美景宫（下）

与上美景宫不同，下美景宫的藏品并非固定展品，而是为某些画家所举办的特展，比如接下来将要重点介绍的，就是慕尼黑分离派创始人——德国画家弗朗茨·冯·斯托克。其作品以神话题材为主，深受象征主义大师阿诺德·勃克林影响，对于作品画框的格外重视也是他的一大特色。

I

克里姆特与席勒等当时的奥地利画家都属于19世纪末风行的象征主义艺术家,法国艺术史专家安娜·索菲亚·科瓦奇认为,象征主义不应理解为一种风格,而应被视为一种思考方式,一种具体的艺术方法。象征主义艺术对现代文明持怀疑态度,他们反对现实主义艺术家标榜的理性与实证论,对印象主义绘画所展现的直接性和浅薄的一面也不满意。在充满神秘色彩和幻想的作品中,相比真实地描绘现实世界,他们更注重作品的精神内涵和想象力。他们也会借助神话故事和文学来描绘现实世界的讽喻性与发人深省的一面,并主观地看待人类和他们所处环境的关系。

我在之前的作品中介绍德国几大博物馆时讨论过的瑞士画家阿诺德·勃克林是活跃于19世纪80年代的象征主义艺术家的先驱与启蒙者,他通过梦幻般的田园形象——阿卡迪亚来唤醒神话世界,阿卡迪亚是希腊一个住着悠闲的牧羊人的地方,是潘神(半人半羊的生物)的领地,在古代神话中,阿卡迪亚被视为和平宁静的圣地,那里的人们与自然和谐相处。

半人马、羊怪、半人半鸟的海妖等混合生物和潘神经常出现在勃克林的作品中,用来表达人与自然的二元性、文化与自然的断裂、理智与本能的冲突。勃克林眼中的古代社会并不完美,在他的作品中,异教世界是一个既完美又生机勃勃的世界。

经常与梵高相提并论的高更则是逃到别的国度、远离西方文明的典型。

接下来的象征主义运动就是分离运动,它是19世纪末在中东欧发起的一场反学院派运动。分离派艺术家拒绝参加官方的艺术展览:他们自己举办展览,寻找新的艺术途径。第一个分离派组织在1892年创立于慕尼黑,不久,克里姆特创立的维也纳分离派(1897年)以及柏林分离派(1898年)也相继成立。

美景宫的花园与喷泉

II

乔凡尼·塞冈提尼（Giovanni Segantini，1858—1899年）出生于当时奥地利哈布斯堡王室统治下的北意大利的一个小镇，塞冈提尼的母亲是父亲的第三任妻子，母亲很宠爱他，但在他6岁时就去世了。老迈贫穷的父亲带着儿子去投奔第一任妻子所生的女儿，后来父亲失踪了，把塞冈提尼留给女儿抚养。由于女儿也很穷困，塞冈提尼的日子并不好过，数次离家出走，12岁因偷窃进入感化院。幸运的是，感化院院长发现了他的绘画天分，所以在塞冈提尼14岁的时候推荐他进入米兰美术学校修习夜校课程。

他25岁时在展览会上获奖，与女模特结婚，移居瑞士。他与爱妻生了三男一女，但在41岁时由于腹膜炎病发，突然离开了人世。

我曾在慕尼黑新美术馆中见过塞冈提尼的《耕作》（Ploughing），这是他在瑞士萨沃宁山区（Savognin）时期的作品。我当时只是觉得画得真好，但还不了解塞冈提尼。

塞冈提尼的晚期作品是象征主义的，比较有名的是以"母亲形象"为主题

《耕作》，塞冈提尼，1887—1890年，慕尼黑新美术馆藏

的作品。美景宫里有他的一幅代表作——《邪恶的母亲》(*The Evil Mothers*)。

据日本美术史作者中野京子在《胆小别看画3：死神与少女》中的看法，塞冈提尼是读了公元7世纪一位印度僧人的诗歌，获得了作画的灵感：

一望无际的天空之彼方，尼尔瓦纳发出光芒。

巍峨的灰色山脉的另一边，

尼尔瓦纳在闪光！

冰冻的山谷间，恶母们漂浮着，彷徨着，

连亲吻和微笑都没能给予她们的孩子的没用的母亲啊，

沉默会折磨你，打击你。

就在这一刻，山谷间出现了繁茂的树木！

从每根枝条都传来痛苦的渴求爱的灵魂们的呼喊，

这呼喊打破了沉默。人类的声音响彻天地，

"快来呀，啊，妈妈，快来这里，

快喂我生命的母乳！我原谅你！"

亡灵被甘美的呼喊所诱惑，匆匆奔去他们的身边，

将自己的乳房、自己的灵魂，都交给颤抖的枝条。

之后，你们看呀！这是何等的奇迹！

那不是枝条的心脏在跳动吗！枝条是活着的！

看呀，用力地，激烈地吸着乳房的，

不正是婴儿的脸吗？

在画面前景中，女子的红发缠绕在树枝上，双目紧闭，脸部表情不知是

《邪恶的母亲》，塞冈提尼，1894年，美景宫藏

喜是悲，一张似乎长在树上的婴儿脸在吸吮她的乳房。

更为不堪的是画面后景左边的山脉前，中野京子在《胆小别看画3：死神与少女》中写道，"那里生长着许多如同缠绕在一起的铁丝一般的树木，正束缚着一个女人，两脚之间垂下肠子，不，脐带般细长的内脏在地上弯曲着，一直延长到似乎马上就要破冰而出的婴儿的脸上！"

在布达佩斯美术馆内也有一幅塞冈提尼绘描绘善良母亲形象的作品——《生命的天使》（*The Angel of Life*）。

安娜·索菲亚·科瓦奇描述道：《生命的天使》表现了人物与环境明显的互动。树木不再是一个孤立的背景元素：树杈成了他们的座椅，而树枝可以为他们遮挡阳光。图画边缘的木制框架更加突出了这位母亲与自然的和谐感，养育照顾婴儿的母亲让人想起了"圣母子"的主题。

《生命的天使》正好与《邪恶的母亲》形成对比。后者画中的自然之神在严厉地惩罚她们：树枝成了她们的牢笼，并一直折磨她们直至死亡。《生命的天使》这幅画的背景丰富而和谐，《邪恶的母亲》的背景则尽是荒凉的孤山和阴冷的冰雪。

塞冈提尼去世前已经名声在外，他曾说："我被世界公认为描绘山景的画家——我的祖先是山居者，而阿尔卑斯山的灵魂不断地与我的灵魂对话，我立即把它们转化为画布上的色彩……深入理解我的画作跟研究大自然的光线是没什么两样的。从这样的探寻中，我得到很大的快乐，我因能看见蔚蓝的天空及苍郁的牧场而欣喜，我凝视着那矗立的群山，希望自己可以用和谐而美丽的色彩来征服它们。"

但他去世后，名声一路下滑，直到20世纪60年代才再次受到艺术史家的青睐。

《生命的天使》,塞冈提尼,1894—1895年,布达佩斯美术馆藏

III

　　走过长长的漂亮舒适的花园,来到下美景宫(Lower Belvedere),这里的展品是不固定的,其中一个是有关维也纳分离派艺术家绘画与摄影的比较展,可惜既没有展览画册,也不能拍照,无法在这里清晰地叙述了。我印象最为深刻的是弗朗茨·冯·马奇(Franz von Matsch,1861—1942年)的《中世纪打扮的小男孩》(*Boy in Medieval Costume*),画中的孩子实在太可爱

《中世纪打扮的小男孩》,马奇,1906年,维也纳博物馆(卡尔广场分馆)

了。上美景宫也有一幅马奇的作品——《画家的孩子：希尔达与弗兰奇·马奇》（Hilda and Franzi Matsch, the Artist's Children），虽然这两幅作品创作的时间相隔5年，可为什么这些孩子如此神似？

《画家的孩子：希尔达与弗兰奇·马奇》，马奇，1901年，美景宫藏

IV

更让我惊喜的是里面还有一个慕尼黑分离派创始人弗朗茨·冯·斯托克（Franz von Stuck，1863—1928年）的艺术展——"原罪与分离"。

我来中欧之前，对斯托克一点也不了解，可从参观慕尼黑的新美术馆开始，再到柏林的老国家艺术画廊，一直被他的作品深深地吸引着。

斯托克生于德国下巴伐利亚的农村，他早年在这里就读于应用艺术与美术学院，1882—1884年前往慕尼黑继续追寻自己的艺术理想。为了赚取生活费，他被迫到校外工作，几乎很少到学校上课。所以，他成为画家的功底大多源于自学。他的工作内容是到一家著名的杂志社画插图，主要受到了我们前面提到过的勃克林的影响。

《自画像》，斯托克，1899年，日耳曼国家博物馆藏

斯托克当时主要活跃于德国南部、瑞士和奥地利西部，画展从慕尼黑开到圣彼得堡。斯托克于1897—1898年按照自己的思路设计住所，并用自己的绘画和雕塑来装饰。1968年，这座著名的斯托克别墅（Villa Stuck）成为了博物馆，一楼的音乐室内常年举办斯托克的艺术作品展，三楼的房间主要用于展出20世纪早期的艺术品。我去慕尼黑的时候，并不知道斯托克竟然那么有趣，也就忽略了这个地方。

奥地利作家赫尔曼·巴尔在19世纪90年代将斯托克定性为一位伟大的艺术创新者。巴尔写道："身处维也纳的我们在艺术上是多么落后，在向现代

《跷跷板》，斯托克，约 1898 年，斯托克别墅博物馆藏

艺术迈进的路途中，我们大幅落后于慕尼黑。维也纳的艺术家并没为这一伟大的进步提供一丝一毫的贡献，评论家和普罗大众也似乎从未意识到这一点。正因如此，对于维也纳而言，弗朗茨·冯·斯托克这个名字应该是这次冬季艺术展览最为重要的存在，面对他的作品，有些人会陶醉，有些人会愤怒，但他的作品都是值得借鉴和学习的，因为这是第一次如此大规模地向新型艺术转型的作品展览，这种转型期的艺术展恰恰是从一个艺术周期向另一个艺术周期过渡的价值所在。"[1]

---

[1] Agnes Husslein-Arco, Alexander Klee（2016）, *Sin and Secession: Franz von Stuck in Vienna*, Vienna: Hirmer Verlag GmbH, P.8.

斯托克自己也受到这种来自艺术界的反馈与鼓励，从而在他自身的艺术领域中获得了持久的成功，并成为了维也纳艺术家的典范。当然，这不仅取决于其作为慕尼黑分离派创始人之一的名誉和地位，也因为他的艺术影响力已经反映到了克里姆特的作品中。不过，跟克里姆特不同的是，斯托克的作品还是具有一定程度的古典主义风格的。

V

由于斯托克在华文世界中的资料非常少，我就在下述中借着美景宫画展的图录多说几句。

斯托克在慕尼黑求学期间已经显露出他非凡的才华，例如他在《寓言与象征》第一期（Allegorien und Embleme, Abtheilung I）中的钢笔画插图——《历史》（Geschichte），女主人公站立在两根爱奥尼亚立柱之间，大睁着眼睛，目光越过了象征着战争与和平的两人，她的身上流露出一种非比寻常的冷静。

这个人物最终成为了斯托克1893年创作的带有黄金建筑框架的《原罪》（The Sin）的原型，而《原罪》是他最著名的作品之一，我至少在两个博物馆内看到过画面相似的展品。

其实这种带有情色意味的女性人物在《寓言与象征》系列中已成为画家的标志，又比如《正义与非正义》（Gerechtigkeit, Ungerechtigkeit）中两位极具活力的现代装束的女性。

斯托克的第一幅油画《蒸汽动力》（Die Dampfkraft）创作于1882—1884年，也出现在《寓言与象征》第一期中，虽然他自己认可的第一幅油画是在1889年创作的《疯狂追逐》（Wild Hunt）。

《历史》(《寓言与象征》第一期),斯托克,1882—1884年,私人收藏

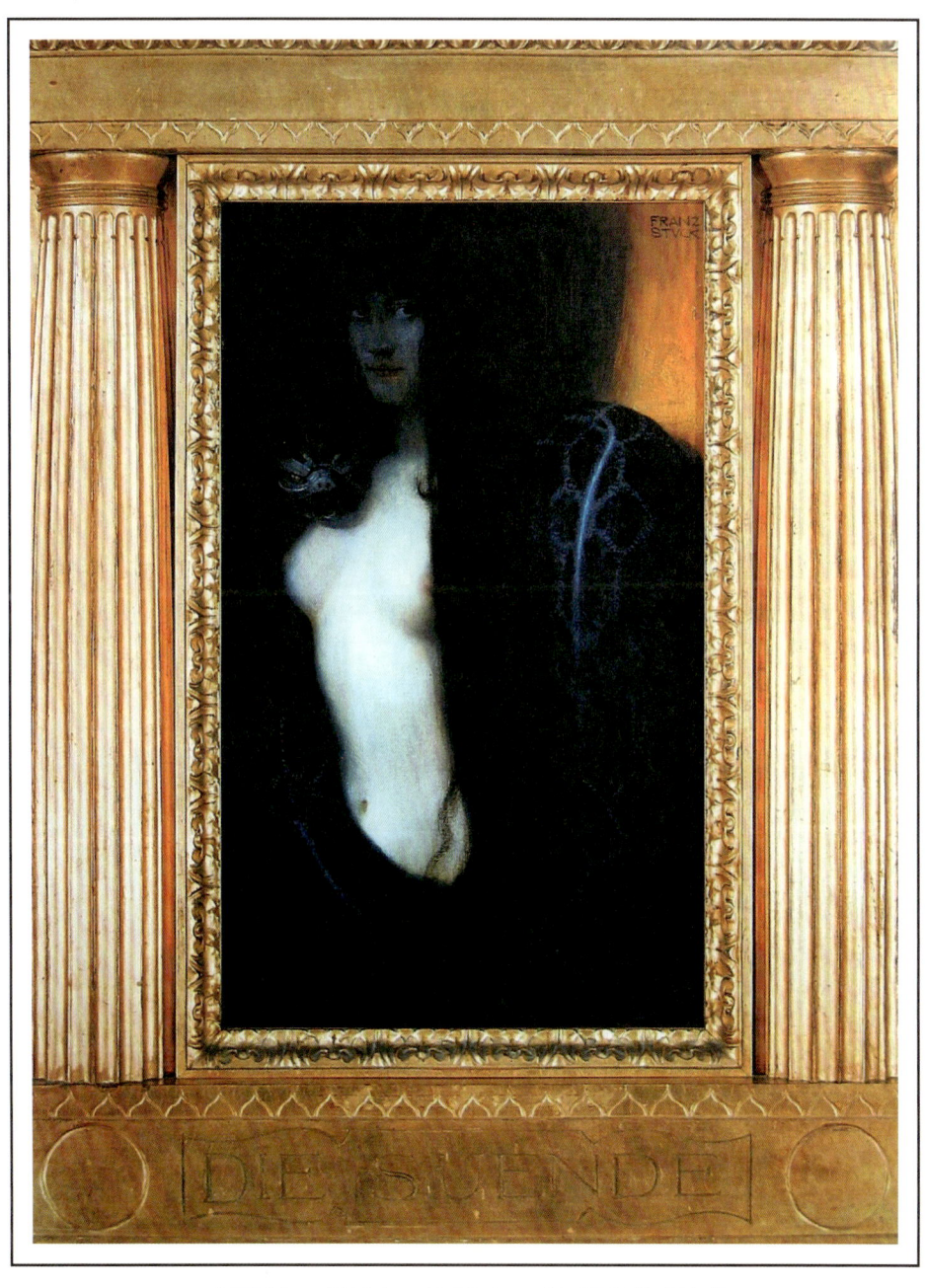

《原罪》,斯托克,1893年,慕尼黑新美术馆藏

《正义与非正义》(《寓言与象征》第一期),斯托克,1882—1884 年,美景宫藏

《疯狂追逐》,斯托克,约 1889 年,伦巴赫美术馆藏

VI

斯托克早在多年以前就已经完成了其后期相当一部分作品的素材创作，比如在《卡片和广告画像》中，艺术家创作了不少可爱动人的插图，如那个光屁股的小男孩形象。今天我们看到他们出现在更为复杂的媒介作品上，如《小蘑菇Ⅰ》（*The Little Mushroom Ⅰ*）、《小蘑菇Ⅱ》（*The Little Mushroom Ⅱ*）、《君主丘比特》（*Amor Imperator*）、《拿着葡萄的小男孩》（*Boy with Grapes*）、《骑在豹子身上的男孩巴库斯》（*Boy Bacchus Riding on a Panther*）和《鹦鹉螺杯》（*Nautilus Cup*）。

斯托克关于人类行为准则的主题以及他提出的一些相关问题具有永恒的意义，他从神话中汲取绘画的灵感和主题。他的表达方式是传统的揭示以

《小蘑菇Ⅰ》&《小蘑菇Ⅱ》，斯托克，约 1885 年，私人收藏

《君主丘比特》，斯托克，约 1887 年，斯托克别墅博物馆藏

《拿着葡萄的小男孩》,斯托克,1903年,私人收藏

《骑在豹子身上的男孩巴库斯》,斯托克,约1901年,私人收藏

《鹦鹉螺杯》，斯托克，
1890—1891年，私人收藏

《无辜者》，斯托克，
1889年，私人收藏

及直面人类情感的正反面。值得注意的是，斯托克在作为画家的头几年里大力发展了自己的绘画主题，并且在之后很长一段时间里对其进行提炼和浓缩。他早期的主题大多是美德和罪恶，关于美德的代表作是《无辜者》（*The Innocence*），这幅作品画的是一位4世纪的基督殉道者。关于罪恶的画作，大多在罪恶之源——人类的堕落，以及最后的审判等场景中进行刻画。作为拟人化的形象，斯托克的《原罪》系列作品中的女子并非《圣经》里的夏娃或现代人认知里的红颜祸水，而是人类的原型，即某种原始的生物，没有家也没有祖先的恶魔，它一直在我们当中，现在依然如此。根据《创世纪》的说法，人类的堕落发生在被逐出伊甸园之后，《天堂护卫》（*The Guardian of Paradise*）所刻画的天使扮演着守护伊甸园并阻止亚当与夏娃重返乐园的角色，

《苏珊娜与长者》，斯托克，约 1913 年，私人收藏

《路西法》,斯托克,1890—1891 年,
保加利亚国家美术馆藏

《天堂护卫》,斯托克,1889 年,
斯托克别墅博物馆藏

并在最后以审判天使的身份出现,对人类灵魂的最后命运做出裁决。《路西法》(*Lucifer*)所刻画的主角被另一位大天使米迦勒所击败,然后被投入地狱而成为堕落天使,从此作为恶魔与残忍的象征而存在。自此,他居住在地下世界,也即但丁所说的"地狱"(Inferno),这是一个充斥着漫无边际的折磨与绝望的地方。斯托克的那幅《疯狂追逐》就象征着世界末日与邪恶。而代表诱惑与性欲的作品则有《莎乐美》(*Salome*)以及《苏珊娜与长者》(*Susanna and the Elders*)等。

VII

斯托克画作的另一个重要主题是受害者与殉道者。在一些作品中,人物的脸部往往会形似斯托克本人,这也是在暗示独立的艺术创作者在追求

《圣殇》，斯托克，1891年，施泰德博物馆藏

自己的艺术理念时可能会遇到的危险。一些大型壁画，比如《圣殇》（*The Pietà*），画面上哀悼的圣母将画家对这种价值观的追求展露无遗。

《俄耳浦斯》（*Orpheus*）和《醉倒的半人马》（*Druken Centaur*）则是画家给自己别墅里的音乐沙龙内部设计的装饰画，都与音乐有关。

斯托克一开始的作品大多包含了伊甸园那样美丽的自然风光和草地，比如早期那些通过戏剧性的画面来反映人们对于田园牧歌式那种无忧无虑的自然生活状态的渴望与憧憬的作品。不过，斯托克后来很快就减少了这种对风景的描绘，将创作重点转向艺术人物的塑造。他笔下的人物开始具备一种极具野性的动态感，这也符合刚开始流行的达尔文进化论所描述的那种为了生存而迸发的野性。不仅如此，画作上原本的田园风光也被极具象征主义风格的厚重色彩所取代，其表现出来的近乎怪诞的华丽动感也呼应了主题人物的野性，而作品在水平方向上的布局更是让突出的人物姿态看起来愈加醒目。

《俄耳浦斯》,斯托克,1891年,斯托克别墅博物馆藏

《醉倒的半人马》，斯托克，1892 年，私人收藏

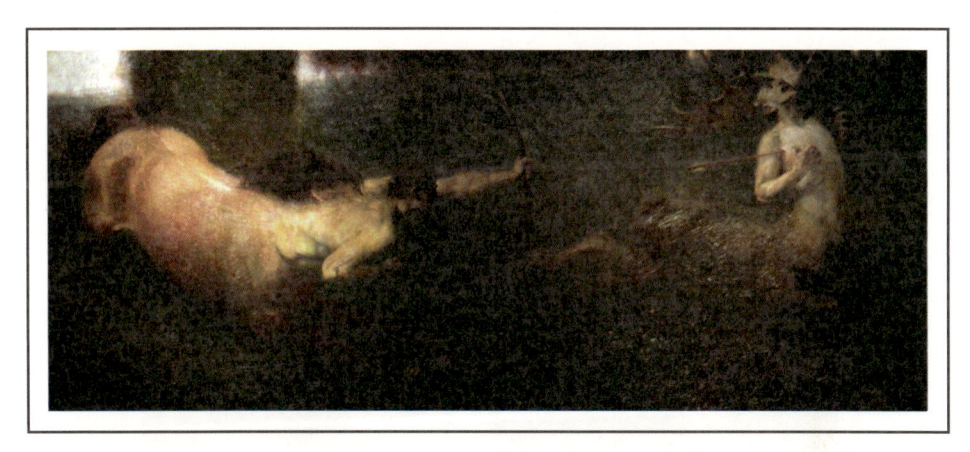

《怪诞的追逐》，斯托克，约 1890 年，私人收藏

斯托克的作品表现了各种为了生存而挣扎的形象：比如《怪诞的追逐》（*Fantastic Hunt*）里的场景，或者是《对战中的农牧神》（*Fighting Fauns*）中正在殊死搏斗的画面。这些画作不约而同地向观众展示了"自然生物肉体的全部力量以及被提炼放大的动物本性"。《为女人而争斗》（*Fighting over a Woman*）表现的就是两个男子为争夺女人而大打出手的戏剧性场面。

《对战中的农牧神》,斯托克,1889 年,慕尼黑新美术馆藏

《为女人而争斗》,斯托克,1927 年,私人收藏

VIII

按照斯托克的学生威尔·盖革的说法,斯托克早期的印象派作品,比如《天堂护卫》《对战中的农牧神》以及《路西法》,无一不在向我们揭示画家对于"新色彩"的大胆尝试。话虽如此,斯托克画作中所呈现出来的主题、描绘乃至构图布局其实更多展现的是他本人对于光的把握。另一个重要的特征在于他画作所呈现出来的动态感,特别是其整体构图的动态感,观众只消一眼便能抓住画面正中央的人物动作。画上的人物或旋转,或追逐,或相互挤压,一眼望去,仿佛置身于极乐世界中,然而如此的纵欲又暗示着那如影随形的死亡正在步步紧逼。斯托克擅长通过光线和色彩的对比,让原本静态的画面呈现出一种立体而极具动感的状态,仿佛画框都无法圈住其迸发的生命力。然而,许多评论家却对《圣殇》这幅看起来绝对静止的画作的评价出奇地高,它的布局简单却严谨,平躺的基督契合了画作的水平线,与之相垂直的是仿佛被悲伤冻结的圣母。斯托克早期的作品遵循的是古典主义创作理念,而之前一直忽略的《天堂护卫》的构图其实也遵循了黄金分割比。在斯托克的创作中,黄金分割比一直都是雷打不动的创作原则之一,这一点从他的别墅立面设计中也能看出来。

IX

斯托克的作品背后到底隐藏着什么样的惊人影响呢?诚然,他作品里的情色元素不会是唯一而直接的影响,其他影响元素则包含了对于强烈色彩那别出心裁的搭配,对于明暗光影那独树一帜的使用,以及对于客体形象轮廓的虚化处理等。斯托克曾经对于用黯淡色调勾勒出来的晚间梦幻般的视觉效果情有独钟,他的画笔描摹的是夜幕降临的瞬间,当天地万物黯然失色之际，放眼望去是一片黑暗，事物失去了其原本的颜色和轮廓，一切都显得那么虚幻，如同陷在深沉暗夜的迷雾之中，伸出手触摸到的仿佛是一团浓郁而潮湿的雾气。然而刺穿这一片黑暗浓雾的是一缕微弱的星光——仿佛太阳黑子一般，如同撒旦之眼般诡异而惨白的微弱光芒悬挂在深蓝色的夜空，来自天堂的光穿透了层层叠叠的黑色树丛，将这一团如墨般的浓雾生生撕裂。也许这就是画家对于光明和黑暗的最深层诠释，也是其创作的乐趣所在。此类典型作品包括《夜幕星光》（*The Evening Star*）以及《森林边缘的情侣》（*Couple at the Forest Edge*）、《日落》（*Sunset*）以及《海边的日落》（*Sunset over the Sea*）等。

出于艺术性和观赏性的综合考量，斯托克在《战争》（*The War*）这幅画里使用了大胆的明暗对比，在《俄耳浦斯》以及《参孙》（*Samson*）这两幅画里采用了黄金基底。斯托克对于黄金的特殊爱好可能源自于他对圣像的兴趣，这一点可以从19世纪90年代早期拍摄的他的工作室照片里出现的一张圣像画看出来。斯托克笔下的黄金基底就像光芒四射的衬托，为画面人物之间的空间以及画面本身制造出了一种独特的矛盾感。

在《战争》与《原罪》这类画作中，斯托克利用苍白的人物躯体和朦胧的背景制造出一种鲜明的对比。在《原罪》中，黑色的天鹅绒长袍松松垮垮地披在女子赤裸而苍白的躯体上，充满了欲望的眼睛直勾勾地盯着你；一条蛇盘绕在她的躯体上，蛇头在右肩处竖起，往外吐着信子，发出嘶嘶声。蓝色条纹的蛇背散发出磷火一般的幽光，脆弱而性感的躯体从象征性的背景中脱颖而出，释放出一种危险的诱惑。

《海边的日落》,斯托克,1900 年,私人收藏

《战争》,斯托克,1894 年,慕尼黑新美术馆藏

《日落》,斯托克,1891年,私人收藏

《参孙》,斯托克,1890年,斯托克别墅博物馆藏

《夜幕星光》，斯托克，1912 年前，斯托克别墅博物馆藏

《森林边缘的情侣》，斯托克，约 1892 年，（汉堡）里特哈勒美术馆藏

X

维也纳的艺术家们也开始沿袭斯托克的创作意向与素材，比如威廉·李斯特（Wilhelm List，1864—1918年）创作的《阿波罗和天鹅》（*Apollo and the Swans*），克里姆特的《池塘清晨》（*A Morning by the Pond*）和斯托克的《夜晚风景》（*Evening Landscape*）也相类似，无论是在李斯特还是在克里姆特的作品中，我们都能看到斯托克作品中那种从背景开始逐渐明亮的封闭风景轮廓。

而李斯特和克里姆特的作品中没有斯托克那种独有的近乎神秘的黑暗元素，这种元素出现在收藏于美景宫的卡尔·莫尔（Carl Moll，1861—1945年）的那幅《黎明》（*Twilight*）中，那种从黑暗中跃然而生的倒影和树木构成了斯托克风格的风景画，这与斯托克那种从背景点亮的封闭式轮廓有所不同，却契合了其从黑暗中绽放风景的创作风格。

《夜晚风景》，斯托克，1891年，福克旺博物馆藏

《阿波罗和天鹅》，李斯特，约 1897 年，私人收藏

《池塘清晨》，克里姆特，1899 年，利奥波德博物馆藏

《黎明》，莫尔，约 1900 年，美景宫藏

斯托克作品的持久影响力在于其见证了这种创作风格的进一步发展和延续，比如，亚历山大·罗扫（Alexander Rothaug，1870—1946 年）的《卡桑德拉》（Cassandra）就和斯托克的《酒神节的游行》（Bacchanalian Procession）有异曲同工之妙。当然，斯托克作品是将风景作为衬托人物组合的背景，而罗扫则利用拉斐尔的风格在画面上创造出一种幻想的空间。

《卡桑德拉》，罗扫，1911年，美景宫藏

《酒神节的游行》，斯托克，1897年，乔治·舍费尔博物馆藏

XI

1897年11月27日到12月19日期间，斯托克在维也纳的米特克画廊举办了他的个人作品展。展出开始之前，报刊杂志就对此进行了大肆宣传："弗朗茨·冯·斯托克的展览不日会在维也纳举行！展出位置就在第一区的米特克画廊，届时这家画廊将展出这位来自慕尼黑的艺术大师近几年来创作的杰出艺术作品，这次展出的作品包括《人的堕落》《天堂迷失》《酒神节的游行》《心里有鬼》《原罪》以及为巴伐利亚摄政王绘制的肖像画等。这使得普罗大众有机会在其被私人收藏之前率先欣赏到这些新颖而意义重大的艺术作品，相信这次展览一定会吸引大家的注意力。"

这次展出也使一些从前对斯托克作品百般指责的人为之折服，其中有人指出："弗朗茨·冯·斯托克的油画、素描和雕塑目前在米特克画廊展出，这个名字已在艺术界存在多年，并且展现出其存在的意义。斯托克最开始是画插图和广告画的插画师，我们从他的这些插图中体会到小说的机智与巧妙。身为一名画家，他有消极困惑的一面，他似乎充满了消沉的情绪，时而还显得很残忍，他并不是在追求那一份纯粹的新奇，这种让人匪夷所思的消极体现在他带有搪瓷般光泽的色彩堆砌而成的《原罪》上，那僵硬地站立在天堂之门前的《复仇天使》，那没有一丝战斗痕迹的《战争》，还有形象诙谐的《农牧神》的创作之中。彼时，他的作品并没有表现出任何具象而有意义的外形特征。但是从那以后，这位艺术家开始变得更为成熟，创作上也更为严肃——他当前的展览就充分说明了这一点。斯托克的展览创造了一种多方面的刺激，提供了一场艺术盛宴的享受，同时也展示出这位多才多艺的艺术家在艺术的道路上孜孜不倦的向上轨迹。"[1]

---

[1] Agnes Husslein-Arco, Alexander Klee（2016）, *Sin and Secession: Franz von Stuck in Vienna*, Vienna: Hirmer Verlag GmbH, P.62.

XII

我们前面说到斯托克在维也纳求学时曾深受勃克林影响。是的，面对一些斯托克的作品，我会产生这出自勃克林之手的错觉：比如他的《潘神》（Pan）与勃克林的《春夜》（Spring Evening）中的潘神何其相似乃尔，后者画中的潘神悠闲地躺在石头上，在柔和的月光下吹着排箫。与《潘神》的区别在于，《春夜》中潘神的同伴森林女神安静地聆听着神曲，好像已经入了迷。人们在欣赏这幅画时甚至能够听到飘扬在空中的柔和音符：音乐与视觉艺术的对应关系是象征主义艺术家的重要兴趣点，柔和的色调和感伤的氛围表达了勃克林对消失的乐园的怀念。

《潘神》，斯托克，约 1920 年，私人收藏

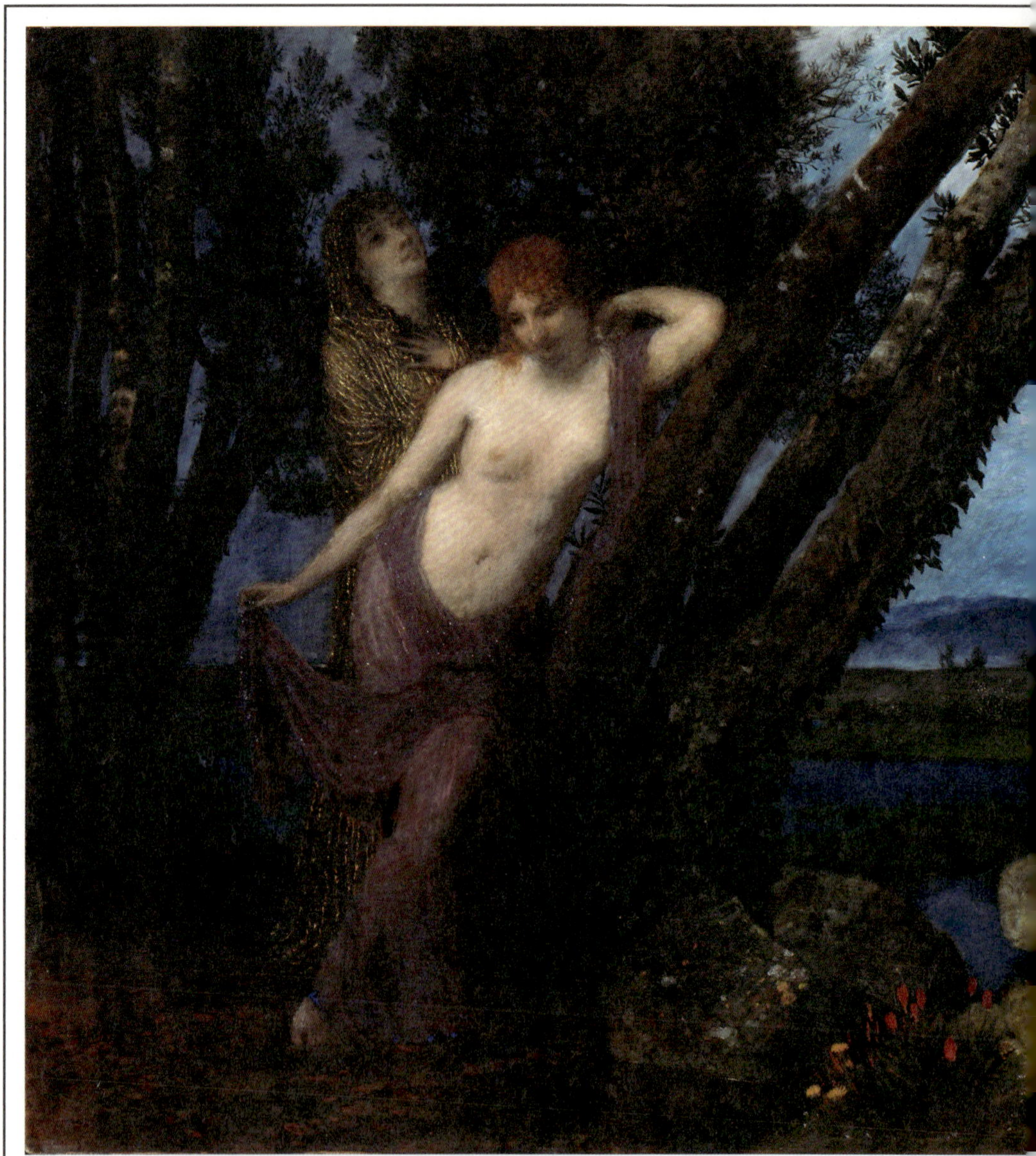

《春夜》，勃克林，1879年，布达佩斯美术馆藏

与勃克林一样，斯托克也十分钟情于古代的神话世界。布达佩斯美术馆收藏的《春》（*The Spring*）是在庆祝万物的复苏，覆盖着她光洁的身体的只有那柔顺的波浪式长发，头上的花环和手中的鲜花与身后的开满花朵的树相呼应，而她诱惑的眼神则代表着斯托克往画中注入的典型的情欲色彩。他把这幅画的标题（"Frühling"，在德语中意为"春"）直接写在画板上，更加突出了作品的象征性。

美景宫特展上也有一幅1912年的同名作品《春》，只是"春姑娘"的眼神要相对更单纯一些。

春天是繁衍的季节，对于象征主义者，尤其是分离派艺术家来说，它具有深刻的内涵。所以他们把"Ver Sacrum"作为活动的主题，意为"神圣之春"。我在前面介绍分离派之家时也提到过，这是一种古代的宗教献祭仪式，它也被刻在了维也纳分离派之家的建筑上，并被遴选为分离派运动官方杂志的标题。"春"的概念传达了他们对艺术领域进行改变与革新的愿望。

《春》，斯托克，1902年，
布达佩斯美术馆藏

《春》，斯托克，约1912年，
私人收藏

XIII

斯托克用来搭配绘画作品或雕塑作品的理想框架是所谓的"艺术品的建筑框架",这是一种为艺术品本身增添视觉效果影响的"额外装饰"。1906年,为"莎乐美"这一主题制作的两个不同的框架就反映了这种额外装饰的美感。斯托克的《莎乐美》现存两幅,其中第一幅私人收藏的《莎乐美》的框架是宽边镀金的,这样的框架衬托着画面那苍白而图形化的主题。这并不是斯托克第一个框架面积远超画作本身面积的实例,下图中这两幅创作于1891年的小型油画就装饰有正方形的原木色彩的框架,画作本身为长方形,画作周围是画着橄榄枝和奇异人面的镶嵌画。

第二幅由慕尼黑伦巴赫美术馆收藏的《莎乐美》则由刻花的镀金装饰边框装裱,还在画作左右两边各附加了一块画着图案的木质面板。画作本身是由黯淡的深蓝色为主基调,这种黯淡向两侧延伸,通过配套的边框将视觉效果放大至最大。镀金框架和两侧的装饰面板和画作融为一体,从而组成了一

《俄耳浦斯》,斯托克,约1891年,私人收藏 　　　《共鸣》,斯托克,约1891年,私人收藏

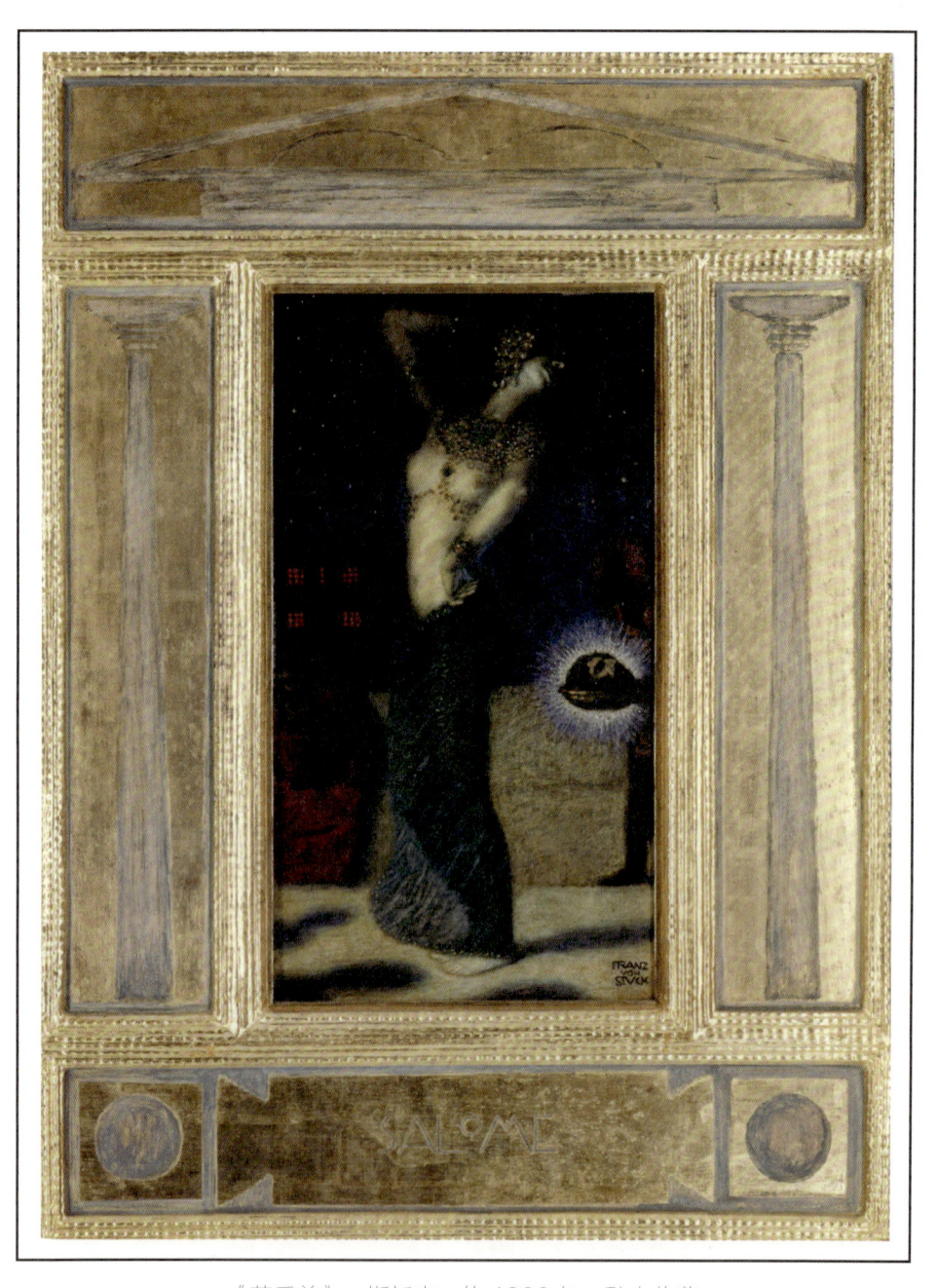

《莎乐美》，斯托克，约 1906 年，私人收藏

《莎乐美》，斯托克，1906 年，伦巴赫美术馆藏

个正方形的艺术珍品。事实上，这样一件不论是结构还是空间感都非常优秀的作品，是斯托克在框架完成后才画上去的。

克里姆特的《爱》（Love）和他情人阿德勒的《阿德勒·布洛赫 – 鲍尔像Ⅰ》也秉承了斯托克的组合式装饰画框设计，通过装饰框架来拓展画面。

《爱》,克里姆特,1895年,维也纳艺术史博物馆藏

XIV

斯托克的成功体现在他创作的绘画、素描和雕塑作品的销售量和评论反馈上,他在 1899 年因为那幅《原罪》而获得外国艺术家金奖,1900 年之后受聘为维也纳大资产阶级创作的一系列肖像画。在很长一段时间里,斯托克在德国并没有什么持久的影响力,与此相反,他的人物画或是风景画在维也纳却是备受瞩目。

还记得我在《飞越柏林慕尼黑》第二章中介绍慕尼黑新美术馆时的那幅克里姆特的《音乐 I》(*The Music I*)吗?我们可以看到克里姆特深受前面提到的斯托克那幅《俄耳浦斯》的影响。它们看起来仿佛彼此互为镜像画,高高的人物站在动物之间弹奏着七弦琴。

《音乐 I》,克里姆特,1895 年,美景宫藏

《雅典娜》，斯托克，
1897年，乔治·舍费尔博物馆藏

《雅典娜》，克里姆特，
1898年，维也纳艺术史博物馆藏

  有意思的是，两幅由斯托克和克里姆特各自添加装饰画框的《雅典娜》（*Pallas Athena*）引起了一些小风波。1898年11月，维也纳分离派艺术家第一次举办展览，克里姆特展出了这幅作品，这显然是受到了斯托克作品的启发，因为一年前的11月，斯托克创作的同名作品在维也纳的米特克画廊展出，画的是一位具有女性美的雅典娜，脸部是以他的妻子玛丽的容貌为模特。克里姆特创作的军人装束的雅典娜头戴金色头盔，身着盔甲，较之女性特有的婉约和柔美，这位雅典娜看起来未免凌厉了些。因此，有人将克里姆特的雅典娜形容成对斯托克同名作品的"愚蠢的抄袭"。

  维也纳分离派以斯托克设计封面的德国杂志《潘神》为基础，创办了前面提到过的《神圣之春》杂志。克里姆特的象征主义画作大多受斯托克启发，其中就包括以斯托克第二个版本的《原罪》为蓝本的《水蛇Ⅱ》。

不过话说回来，斯托克本人对于他的维也纳同行克里姆特的评价还是蛮高的。1901年，有人去慕尼黑的斯托克别墅拜访，事后指出："他（指斯托克）在谈论克里姆特的时候满怀敬意。要是可能的话，他非常愿意购买克里姆特的那幅《正义》。"斯托克的那幅充满了浪漫主义色彩的风景画《夜幕星光》中描绘的一对接吻的男女就是引用了克里姆特的《吻》。

斯托克当上了慕尼黑美术学院教授后，其门下出了几位有名的现代艺术家，如保罗·克利和康丁斯基。克利对老师的教学水平很有看法，他在日记中写道："对于形态有许多可学的地方，至于色彩则等于零，他若是能把有关绘画的本质教给我们的话，我今天就不必如此痛苦了。"

DEN DENKMALERN DER KUNST UND DES ALTERTHUMS
KAISER FRANZ JOSEPH I.
MDCCCLXXXI

第八章

维也纳艺术史博物馆

（一）

维也纳艺术史博物馆成立于1891年的约瑟夫·弗朗茨皇帝统治时期，是奥地利最大的博物馆，在世界范围内也占有重要地位。作为一座大型的综合博物馆，里面除了许多名家的绘画作品外，还藏有大量精致的工艺品，比如本章接下来将要介绍的雕塑与装饰艺术。

I

在维也纳的最后一天，我们去了维也纳艺术史博物馆（Kunsthistorisches Museum）。原本我每到一个地方，肯定会直奔当地的大博物馆或美术馆，生怕去晚了错失了机会。真的，我们通常住在每个城市的中心广场附近，这里往往也是大教堂的所在。我们以为总有时间可以去参观大教堂，但最后经常只能匆匆一瞥，因为想参观的时候，大教堂不是有人在举办婚礼，就是在举行什么仪式，而我们也没有等待的时间了。

我们这么做主要是因为维也纳要去的地方实在太多，而且大多是露天。从气象预报看，我们在维也纳的最后一天大雨，去艺术史博物馆比较合适。

那天早晨果然大雨倾盆，原以为直接买票进入就可以了，没想到外面排了两条"长龙"，现在打退堂鼓已经不行了，只能硬着头皮排下去。我让太太和孩子到里面避雨，自己撑着伞继续排队。看来还真有人比我更热情，一对中年夫妇没打伞，竟然在大雨中站着。还有一个中国家庭，孩子们与父母也在雨中排队，让人惊讶。

好不容易进入博物馆，已经是中午了。我原以为艺术史博物馆只有艺术品（绘画雕塑）而已，但走进去，发现一楼除了雕塑，竟然还包括埃及与东方艺术之类的文物。

原来维也纳艺术史博物馆与卢浮宫一样是综合博物馆，这种规模的博物馆世界上极少，美国大都会博物馆算一个。即便是大英博物馆，也不收藏西方绘画，而是收藏在英国国家美术馆。

我没准备，只能摸索前行，在埃及等东方文物上花了些时间。等到我们走进主展厅，发现里面的展品以类似于德累斯顿绿穹珍宝馆，即以金匠作品为主，顿时傻了眼，这是需要大半天时间才能浏览的啊，而二楼的绘画还没看呢。

坐落在玛利亚·特蕾莎广场上的维也纳艺术史博物馆

我们只能稍稍涉猎一下吧。

II

我还是按照绿穹珍宝馆的惯例，结合博物馆推出的书籍和介绍来琢磨这些作品，本就是来学习的。

首先是12世纪早期青铜镀金的《狮鹫形状的水罐》。所谓的水罐，是指用来倒水洗手的大口水壶，这种水罐曾在中世纪盛期的礼拜仪式上使用过，后来也就成为其中最早也是最为著名的传世工艺品之一。

尽管狮鹫在中世纪的基督教艺术中通常表现为狮子和鹰的复合型动物，但是在这里，它被刻画成带有东方元素的孔雀龙，这应该是以思摩夫（Simurgh，古波斯神禽"峨姿"，也即中国古典文学里出现的大鹏鸟）为模型创作的。用来倒水的罐身被巧妙地设计成狮鹫的身躯，出水口则是狮鹫的嘴，狮鹫背上盘曲的尾巴充当了壶柄，巧妙地隐藏了位于壶柄顶部盖子下方的注水口。

这只水罐是中世纪盛期以动物为客体的杰出工艺品代表，罐身强有力的动物躯干和罐首栩栩如生的头部着实让人印象深刻，它的重要性也反映在其精致华丽的青铜铸造上。水罐表面的大部分都装饰有深蓝色的乌银装饰图案，狮鹫的两翼和眼睛则点缀着颗粒状花纹的银饰。随着时间的流逝，表面的镀金层渐渐消失，这也导致了今天我们所看见的水罐表面那色彩斑斓的外观。材料和工艺的结合使得我们见识了高品质的金匠工艺特色，以及在德国黑森州北部的修道院里创作的这一系列工艺作品的高超之处。

III

14世纪末的艺术品在刻画圣母子时，总是将圣母描绘成少女般优雅可爱

《狮鹫形状的水罐》，约 1120—1130 年，维也纳艺术史博物馆藏

《圣母子》,约 1390—1400 年,维也纳艺术史博物馆藏

的形象（在德国本土称其为"美丽的圣母"）。维也纳艺术史博物馆收藏的《圣母子》雕像是20世纪早期在捷克南波希米亚区的契斯基库伦隆（Český Krumlov）小镇的一所房子里发现的，也是这一类型雕塑的典范。该圣母结合了人们理想中天堂的天后与人世间慈母的形象，赤裸的男婴被圣母抱在手中，现实主义的刻画将轻压在婴孩柔嫩皮肤上的圣母的手指雕琢得极具自然主义风味。圣母的皇冠不知什么时候被移除了，她的一部分面纱和左臂，还有婴儿耶稣拿着苹果的右手都遗失了。圣母的服装原本是白色的，蓝色的内衬和金色的滚边，这些色彩也因为经年累月的风化作用而褪去了。幸运的是，圣母头发上的镀金和皮肤上细腻的色彩大多保留了下来。

圣母的身体几乎完全被其穿着的丰盈而飘逸的外袍所遮住，外袍长长的如瀑布般垂泻下来的管状褶皱明显带有1400年前后流行的婉约风格。这尊雕像通常被认为体现了卢森堡皇室统辖时期布拉格宫廷艺术，原本是为了装饰契斯基库伦隆东北6千米处的那座受皇室供奉的西多会修道院而创作的。

IV

晚期哥特式和文艺复兴时期的德国金匠艺术中最为著名的器皿型工艺品通常被称为"Buckelpokale"，这个名称的来源是器皿外侧突出的相互连接的圆形装饰物（Buckel）。酒杯杯侧隆起的部分给酒杯本身提供了稳定性，与此同时也提升了视觉上的反光效应，使之看起来更为立体，比如下面这件《丢勒酒杯》，其外侧相互连接的圆形装饰体现出了15世纪末的晚期哥特艺术，这一艺术风格原本是平面绘画的创作方式。维也纳艺术史博物馆保存的这只高脚酒杯之所以如此重要，完全得益于其顶部的人物造像——众所周知，阿尔弗雷德·丢勒在父亲的工作室完成了学徒生涯而成为了一名金匠，据说他

左：《丢勒酒杯》，约 1500 年，维也纳艺术史博物馆藏
右：《马克西米利安酒杯》，约 1510—1515 年，维也纳艺术史博物馆藏

设计了这只完全体现自然主义的有盖高脚酒杯。长期以来，人们一直认为维也纳艺术史博物馆收藏的这只高脚酒杯就是出自这位纽伦堡伟大的艺术大师之手，因此，这也是被称作《丢勒酒杯》的原因。

第二只高脚酒杯制作于十多年以后，它被称作《马克西米利安酒杯》是因为杯盖内侧雕刻的帝国双鹰盾徽，这也是16世纪晚期哈布斯堡收藏记录中敬献给神圣罗马帝国皇帝马克西米利安一世的那只酒杯。这只高脚酒杯的设计契合了文艺复兴时期的艺术精神：酒杯的底座是极具自然主义的梨形，酒杯外侧和盖子上的圆形装饰也由梨子形状的几何装饰所取代。杯盖的顶部是栩栩如生的缠绕着的蓟花，杯盖顶部和杯柄上这种藤蔓状的装饰诞生于1520年前后。

V

年少时就跟从文艺复兴雕塑大师多纳泰罗学习的迪赛德里奥·塞蒂尼亚诺（Desiderio da Settignano，约1430—1464年）在而立之年就与世长辞，这也解释了为什么这尊名为《开怀大笑的男孩》的大理石雕像在很长一段时间里被认为是多纳泰罗的作品。不过，时至今日，维也纳艺术史博物馆的专家已经掌握了足够的证据资料，认定这尊雕像其实是出自塞蒂尼亚诺之手。

1550年，乔治·瓦萨里在他的讲述意大利艺术家生平的书中大力赞扬这位雕塑大师优雅精致的雕塑风格。他指出，塞蒂尼亚诺为佛罗伦萨的圣洛伦佐教堂的圣体柜创作的基督雕像非常受欢迎，在圣诞节总是被摆放在高坛之上。塞蒂尼亚诺非常擅长通过作品让受众感受到一种亲切宜人的情感，这种天赋注定了他为私人供奉进行创作的契机，比如大受欢迎的圣母浮雕，他发明了一种新型雕塑模式，即小型的男孩半身雕塑，这是表现基督和施洗者约翰的绝佳艺术方式。按照当时的说法，这种亲切的雕塑可以鼓励孩子们认同这些神圣的榜样，从而起到弘扬道德模范的作用。

塞蒂尼亚诺创作了一系列亲切随和的男孩半身雕像，虽然这些形象都是创作者理想中的模样，但因为精湛的工艺水平，它们看起来是那样真实，以至于人们通常会将其视为依照真实人物创作的肖像作品，开怀大笑的男孩那无拘无束的笑容为这尊冷冰冰的雕塑注入了活力，使得人们的眼睛再也无法从这张集万千宠爱于一身的笑脸上挪开，塞蒂尼亚诺则是这张笑脸的父亲。尽管男孩头上那一头如丝绸般轻柔卷曲的头发看起来稍有些格格不入，但这并不影响它作为艺术史上最优秀儿童肖像作品的地位。这种婴孩雕像加上塞蒂尼亚诺创作的极具亲和力的女性半身雕像，使得他成为当之无愧的肖像雕塑的伟大先驱。他精湛而细腻的雕刻工艺，加上细致入微的洞察力，为冰冷而了无生气的大理石注入了鲜活的生命力，在他手中诞生的大理石雕像仿佛真人般吞吐着温暖的气息，在他之后，只有吉安·洛伦佐·贝尼尼（Gian Lorenzo Bernini，1598—1680年）和让·安托万·乌东（Jean-Antoine Houdon，1741—1828年）的作品能与之相媲美。

《开怀大笑的男孩》，塞蒂尼亚诺，约 1460—1464 年，维也纳艺术史博物馆藏

VI

安东尼·甘泊莱利（Antonio Gamberelli，1427—1479年），是家族五个孩子中最小的一个，他的哥哥也是雕塑家。通常我们更熟悉的是他的昵称"罗塞利诺"（Rossellino），意为"小红头发"。

维也纳艺术史博物馆收藏的那尊《圣母子》浮雕是罗塞利诺最具美感的作品，也是佛罗伦萨文艺复兴早期杰出的艺术典范之一。画面上的圣母端坐着，婴儿基督坐在母亲的腿上，画面背景是两位正在做礼拜的天使。圣母与圣子神情端庄地凝视着婴儿基督左手握着的小鸟，它象征了耶稣受难。这些浮雕画用于私人供奉，必须具备一定的亲和力以及表现力。端坐着的圣母膝盖以下的躯干并没有表现出来，从而大大缩短了受众和浮雕人物之间的情感距离，也弱化了受众和浮雕人物之间那道难以逾越的鸿沟。这幅作品取得了令人满意的三维效果，罗塞利诺高水准的浮雕技艺巧妙而合理地展现出画面上的高低错落。艺术家对于大理石细腻温和的态度，改变了石头固有的冷酷与坚硬，在他刀下倾泻而出的布料的褶皱，还有那肉嘟嘟的带点婴儿肥的婴孩脸颊，无一不在表达着这幅浮雕作品的温暖与亲切。

早在15世纪，这尊《圣母子》浮雕就遭到大量仿制，市面上充斥着石膏和灰泥的仿制品，而浮雕本身的大理石材质说明了它是为一位特殊客人打造的。

150年后，人们对于它的崇高敬意并没有褪去，17世纪初为这件作品而刻意打造的佛罗伦萨巴洛克式的镀金框架就充分说明了这一点。这尊浮雕极有可能为美第奇家族所有。1626年的时候，作为陪嫁，随着美第奇家族的克劳迪娅来到了大公利奥波德五世（Leopold V, Archduke of Austria）的宫廷中。

《圣母子》,罗塞利诺,约 1465—1470 年,维也纳艺术史博物馆藏

VII

弗朗切斯科·劳拉那（Francesco Laurana，1430—1502年）出生于达尔马提亚（Dalmatia，部分位于今克罗地亚境内），当时属于威尼斯共和国的统辖范围。作为一位在那不勒斯、西西里岛和法国等地辗转的艺术家，他也算是文艺复兴艺术风格的传播者，在他最为出名的雕塑作品中，有六尊女性半身像因其精细考究的制作工艺而充满了神秘的吸引力，其中的两尊雕像上镌刻有铭文，为人们进一步确认该女性半身像原型的身份提供了帮助。尽管这一时期的女性肖像普遍趋于理想化，进而加剧了后人对其身份识别的困难程度。根据各项资料看，维也纳艺术史博物馆收藏的这尊雕像的真实身份很有可能是埃莱奥诺拉/伊莎贝拉·达拉戈纳，或是伊波利塔·玛利亚·斯福尔扎。但这些猜测无法被证实，为确认这尊半身像的具体制作年份而做出的努力似乎是徒劳的。

考虑到维也纳艺术史博物馆收藏的半身像和传说中意大利大诗人彼特拉克的爱人——劳拉·德诺维斯（Laura de Noves）的肖像画惊人的相似度，这位出现于手抄古本中的女性被视为该半身像的创作原型。鉴于1440年年初针对劳拉真实生平的深入调查，这一想法似乎也很合理。1490—1491年，彼特拉克对劳

《女性半身像》，劳拉那，15世纪，维也纳艺术史博物馆藏

拉的崇拜之心正盛，因此对于这一主题的兴趣应该不只是劳拉这个名字和自己名字的缘分（"劳拉那"是"劳拉"这个名字的延伸）。与劳拉那创作的其他半身像截然不同的是，维也纳艺术史博物馆收藏的这尊半身像保留了大部分的原始色彩，彼特拉克称赞劳拉时说到的金色的头发和黑色的眼睛惟妙惟肖地呈现在今天的受众面前。半身像上的颜色是油彩画上去的，而非凿刻而成，所以劳拉那可能是想向大众表达彩绘和雕塑这两项艺术是可以结合在一起的，这也巧妙地契合了彼特拉克"彩绘和雕塑其实是一种艺术"的说法，因为这两者都是根植于绘画的艺术表达方式——后来这个观点还引发了激烈的辩论。总之，这尊女性半身像堪称 15 世纪佛罗伦萨肖像雕塑的典范。

VIII

《诗人为心爱之人歌唱》是图里奥·隆巴尔多（Tullio Lombardo，1455—1532 年）的代表性作品。1500 年前后，隆巴尔多成为了威尼斯雕塑界的领军人物，与此同时，他手中诞生的作品可以说是威尼斯文艺复兴时期最具美感的雕塑之一。通过开创一个崭新的流派——双人肖像浮雕，隆巴尔多试图拓展原本受限于祭坛和纪念碑冰冷而肃穆的浮雕印象，将私人收藏的肖像和古董那种温暖亲切的感觉融合进来。这件浮雕在人物创作和格局上类似于架上绘画，其创作灵感来源于古老坟墓石柱上描绘的两尊半身像——壁架上的双人半身像浮雕以断臂为创作终止线。隆巴尔多通过细致入微的雕刻技艺，赋予雕刻真人般的气息，从而大大愉悦了观者的感官。尽管他所制作的不过是艺术雕刻而已，然而差别在于：他刀下诞生的不只是雕刻，而是"雕刻中的雕刻"。浮雕人物的眼睛凝视着远方，近乎完美的人物头部轻轻地倚在一起，头戴常春藤桂冠的年轻男子是位诗人，他嘴唇微微张开，喉部略略紧绷，聆听者的脸上此

《诗人为心爱之人歌唱》,隆巴尔多,约 1505—1510 年,维也纳艺术史博物馆藏

刻也流露出了喜悦的表情。赤裸的女子可能是缪斯,头上戴着时尚的发网,这和两人的古典风格大相径庭,仿佛时间在这里出现了错位。如此沁人心脾的情绪渲染不免让人联想起乔尔乔内和提香作品流露出来的所谓的"诗意"。

当时,人们只能在表演现场享受音乐,唯一可以留住这份美感的方式就是捕捉其中的某一个画面,以图像的形式进行还原,这正是隆巴尔多的石板浮雕的意义所在。他创作的浮雕具备和绘画同等的功能(当时音乐主题在威尼斯绘画创作中非常受欢迎)。他还指出,相比音乐的转瞬即逝、画作的易损毁,雕塑的生命更为持久。

IX

  《玩耍中的丘比特们》群雕可以算是16世纪初德国小型雕塑的代表作，由两位德国艺术家联手制作，即汉斯·道赫尔（Hans Daucher，1484—1538年）与丹尼尔·毛赫（Daniel Mauch，1477—1540年）。二人都是雕塑家与木雕艺人，曾在德国南部的奥格斯堡工作过，他们创作的丘比特由15世纪初期前后的佛罗伦萨文艺复兴艺术风格转化为阿尔卑斯以北的流行艺术风格，一度炙手可热。

  三个婴孩互相拉扯着：中间的小男孩在抵御着左右两边的小女孩，为了让小男孩陷入困境，左侧的小女孩在他背上抓出了一道道伤痕。右边的小女孩拉着他的头发，还试图抓他的臀部。这是一个孩童玩闹的场景，木雕艺人

《玩耍中的丘比特们》，道赫尔与毛赫，16世纪，维也纳艺术史博物馆藏

《玩耍中的丘比特们》（背面）

不仅在设计人物造型布局和特征上投入了大量的精力，作品本身呈现出来的精致细腻的细节刻画也从侧面反映了木雕艺人的认真和精细。德国早期现代化雕塑的一个不同寻常之处在于朴素而单调的色彩，毕竟哥特时期的色彩是非常重要的风格载体。然而，作品表面的形式和细化处理显得日渐重要，就这组群雕而言，只是在眼睛的瞳孔上发现了彩绘的痕迹，人物躯体的其他部位没有一丝一毫的色彩痕迹。

X

这个带有优雅人文主义的《肖像浮雕双陆棋棋盘》，由大汉斯·埃尔斯（Hans Kels the Elder，1480/1485—1559 年）与大豪尔赫·布鲁（Jörg Breu the Elder，约 1475—1537 年）制作，很有可能为后来称帝的神圣罗马帝国皇帝斐迪南一世（1503—1564年）所有，其中一些图案取材于皇帝马克西米利安一世的宣传图，另一些则取材于阿尔弗雷德·丢勒、汉斯·伯克梅尔（Hans Burgkmair，1473—1531年）和老卢卡斯·克拉纳赫的雕刻作品。

这个棋盘包含了两只相同尺寸的正方形铰接式盒子，盒子里的棋盘是"Langer Puff"，即今天我们所知的西洋双陆棋的棋盘，细长的三角形由浅色

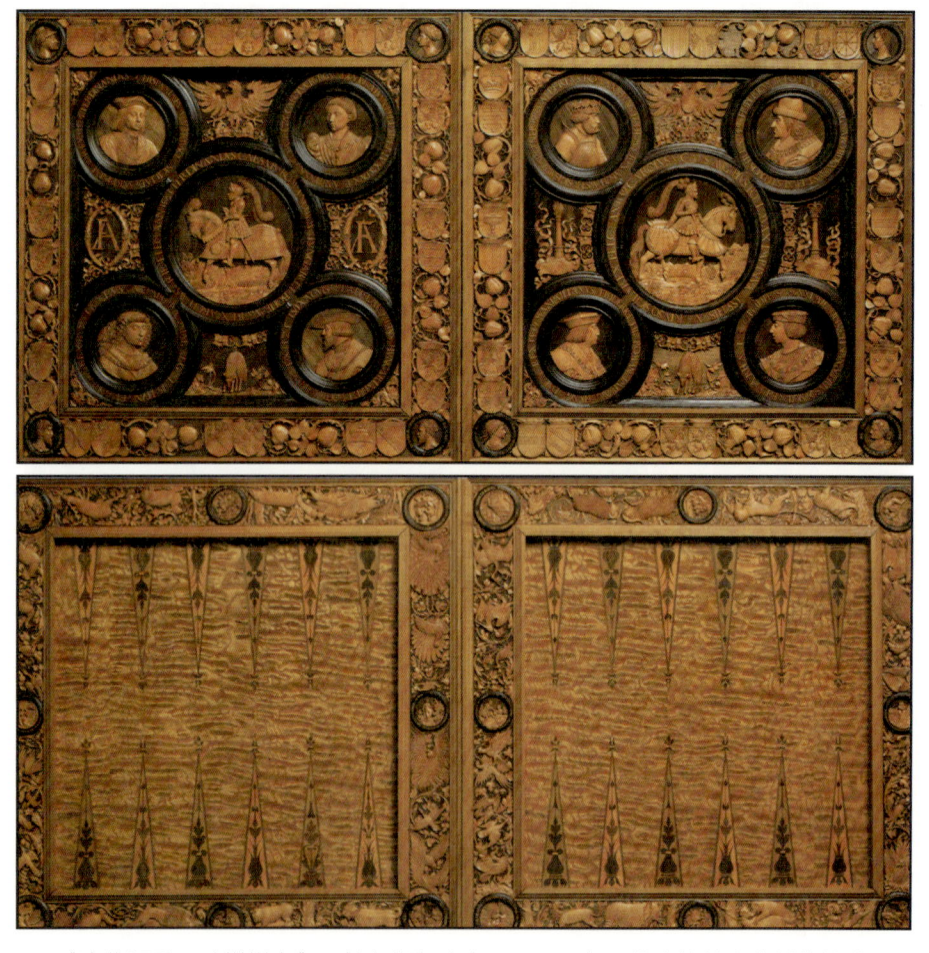

《肖像浮雕双陆棋棋盘》，埃尔斯与布鲁，1537年，维也纳艺术史博物馆藏

木料和深色木料互相交替排列而成，上面镶嵌着花朵样的装饰。棋盘边界的装饰由对称排列的动物和猎人的浮雕构成，加上配有黑色边框的圆形徽章。

盒子外部的浮雕装饰与内部相类似，但多了一层象征意味，其被视为统治者和权力的象征，同时也是奥地利各个权力家族团结互助的象征。外部的边缘装饰着16世纪哈布斯堡王朝统辖的全部领地的徽章，棋盘盒正面饰板（上图右上角）中央的徽章上是查理五世的骑马浮雕，环绕在其周围的是他的先祖：哈布斯堡的阿尔布雷希特二世（Albert II of Germany）、神圣罗马帝国皇帝腓特烈三世、同为皇帝的儿子马克西米利安一世，以及后来的腓力一世，这些浮雕两两之间嵌入了帝国双鹰、金羊毛徽章和查理五世的座右铭"Plus ultra"（更进一步）。

饰板的四个角落各有一枚描绘着罗马皇帝的浮雕，哈布斯堡人将其视为先祖和政治先辈。棋盘盒背面饰板中央是神圣罗马帝国皇帝斐迪南一世的骑马浮雕，环绕在其周围的是阿拉贡国王费尔南多二世、勃艮第公爵——大胆的查理、来自雅盖隆王朝的波希米亚和匈牙利国王瓦迪斯瓦夫二世和路易二世（拉约什二世），这些与查理五世和斐迪南一世联系紧密的肖像徽章说明了他们的政治权力和地位及其高贵的血统。

XI

意大利文艺复兴时代的伟大金匠本韦努托·切利尼制作的《弗朗索瓦一世的盐罐》是维也纳艺术史博物馆的镇馆之宝，我在"意大利走读"系列中提到过他，但当时还没理解金匠在欧洲艺术中的重要性。现在看来，切利尼的伟大之处就在于他几乎成为了"金匠"的代名词。

在《切利尼自传》中，他详细地介绍了自己是如何制作金盐罐的。

《弗朗索瓦一世的盐罐》，切利尼，1540—1543年，维也纳艺术史博物馆藏

这只盐罐是一位费拉拉的枢机主教委托制作的，切利尼做了蜡模：

我先设计一个椭圆形的框架，远长于半肘尺（一肘尺约等于0.5米）——事实上有近三分之二肘尺。我想表现大地和海洋浑然一体的景象，就在这个底座上塑造了两个人物，四腿交错坐在那里，象征着大海较长的分支深入到大陆里。大海是男人，我在他手里放了一艘船，其各个细枝末节都精工制作，精心设计得可以盛很多盐。在他的下面，我安排了四匹海马，我把大地设计成一个女神，在工艺允许的情况下尽可能地做得优美雅致、楚楚动人。她有一座装饰精美的神殿，神殿的一面牢牢地坐落在底座上，她一只手就放在那个地方——我打算用它盛胡椒。我在她的另一只手里放了一个象征丰饶的羊角，上面装满了我能想象出来的所有的天然珍品。在这个女神的下面，我在象征大地的地方汇集了生长在地球上的最漂亮的动物。在海神控制的地方，我设计了一些精选出来的能够在那么小的空间里自由自在游动的鱼和甲壳动物，在椭圆体其余的地方填满了豪华的装饰物。

我们今天看到的实物与切利尼的构思基本相符，只是缺了诸如男人手里的船之类的局部细节。

枢机主教无法承受制作盐罐的人工和材料费，把切利尼介绍给了法国国王弗朗索瓦一世（Francis Ⅰ of France）。

国王让切利尼为他服务，给予与画家达·芬奇一样的待遇——年薪700克朗，切利尼制作的作品，国王还单独付钱。

切利尼给他展示了盐罐的蜡模，国王大喜过望，提供1000克朗的古金色金子作为材料来制作金盐罐。

从切利尼对成品的描述上看，海洋之神涅普顿的左手中确实有一艘精心制作的船来盛盐，现在他的身旁有背上载着用来盛放盐的船形器皿。是不是切利尼的描述不准确?海神下面是四匹海马，"从马头到前蹄都和平常的马一样，身体的其余部分从中部往后则像一条鱼，几条尾巴美妙地相互交织在一起……整个作品置于一个乌木底座上，大小比例适当，带有突出的飞檐，我在上面制作了四个金像，分别代表'黑夜''白昼''黄昏'和'黎明'。另外，在同一雕带上我还制作了四个大小差不多的像，用来代表四种主要的风，部分地方上了彩"[1]。

---

[1] [意] 本韦努托·切利尼：《切利尼自传》，王宪生译，北京时代华文书局2014年版，第335—336页。

实物中，那四个金像不见了？

切利尼没有说的是，象征大地的女神忒勒斯坐在一头大象的身上，底部有象牙制成的滚轮，方便盐罐在桌面上移动。当国王移动它时，象征着他在号令整个世界。

1570年，法国国王查理九世（Charles IX of France）将此稀世珍宝送给了奥地利蒂罗尔大公斐迪南二世（Ferdinand II, Archduke of Austria）。

今天，博物馆的专家认为：切利尼在制作过程中的确使用了非常薄的金箔，将其捶打成所需要的人物和基座，这堪称是一项不可思议的成就。盐罐表面精致细腻的珐琅制品同样无可匹敌，切利尼制作的这只盐罐不仅是一件奢华的餐具，更是一座造型迷你，工艺精良的黄金雕塑，就像切利尼试图超越的米开朗基罗的雕塑作品那般，这件作品的制作过程中只用到锤子这件工具。这只盐罐是目前仅存的一件出自切利尼之手的金匠制品。

奇怪的是，它竟然在2003年5月11日被盗，还好在2006年1月21日被追回，万幸。

XII

带盖子的高脚酒杯，又称《米迦勒酒杯》，原本是法国国王查理九世1570年在德国施派尔（Speyer）迎娶蒂罗尔大公斐迪南二世的侄女（其哥哥的女儿）——哈布斯堡公主伊丽莎白（Elisabeth of Austria, Queen of France）时送给大公的礼物之一。

根据1561年的法国皇室珠宝库存清单以及斐迪南二世的笔记，这只黄金酒杯通体上下镶满了钻石、祖母绿、红宝石和珍珠，是1533年法国皇室以法国国王弗朗索瓦一世的名义从安特卫普的一名经销商手中购得。

《米迦勒酒杯》，1532年，维也纳艺术史博物馆藏

像《米迦勒酒杯》这样闪烁着光芒的黄金酒杯，存世者寥寥无几——因为它们材料本身的价值就相当诱人，特别是融化后可以用作他用。

除了昂贵的原材料，这只酒杯如此珍贵，还因其精湛的工艺和优雅的外形。酒杯的底座和立轴上都装饰有精致的宝石珍珠，酒杯的外壁上是连续的浮雕装饰带，上面刻画着情色场景和酒神节的内容。盖子旋钮的顶部是一个人物造像，是由钻石组装成的征服了撒旦的大天使米迦勒，这很有可能参照了法国皇室圣米迦勒勋章上的人物。

与收藏于梵蒂冈博物馆的类似器皿一样，这只珍贵非凡的高脚酒杯也代表了当时安特卫普金匠工艺的专业性，杯体的装饰细节和浮雕装饰带组成了一种叫做佛兰德古罗马精神的工艺风格。

XIII

《弗朗索瓦一世的盐罐》《米迦勒酒杯》还有下面这件《缟玛瑙大口水壶》都是1570年查理九世送给大公斐迪南二世的大礼，在此之前的1570年2月25日，根据巴黎人小理查德·托谭（Richard Toutain the Youndger，1558—1579年）的工作室记录的清单上，这只水壶还是件未完成品，精致的黄金铸造工艺和复杂的宝石切割工艺足见其是16世纪下半叶法国宫廷艺术的佼佼者。创作者将缟玛瑙的水壶搭配精美绝伦的搪瓷黄金装饰，从而创造出一件华丽和谐的器皿。

只有近距离地观察这只水壶，才能发现它其实是由两部分组成的，带有曲柄和壶嘴的上半部分可以和下半部分的水壶分离开来，水壶上半部分可以被当成独立的容器使用。这项独特设计的原因之一是为了给受众近距离观察时制造惊喜。

《缟玛瑙大口水壶》，托谭，1570年，维也纳艺术史博物馆藏

  创作者原本是用一个老旧的拜占庭器皿和其他材料来制作杯子的，一开始，他抛光了这只厚厚的拜占庭容器，将其制成了杯子，并在杯子上搭配了当代的装饰。凹进去的瓶颈必须从另一个拜占庭杯子上切下来，然后倒置在容器上方。原本的这只杯子被打碎了，小理查德·托谭用搪瓷黄金作为装饰覆盖了被打碎的地方，其他部分的设计也被修改了，从而有了今天我们看到的这只水壶。

XIV

彭佩奥·莱昂尼（Pompeo Leoni，约1531—1608年）是米兰雕塑家里昂·莱昂尼（Leone Leoni，1509—1590年）的儿子，他的大部分职业生涯是作为西班牙国王腓力二世的宫廷雕塑师度过的，其杰出贡献在于为皇室家族在埃斯科里亚尔教堂（El Escorial）的祭坛和墓地制作真人大小的青铜镀金纪念雕像。

人们在伊比利亚半岛上发现了莱昂尼制作的《腓力二世半身像》，银质的头部加上彩绘，看起来栩栩如生，可谓世间罕有。1773年的维也纳

《腓力二世半身像》，莱昂尼 & 摩尔，1580年（头部），1753年（上半身），维也纳艺术史博物馆藏

帝国珍宝清单上清楚地对其进行了确认："银质头颅像，即西班牙国王腓力二世的塑像，与之相配的彩绘赤土半身雕塑由雕塑家巴尔塔萨·斐迪南·摩尔（Balthasar Ferdinand Moll，1717—1785年）于1753年2月7日制成。"

这一记录解释了今天我们看到的头颅像的奇特之处，原来它是由两种不同的材质在不同的时间内制成的相互独立的部分拼接而成。

由于对先前记录的误解，人们曾一度以为这个银质头颅像是为了与一套真实的盔甲相搭配而制。然而，这个头颅像的制作初衷有可能是放置在埃斯科里亚尔教堂国王墓的墓碑上，最初的设计被腓力二世自己给改了，要求打造一尊镀金雕塑来取代现有的这件雕塑。

XV

下面这只《三维立体大象》由水晶制成,它的耳朵、脚,还有脖子和身体上的带子以及尾巴是由搪瓷黄金制成的。大象的背上安装了一个多边形的水晶器皿,其杯沿和底座也装饰有搪瓷黄金。

1550年,葡萄牙王后凯瑟琳(Catherine of Austria, Queen of Portugal)从里斯本的一个名叫弗朗西斯科·洛佩兹(Francisco Lòpez)的金匠手里获得了这件大象雕塑,他按照女王的要求在大象的背上另外添加了一个篮子形状的组成部分。这个盐罐工艺品原来应该还有个盖子,不过现在已遗失了。凯瑟琳是哈布斯堡最重要的女性收藏家之一(她是查理五世的亲妹妹),对异国

《三维立体大象》,洛佩兹,15世纪晚期(大象),14~15世纪(盐缸),约1550年(底座),维也纳艺术史博物馆藏

情调的工艺品有着非常浓厚的兴趣，哈布斯堡王朝的扩张和鼎盛成为这项收藏得天独厚的先决条件。和西班牙国王腓力二世一起，凯瑟琳的异域工艺品收藏成为16世纪的收藏之最，也是地理大发现时代中一道独特而亮丽的风景线。

学者们普遍认为珍贵的水晶大象可能是在印度南部的德干制作的，这只大象在进入王室收藏前曾被人从果阿卖到里斯本。盐罐下方的大象身体上有个凹槽，原本可能是用来放置香水瓶的，动物形状的器皿通常被用来盛放伊斯兰法蒂玛王朝文化所特有的香精。

XVI

这是一把保存完好的《锡兰象牙扇》，21块轻薄狭长的象牙扇片组装成一个圆形扇面，扇柄被雕刻成孔雀的头颈，孔雀的眼睛是由动物角制成的连接和固定扇片轴心的顶针，当扇子被打开，就仿佛是孔雀开屏。孔雀纤细的脖子上雕刻着卷曲着的羽毛，这是印度人用来象征纯洁与智慧的。连接手柄和扇柄的方形区域里是端坐在莲花上的印度女神和围在她两侧的狮子，这一幅图景的含义不得而知。长长的手柄顶部装饰的植物是含苞待放的莲花花苞，其底部则装饰有一只盘着的小狮子。

这种类型的孔雀扇源自印度传统，这种扇子一般都是在节庆期间为重要人士衬托身份的，由于其易碎性，这种扇子的实用价值并不高。

《锡兰象牙扇》，16世纪中期，维也纳艺术史博物馆藏

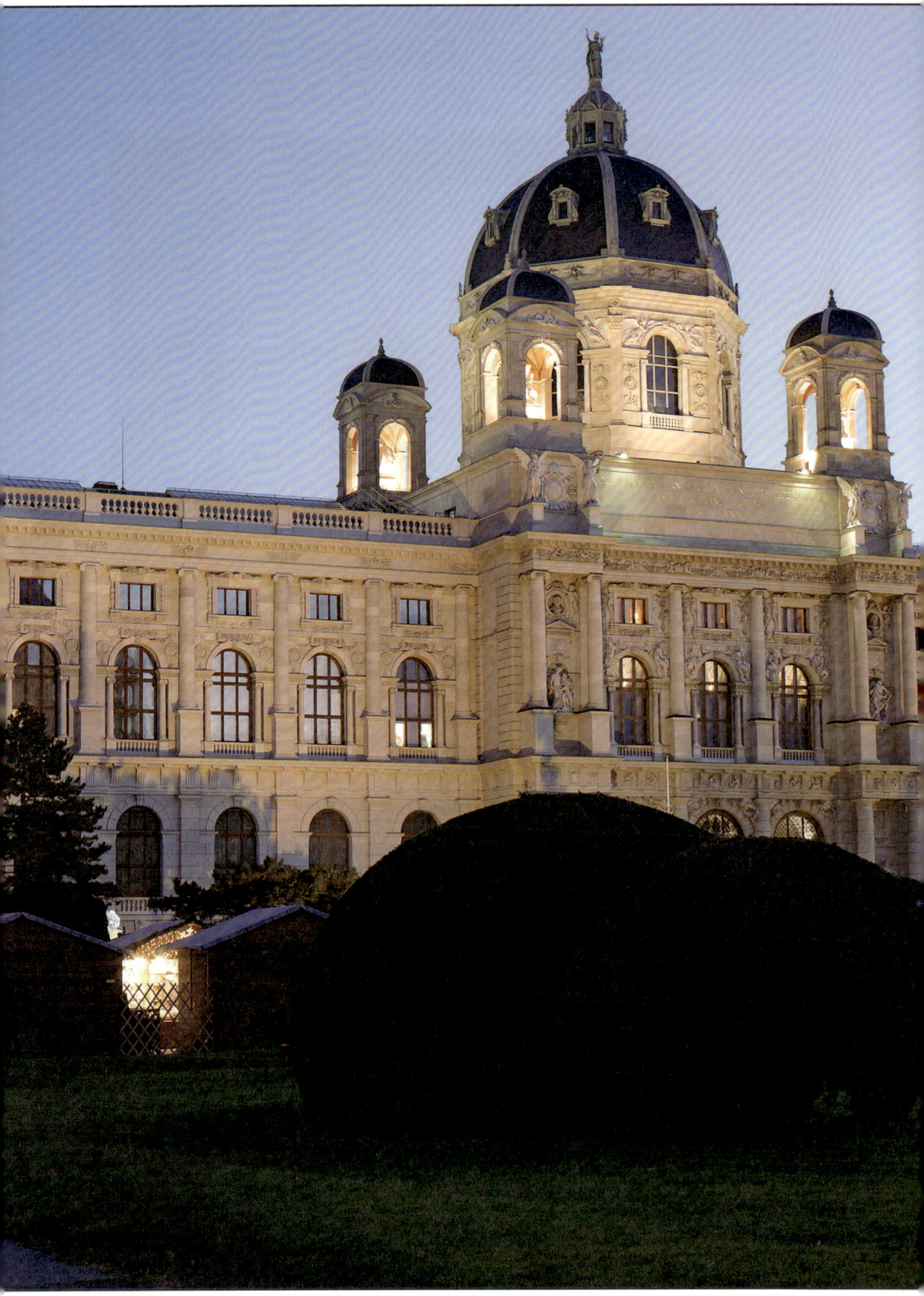

第九章

维也纳艺术史博物馆

（二）

即使仅仅是维也纳艺术史博物馆内的雕塑与装饰艺术藏品，其规模也是非常庞大的。这些精美的工艺品大致可以分为黄金艺术、石雕、象牙制品、青铜器、木雕、自动机械装置、挂毯艺术，以及异国奇珍等几大类，我们接下来将继续从中挑选一些藏品进行介绍。

I

在一些特别重大的场合中，为了进一步从视觉效果上提升统治者的皇权，往往会使用有戏剧化背景的华盖，这种华盖通常由纺织品制成，所用的都是极其珍贵的材料，再配合上精湛的工艺与端庄大方的设计。维也纳艺术史博物馆收藏的这项王座华盖就是保存下来的典范。

这顶《王座华盖》包括后墙和耸入大厅天顶的棚顶，从底部往上看，给人以柯林斯立柱支撑起穹顶的幻觉，后墙所装饰的建筑元素也营造出错视画的效果。画面的中央，地狱之神布鲁托（Pluto）和他的妻子普洛塞尔皮娜（Proserpina，对应希腊神话中的珀耳塞福涅）端坐着，他们周围的四个角落上装饰着四枚盾徽，上面描绘着这两位神明与四季起源有关的传说故事。华盖的设计出自汉斯·弗里德曼·德弗里斯（Hans Vredeman de Vries，1527—1607年）之手，他是16世纪下半叶最著名的建筑装饰设计师。

维也纳艺术史博物馆

维也纳艺术史博物馆的棚顶

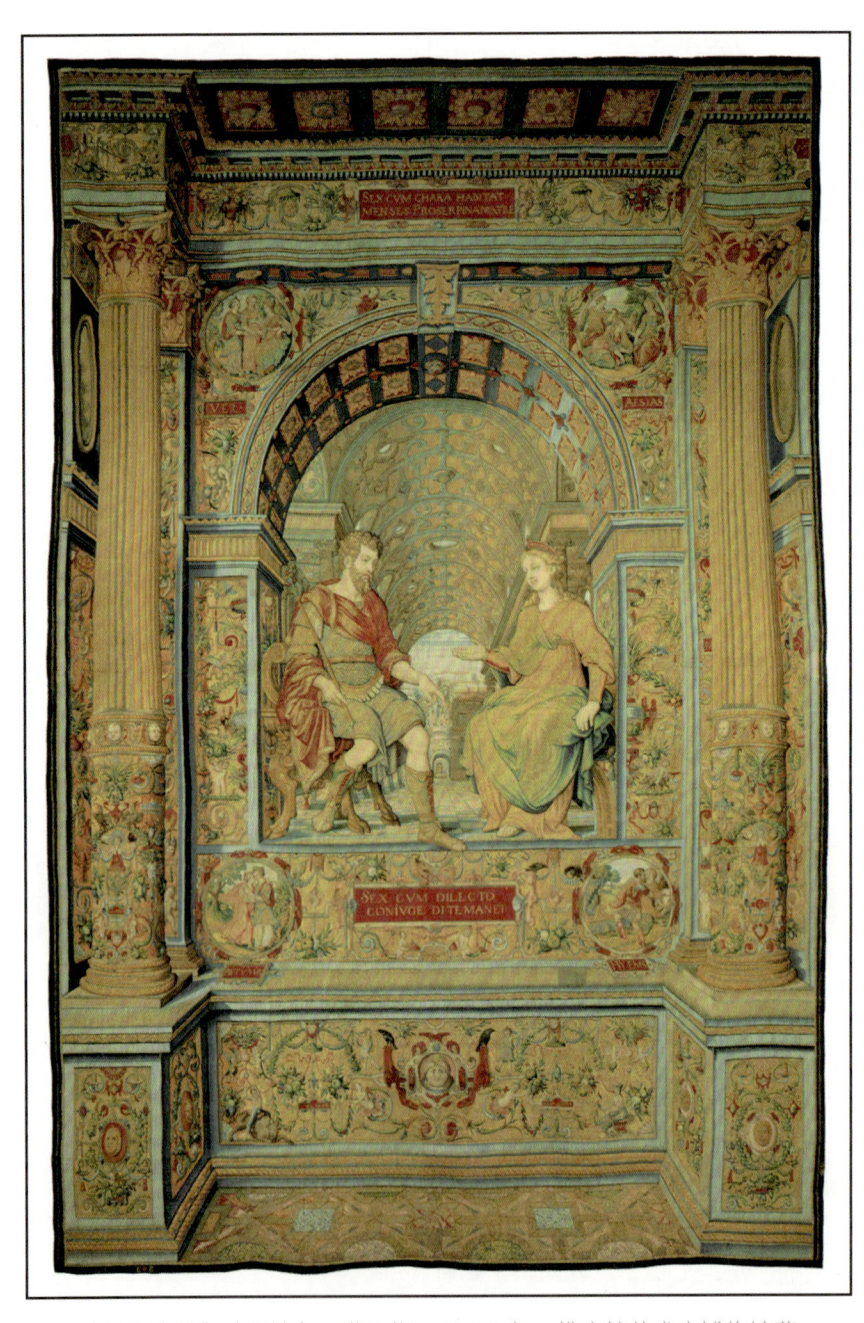

《王座华盖》（后墙），弗里斯，1561年，维也纳艺术史博物馆藏

II

这只《描绘四季起源的普洛塞尔皮娜酒杯》是从一整块完美无瑕的高纯度水晶上切割下来的,其杯壁和盖子上是高品质的人物浮雕。这件作品出自意大利米兰的雕刻师与水晶匠安尼巴莱·方塔纳(Annibale Fontana,1540—1587年)之手,在兴趣转向大型雕塑之前,他一直是十分活跃的水晶雕刻师且擅长于各种奖牌的设计与制作。

以风格主义为特色,他在杯身上描绘了《变形记》中的普洛塞尔皮娜和四季变化的故事。布鲁托被丘比特的箭射中后,他乘着四匹马拉的车从西西里劫走了普洛塞尔皮娜,把她带去地狱和自己一起生活。谷神克瑞斯(Ceres)知道自己的女儿被绑架后恼羞成怒,她诅咒西西里这块土地,并且摧毁了这里的农民和耕牛。方塔纳在创作中对比了人间的场景和奥林匹斯山上的场景:杯壁上方是坐在太阳战车里的阿波罗和撒着花瓣的欧若拉(Aurāra);克瑞斯乘坐龙之战车来到朱庇特面前,向他控诉女儿被劫走一事,朱庇特决定将一年分割成四季,普洛塞尔皮娜可以有半年的时间陪伴在母亲身边,另外半年则必须去地狱生活。

上半年,女神的喜悦让万物复苏,花朵绽放,因此是春天和夏天;而当

《描绘四季起源的普洛塞尔皮娜酒杯》,
方塔纳,1569 年之前,
维也纳艺术史博物馆藏

普洛塞尔皮娜去地狱陪伴丈夫的时候，就变成了秋天和冬天。春、夏、秋、冬四个季节被描绘于杯盖上。因此，方塔纳不仅创造了一件完美的高纯度水晶艺术品，还在杯子的底座边缘、杯体与底座的衔接处，以及杯盖顶部搭配了带有寓言含义的金匠工艺装饰。

Ⅲ

根据1596年的记录，这件独特的《苍鹭形状的餐桌中央摆饰》被记录为"一条大龙"，不论是水晶的尺寸和品质，还是完美的工艺水平，哪怕是镶嵌着各种宝石和珍珠的搪瓷黄金底座与衔接处，无一不在说明这件御用艺术作品的非同寻常。

《苍鹭形状的餐桌中央摆饰》，萨拉齐工作室，约1590年，维也纳艺术史博物馆藏

这只水晶动物的腹部是中空的，里面可以盛放液体，也可以从尾部倒出来。翅膀可以充当把手，背部则可作为盖子。不过，这只是纸上谈兵而已，水晶的易碎性和夸张的造型让它只能作为装饰之用，只可远观而不可亵玩。这只水晶苍鹭是一件堪称奇迹的工艺品，一如既往地接受着那些忽略其功能性的参观者的好奇和赞叹。

模棱两可与变幻莫测是这件工艺品的重要特征，它令人好奇的特征主要集中在上部，中空的躯干表面雕刻着各种神奇的海洋动物和四季的寓言故事，弯曲的脖子和带有鳞片的尾巴上都装饰有叶形图案。这只水晶苍鹭的脖子上是雕刻出来的羽毛，逐渐演变为鳞片，翅膀也装饰了鳞片，背部圆形的盖子上则装饰着羽毛。头颅上长着异常宽阔的嘴，显得有些怪异。盖子的把手被塑造成巴库斯头部的模样。这项设计并没有简单直白的解读，需要参观者自己去探索，用自己的双眼去观看并体会那些新颖而令人惊讶的发现。

Ⅳ

奥格斯堡（Augsburg）的金匠科内利斯·格罗斯（Cornelius Gross，1534—1575年）获得了一只来自印度的以极纤薄的龟甲制成的猎角，这种东西在16世纪的欧洲是非常珍稀的，他将这只猎角制作成带翼的龙形饮水器皿——也就是图中这件非常华美的《龙形角杯》，器皿上的龙形装饰蜷曲着的尾巴、张开的翅膀、看似锋利的鸟爪和虎视眈眈地紧盯着我们的布满鳞片的龙首都是镀金材质的。张开的龙嘴里面原本有一条被称之为"蝰蛇信子"的锋利毒牙，据说可以鉴别并中和饮水中的毒素。该器皿可能曾经还装饰有一小支珊瑚（现已遗失），用来象征龙的鼻孔中喷出的火焰。龙背上坐着长有鱼尾的萨蒂尔，龙则站立在乌龟的背上，象征着这只饮水角杯的制作材料：龟甲。

《龙形角杯》，格罗斯，约 1560—1570 年，
维也纳艺术史博物馆藏

V

16 世纪奥格斯堡的工艺大师克莱蒙特·齐柯林格（Clement Kicklinger，1561—1617 年）的《鸵鸟蛋酒杯》用一种夸张的方式展现了其对于特殊材料的极致应用、新颖的设计以及金匠精湛的技艺。镀金的银被扭曲成圆形，制成了怪异的酒杯底盘，牢固的珊瑚枝干撑起了上方结构的全部重量。酒杯的第二层，一个戴着装饰了羽毛的胸牌的摩尔人牵着一只巨大的鸵鸟，鸵鸟的嘴里衔着铁制的马蹄，背上则支撑着由三个带锁链的钩子固定住的鸵鸟蛋。

杯口在鸵鸟蛋的顶部，上面装饰有相互交织的花纹，扁平的银盘上覆盖着

《鸵鸟蛋酒杯》，齐柯林格，约 1570—1575 年，维也纳艺术史博物馆藏

一层厚厚的珊瑚枝丫，充当了酒杯的杯盖。这件艺术品拥有高脚酒杯的全部工艺特征，但没有实用价值，人们不可能在拿起这只看似怪异的酒杯的同时而不把它弄坏，倒入液体或举杯饮用的时候也有可能会破坏其工艺。创作者在设计和制作时刻意忽略了其功能性，将其打造为纯粹的装饰性酒杯。这只酒杯的迷人之处在于其五彩斑斓的颜色以及其原材料和工艺的鲜明对比，通过异域材料和金匠工艺的完美结合，这只酒杯无疑能激发人们对非洲的想象力。

VI

下面是一件新颖小巧的器皿：《坦塔罗斯瓶架》。

色彩鲜艳的黏土人物坐在一个木桶上，他的肩膀上顶着一张放满了食物的桌板，中间是带有把手的红酒杯。桌板好似超大的衣领，让举着它的黏土人由于手够不着而没法偷吃桌板上的食物，因此，他只能默默承受来自希腊神话中坦塔罗斯所遭受的折磨。

坦塔罗斯是小亚细亚的国王，他受邀参加神的宴会，但因偷食让众神长生不老的花蜜和美食而引起了众神的愤怒，于是众神用无休无止的饥渴来惩罚他。坦塔罗斯被罚站在枝丫低垂的水果树下、水深没过他脖子的池塘中，池塘里的水总是在他快要喝到的时候退潮，长满了水果的枝丫总是在他快要够到的时候移开。

作为塞子的头部可以被拔掉，剩余部分可以用作饮用器皿。

16世纪末的工艺大师克里斯托弗·甘特纳（Christoph Gandtner，生卒不详）制作了一系列极具幽默风格的人形陶器器皿，有骑在酒桶上的巴库斯、坐在刺猬身上的裸体女子、雇佣兵、海军少尉、喝酒的屠夫、贵族等。

《坦塔罗斯瓶架》,甘特纳,约 1580 年,维也纳艺术史博物馆藏

VII

用工艺模型船作为餐桌中央摆设的传统始于中世纪，船是权力、扩张和探索发现的象征，这种类型的摆设不仅可以引发感官上的刺激，船员编排的音乐也能起到烘托宴会气氛的作用。

机械发展带来的奇迹使得这艘《船形自动装置》的主人神圣罗马帝国皇帝鲁道夫二世得以通过这种机械编排和视觉奇迹给他的宾客留下深刻的印象，以艺术的方式来显示他的权力。

这艘工艺船是同样活跃于德国奥格斯堡的金匠与钟表匠汉斯·斯齐洛特汉姆（Hans Schlottheim，1544/1547 — 1624/1625年）的作品。甲板上站着的其中一个小型雕塑便是鲁道夫二世本人，他的身边围绕着长号手、定音鼓手和击鼓手，桅杆旗帜上是帝国双鹰；开放的小型船舱里，皇帝的御座上装饰有帝国皇冠。

当船体的机械装置被激活，船身的各个自动装置便开始同时或者按次序运转，通过一系列的凸轮盘、联动装置和立轴演奏复杂的音乐。小罐子里的黄铜簧管和小型管风琴演奏各自的旋律，小锤子击打船身底部的一层薄膜，从而发出定音鼓的鼓声。第一首曲子用来象征作为舵手的国王的出场：长号手举起长号吹奏，定音鼓手则通过敲击提供节拍。船一移动，小型管风琴便开始演奏象征船只驶入大海的第二首曲子。船侧的两门大炮里可以安装黑火药，被弹簧激活后，它们会同时鸣炮。

《船形自动装置》的铭文上写着："1585 年，我就是帝国的双鹰。我是最尊贵的王者，我以至高无上的权力开启王者之路，即使飓风来袭，也无法将我击败。水手们，你们都给我记住，没有人可以击败我，任何一场暴风雨都无法阻止我扬帆远航的决心。我将不遗余力地铲除那些与我为敌的势力，将不惜一切代价守护我的王国。"

《船形自动装置》,斯齐洛特汉姆,1585 年,维也纳艺术史博物馆藏

VIII

这只乳黄色的《碧玉壶》是16世纪工艺大师奥塔维奥·梅瑟洛尼（Ottavio Miseroni，1567—1624年）早期在布拉格制作的，壶脚、把手和壶体都是一整块玉髓雕刻而成，球形容器的装饰风格毫无疑问地延续了他在米兰家族工作室的风格。底座是后来添加的，出自荷兰银匠保罗·冯·菲亚嫩（Paul von Vianen，1570—1614）之手，壶体底部的第三层装饰有细长的管形装饰，和上方两条壶体上的环带相互独立，壶柄则连接了环带上方的区域。从壶口边缘蜿蜒而下并连接壶体的壶柄呈现出字母"C"的形状。出于16世纪下半叶的创新思想，这位宝石雕刻大师决定将壶柄设计成复合动物的形象。他设计将壶柄和女性的躯干以及龙首结合在一起，那蝙蝠似的翅膀则包裹着壶的颈部。壶嘴的设计也非常怪异，梅瑟洛尼在这里雕刻了一张伸出了舌头的人脸。

这种单独的黄金制品多少有点画蛇添足，因为所有的功能性部件都是由同一块石头雕琢而成，本身就具有吸引力。

但不久之后，这件《碧玉壶》又添加了黄金基座和盖子。其原因可能是这只珍贵的壶在成为皇帝御用收藏时曾经历过一次意外事故，壶柄顶部的龙

《碧玉壶》，梅瑟洛尼 & 菲亚嫩，
约1590—1600年，维也纳艺术史博物馆藏

首被证明是后来添加的，它和壶柄的衔接处被黄金翻边覆盖。也许正是如此，才有了额外添加的盖子和底座。

IX

皇家《长柄绿石英有盖器皿》由几块绿石英组合而成，彼此之间用针或是各种优雅的支架连接在一起，表面大部分覆盖着装饰有搪瓷的黄金挂钩和环状装饰，上面依次装饰着石榴石等。盖子上的石英石被切割成 96 个拱形，黄金带将其网成泪滴状的小格子，制作者还在黄金带的交叉处安置了切割好的石榴石。盖子的顶部装饰着一颗巨大的黄水晶，看起来华贵而妩媚，整个器皿五彩斑斓，格外引人注目。和盖子的奢华相比，其他部分则低调得多，器皿的主体仍以绿英石为主，上面只是用几条黄金扣带扣住。器皿的内部也延续了低调的设计理念，只是装饰了几排嵌入黄金的石榴石。这些设计和工艺说明，它并不是为了实际使用而制作的，只是单纯作为工艺品让人赏玩。

这件器皿是为了皇帝鲁道夫二世的收藏需求制作的，完工于布拉格。根据它的奇特造型，其制造者应该是金匠扬·佛米恩（Jan Vermeyen，1559—1606 年）。唯一可以提供宝石切割的则是布拉格的梅瑟洛尼工作室。

《长柄绿石英有盖器皿》，佛米恩，约 1600—1605 年，维也纳艺术史博物馆藏

X

很少有艺术家的化名能像"狂怒之主"(Master of the Furies,即"复仇三女神的主人")这样含有深意,这位大师极具动感的人物塑造散发出1600年前后动荡的社会所具有的不安全感。狂怒之主的作品中有种极为特殊的美学,就这点而言,他的美学并没有人继承。

《狂怒雕塑》,狂怒之主(化名),约1610—1620年,
维也纳艺术史博物馆藏

"狂怒之主"基于对社会的暴怒而取了这个名字，这充分展示出他极端的个人主义风格，该风格脱胎于晚期哥特式的表现方式，肢体举止明显带有暴力趋向，扭曲的面部表情几乎毁容，没有一丝一毫属于艺术范畴内的美感。激烈的动作几乎撕裂了人物瘦弱的身躯，纤细的四肢、人物脖子后面如旋转叶片般四散飞扬的围巾以及人物本身的巨大张力构成了这尊动态感十足的雕塑，极致的动作让雕塑本身更具有肉体的真实感，其充满愤怒的脸、大张的嘴似乎在发出尖叫，眼睛斜视着，眉头紧紧蹙起，这些迹象全都在表达这具雌雄同体的形象正在遭受狂烈愤怒的折磨，细细雕琢的头发也在强调人物的狰狞。

我们现在看到的这尊狂怒雕塑并非完整版，据说这个面目狰狞的人物原先是站立在一条龙的身上，手心的空洞说明人物的手中曾经拿过鞭子。

我们对于创作者的生活环境一无所知，萨尔茨堡大主教曾收藏过他的作品，说明他很有可能在城市中生活过很长一段时间。

XI

有一句非常受欢迎的佛兰德谚语——"没有比酒鬼更愚蠢的傻瓜了"，通常是针对潜伏在醉酒狂欢中的危险，是对酗酒、过度纵欲和精神错乱的道德批判。醉酒的西勒诺斯这一主题来自于异教神话，它通常被作为善恶之间的对比来装饰饮酒器皿。

这尊《刻画了酒神的象牙大啤酒杯》是德国象牙雕刻师乔治·皮特尔（Georg Petel，1601/1602—1635年）的作品，其中的金匠工艺则出自安德里亚斯·维克特（Andreas Wickert Ⅰ，1600—1661年）之手，酒杯自下而上逐渐收窄，下半部分装饰的是西勒诺斯的浮雕，喝了太多酒的西勒诺斯已醉

《刻画了酒神的象牙大啤酒杯》,皮特尔&维克特,1629年,维也纳艺术史博物馆藏

得站不起来，他需要长有山羊脚的女性和好色的萨蒂尔来搀扶住他庞大的身躯。除了这三个人物，画面上还有奏乐的乐师、好色的登徒子、衣着暴露的女子和赤裸的小孩。站在最上面的是欢快的丘比特裸像，他正用一只手往自己嘴里挤葡萄汁，在他看来，那世俗的生活乐趣一文不值。这件作品的创作基础来自于鲁本斯的一系列描绘庆祝场景的画作。简约的金属基座将这件艺术品转化成了具有实际功能的饮酒器皿。

18世纪，象牙可要比黄金贵重得多。

XII

《四只带盖子的象牙旋转器皿》具有多元化的风格设计、复杂的几何构造以及独特的制作工艺，所有这些都是通过机床加工而成的，16世纪晚期的车工工艺堪称大师级水平，这种工艺有严格的几何图案局限性，并遵循严格的轴对称设计。然而，1600年之后活跃的车工一代，比如雅各布·泽勒（Jakob Zeller，1581—1620年）、马库斯·海登（Marcus Heiden，生卒不详）和艾森伯格（Johann Eisenberg，1600—1640年）通过不断的艺术尝试，探索如何将人力完成的工艺转化为由车床完成。

这些酒杯的外形很有可能是受到了16世纪和17世纪初的德国金匠制品的启发。琳琅满目的立体图形，或是子母内嵌，或是彼此堆积，这种不对称的设计是17世纪初期崭新的设计元素。正是这种繁复的制作工艺，才让这些工艺品具备了独特的美感，进而成为收藏家眼里的宠儿。机械与数学的完美结合，孕育出一种拥有独特风格的美感，通过添加具象的表现元素，为我们提供了一幅具体的视觉背景，可见这些艺术大师的杰作在进一步传达着一些信息。

《四只带盖子的象牙旋转器皿》的特别之处还在于其底座或是盖子里那冗

《四只带盖子的象牙旋转器皿》,海登 & 艾森伯格,17 世纪前 30 年,维也纳艺术史博物馆藏

长铭文里所暗含的签名，这些铭文透露了制作车工的艺术信条，制作这些器皿的技艺都是以基督教教义为大前提的。因此，这些看起来明显是为了讨好收藏者的且没有什么实际用途的器皿，在一定程度上具备了宗教象征的价值。

XIII

伊格纳茨·埃尔赫芬（Ignaz Elhafen，1658—1715年）是巴洛克时期经验丰富、技艺超群的奥地利微景观雕塑大师，在罗马完成学业后，他在克雷蒙斯特修道院供职，之后在帝都维也纳定居。也就是在这里，他成为了一名大师级的象牙车工。1704年，鉴于其极富表现力的作品和成熟的技艺，时任帕拉丁选帝侯的约翰·威廉二世（Johann Wilhelm II，Elector Palatine）任命其为宫廷御用艺术顾问。

这块长方形的《亚马逊之战》景观浮雕是埃尔赫芬的早期作品，当时他的创作材料只是木料，并没有接触过象牙雕刻。通过这件作品，我们可以看到比利时雕塑家亚历山大·科林（Alexander Colyn，1527/1529—1612年）对埃尔赫芬的影响，特别是后者1562年后在因斯布鲁克方济各会教堂为纪念神圣罗马帝国皇帝马克西米利安一世而制作的24块大理石浮雕，据说埃尔赫芬在这件重要的帝国纪念浮雕上进行了他的第一项艺术研究，在这两个人创作的两件艺术品中，我们可以发现一些相似之处，比如人物的安排、长兵器的图案。现在我们所看到的这件木浮雕组合是以罗马艺术家安东尼奥·坦佩斯塔（Antonio Tempesta，1555—1630年）的雕刻为原型，埃尔赫芬并没有形成自己的艺术风格，终其一生他都是依赖别人的风格模型加以创作，所以被视为一名兼收并蓄的艺术家，乃至是抄袭者。

浮雕的主题来自赫拉克勒斯十二功绩中的第九项——战胜亚马逊人，从

《亚马逊之战》,埃尔赫芬,约 1680—1685 年,维也纳艺术史博物馆藏

她们的女王希波吕忒身上取得腰带,传说中的英雄就在浮雕画的右侧,他穿着尼米亚猛狮的皮做成的衣服,手里拿着棍棒。整个浮雕画面充满了戏剧性的动态感,埃尔赫芬在布局的时候遵循了舞台设置的空间层次,并且在人物的刻画方面做到了立体三维,相当一部分的画面要素都是以后视图的方式呈现,背景的浅浮雕由指向天空的长矛和团云构成。

XIV

根据奥维德的《变形记》,女神达芙妮(Daphne)为了躲避阿波罗的追求,请求身为河神的父亲将自己变成一棵月桂树,达芙妮变成月桂树的瞬间成为巴洛克艺术中相当受欢迎的创作主题,因为这一幕同时包含了追逐和变形。贝尼尼在罗马博格塞美术馆中的大理石雕塑为这一主题提供了创作基础(见

《阿波罗和达芙妮》,奥尔,约 1688—1690 年,维也纳艺术史博物馆藏

"意大利看画"系列）。

阿波罗抓住了逃跑中的达芙妮，他飞快地用双臂抱住她。雅各布·奥尔（Jakob Auer，1645—1706年）的象牙雕塑《阿波罗和达芙妮》抓住了这一瞬间并将其定格——女神似乎放弃了抵抗，无奈地接受了命运，她像瘫痪了似地不再挣脱。贝尼尼的群雕看起来更为流畅，也更具有空间感，相比之下，奥尔的作品明显缺少紧绷的视觉张力，反而有一种时间在这一秒冻结，之前热烈的追逐奔跑也在这一秒种中化为乌有的感觉。

这位艺术家在维也纳期间受到了马提亚·洛奇米勒（Matthias Rauchmiller，1645—1686年）和马提亚·斯坦尔（Matthias Steinl，约1644—1727年）的影响，他们的作品非常具有张力，奥尔对这个主题产生了浓厚的兴趣，两具完美无瑕的身躯以及达芙妮身体上逐渐长出的嫩芽和树叶缠绕在人物周身，制作者在用几近完美的方式演绎了这一主题的同时，也以最自然的方式诠释了其材质的魅力。躯体波浪形的线条、混合衣料的皱褶，似乎在呼应风中树叶那沙沙的响声，使得雕像看起来更显优雅。男人和女人、猎手和猎物在这里呈现出一种彻底的和谐感，肢体动作层次分明，形成了视觉上的平衡感。在17～18世纪的游记中，《阿波罗和达芙妮》的雕像是帝国收藏的所有象牙雕塑中被提及最多的。

XV

这件精致的象牙雕塑名为《将暴力踩在脚下的约瑟夫一世》。1690年，年轻的约瑟夫一世被确立为皇位继承人。为表庆祝，他的父亲利奥波德一世让人制作了包括这件作品在内的两件象牙材质的骑马雕像。年轻的约瑟夫一世脸上浮现出优雅与快乐的神情，看起来好像是来自天堂的圣洁之人。蜷缩

《将暴力踩在脚下的约瑟夫一世》，斯坦尔，1693年，维也纳艺术史博物馆藏

在他坐骑下方的人物象征着战争的粗暴与狂野，这可以从该人物抬起的手臂上的蛇与火炬看出来，坐骑后蹄踩着的土耳其箭袋说明这是一位战争的仆役。国王被刻画成一位末世的英雄骑士，而"暴力"在他的面前胆战心惊。作为17～18世纪初的帝国象牙雕刻大师，斯坦尔勇敢地探索了象牙艺术的极限与可能性，彻底展示了象牙的美。这尊骑马雕像充满了艺术张力，大部分源自其细致入微的人物设计以及对角色和气氛的探索。

XVI

维也纳艺术史博物馆的两件展品仿佛让我回到了德累斯顿的绿穹珍宝馆。一件是16世纪的佛罗伦萨雕刻大师詹波隆那（Giambologna，1529—1608年）的青铜像《飞翔的墨丘利》，它与绿穹珍宝馆的那件墨丘利青铜像同时制作，具有异曲同工之妙（见《似水流年德累斯顿》第五章）。身材瘦削的年轻人仅仅依靠左脚脚趾以保持平衡，他的目光看向天空，将全身的张力凝聚于指向天空的右手食指：看起来随时准备起飞。在詹波隆那之前，没有一个艺术家能够创作出如此将重力视为无物的艺术作品。青铜制成的墨丘利看起来悠然自得，没有一丝要与重力相对抗的努力，他的平衡感、轻盈的体态和无与伦比的优雅仿佛是与生俱来的。

还有一件是《骑在半人马上的狄安娜》。半人马形象的自动装置目前已知的只有两件，一件在这里，另一件则在新绿穹珍宝馆。它们的共同之处在于，半人马都配备有弓箭，且都作为狩猎女神狄安娜的坐骑，而且身边都有猎狗。我们在介绍新绿穹珍宝馆时也提到过，首先有了鲁道夫二世收藏的《骑在半人马上的狄安娜》，后来才制作了新绿穹珍宝馆的那件作品（见《似水流年德累斯顿》第六章）。

除了高品质的黄金制品和无与伦比的镀金装饰，镶嵌着珍珠和石榴石的搪瓷配件以及巧妙出色的机械构造都在向我们描述着这件工艺品的精妙绝伦，木质基座里是各种钟表机械、指针，其他机械装置则隐藏在半人马的身体里。这一复杂的机械设备允许人形的自动装置在特定时间移动，此时马的头部和其中一条猎狗的头部开始转向，另一条猎狗则张开嘴，半人马转动眼珠并射出箭矢，也就是组成酒令游戏的自动装置，即箭矢指向的那位宾客就要举杯祝酒，并一饮而尽。

《飞翔的墨丘利》,詹波隆那,约 1585 年,维也纳艺术史博物馆藏

《骑在半人马上的狄安娜》，巴克曼，约 1602—1606 年，维也纳艺术史博物馆藏

维也纳艺术史博物馆的各种工艺品

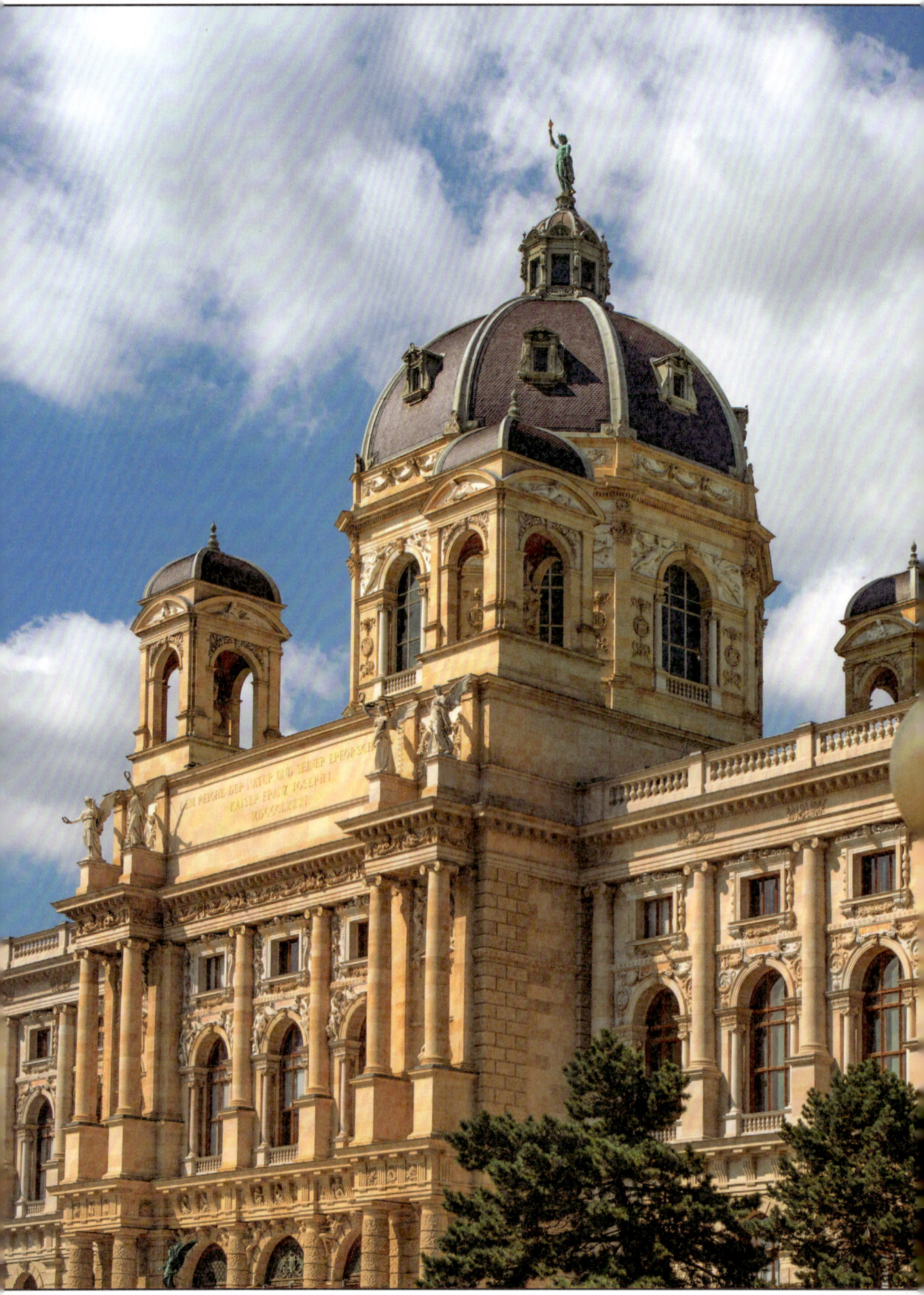

第十章

维也纳艺术史博物馆

（三）

维也纳艺术史博物馆内的画作主要是哈布斯堡家族的收藏，我们将在本章介绍一些具有代表性的德国与意大利文艺复兴绘画。前者主要是丢勒和老卢卡斯·克拉纳赫的画作，后者则重点介绍了威尼斯绘画与风格主义代表人物的作品。

I

　　稍稍浏览一遍维也纳艺术史博物馆一楼的展品，已是下午2点了，不得不去二楼的咖啡馆吃午餐。据说博物馆拥有一家非常棒的咖啡馆，一看果然装饰得古色古香、美轮美奂。问题是前面排了一群人，而且博物馆内只有这个地方可以吃东西，即便走出去，也不知道多远才有餐馆。我想，若博物馆门前有一家快餐店，生意一定奇好。

　　没办法，只能大家轮流排队，空的人就去看二楼旁边的绘画作品。终于排到了，赶紧点餐。这里的侍者不像维也纳其他地方那么悠闲，很像中国的服务员，很有效率。他会建议你点可以很快上来的菜肴，这在欧洲可是很少见的，可以看出侍者也在为外面排着的"长龙"着急。

　　我本想在这里喝杯咖啡，稍稍欣赏一下周遭的环境，现在看来是不可能了。二楼的绘画作品展厅与德累斯顿的历代大师绘画馆一样，每个展室中央

维也纳艺术史博物馆内的圆形咖啡馆

都有一圈大型沙发，供观赏者休息，这真是人性化啊。许多大博物馆内也就孤零零的几条短板凳，像这样厚待观赏者的极少见。

可惜，我们没时间悠然地享受，因为有更美好的艺术品需要欣赏。

II

刚才趁排队的时候，已经将丢勒、老卢卡斯·克拉纳赫、凡·艾克与维登等人作品的展室看得差不多了，我们在德国一路上看了许多他们的作品，这里是回顾，也是告别。

维登的《基督受难三联画》（*Christ on the Cross with Mary and St John*）总体上要比他的精品逊色一些，可能是因为画家构思，弟子参与具体绘画之故。特别是左右两联的女子，左侧是抹大拉的玛利亚，是《圣经》中的人物，艺术家喜欢把她塑造成情感丰富的女子，尤其是在基督殉难的十字架前。但这

《基督受难三联画》，维登，约 1445 年，维也纳艺术史博物馆藏

里的玛利亚似乎完全沉浸在自己的世界中，而且是年纪较大的妇人。

这也许是为了突出右侧的圣维罗妮卡？她也是宗教画中经常出现的人物，传说基督背着十字架走上骷髅地的时候，这位女子拿手帕为他擦脸，手帕上留下了基督"真实的画像"。今天耶路撒冷的苦路中，其中有一站纪念的就是这个故事。这里的圣维罗妮卡像极了传统中的抹大拉的玛利亚，也是有趣。

这几年，看了许多宗教画，总算有些感觉，所以会对违反"常规"的画作诧异。回上海查资料，果然。

III

维也纳艺术史博物馆倒是收藏了许多丢勒的名作。

《年轻的威尼斯女子像》（*Portrait of a Young Venetian Woman*）是丢勒最著名的女子肖像，绘于他第二次去威尼斯的时候。丢勒与意大利文艺复兴绘画有着很深的渊源，人们经常在这幅画中寻找各种蛛丝马迹。丢勒笔下的女子其实并不美，但富有个性：饱满、不规则的嘴唇，大鼻子，高额头。

丢勒在威尼斯偷师当时大名鼎鼎的乔凡尼·贝利尼，但据说贝利尼对这幅带有丢勒风格的绘画很欣赏，尤其是其中描绘红棕色卷发的细致笔触，贝利尼以为丢勒使用了特殊的画笔，请他送一支给自己，可是他发现丢勒的画笔与普通的并无二致，很是惊讶。

丢勒画过许多"圣母子"主题的作品，维也纳艺术史博物馆中的《圣母与拿着梨的小孩》（*Virgin and Child with a Pear*）是较为出名的一幅。祖菲在《天才艺术家：丢勒》一书中写道，这幅画"聚集了德国式绘画对生理特征的细微观察、成熟的工匠手艺和丢勒对意大利艺术孜孜以求所获得的规范化与纪念性"。从16世纪到17世纪，丢勒给予众多模仿与诠释他作品的画家以灵感。

《年轻的威尼斯女子像》,丢勒,1505 年,维也纳艺术史博物馆藏

《圣母与拿着梨的小孩》,丢勒,1512年,维也纳艺术史博物馆藏

IV

《圣徒对三位一体的崇拜》（Adoration of the Trinity）的场面浩大，祖菲在《天才艺术家：丢勒》中写道，丢勒运用"强烈的色彩和里程碑式的空间，把德国绘画的传统融入了意大利文艺复兴的和谐之中"。有趣的是，丢勒又表现了一把，把自己放在天堂景物的右下方，在一片绿色的风景中。他手拿一块牌子，上书："圣母产子后的1511年，纽伦堡的阿尔弗雷德·丢勒完成了这幅作品。"

丢勒也把自己画在《万名基督徒的殉教》（Martyrdom of the Ten Thousand）的中心，他穿着黑色的丧服，与人文主义朋友在一起，手里拿着一根棍子，

《圣徒对三位一体的崇拜》，丢勒，1511年，维也纳艺术史博物馆藏

棍子的顶端是一张纸，上面是他的拉丁文签名。他们似乎在目睹一场恐怖的杀戮，众多的基督教教徒在小亚细亚的阿拉亚特山被波斯王沙普尔一世（Shapur I）指挥的人所屠杀。

这幅画的颜色极为鲜艳，冲淡了惨不忍睹的惨烈场面。

《万名基督徒的殉教》，丢勒，1508年，维也纳艺术史博物馆藏

V

丢勒的肖像刻画非常动人。《约翰·克勒尔贝格像》（*Portrait of Johann Kleberger*）的主人公出身贫寒，因为从事国际贸易，成为新贵，他不顾女方家长的反对，和孀居的贵族女儿结婚，但新娘不久后去世。

丢勒的表现方式很特别，这位 40 岁的面部光洁的男人，祖菲在《天才艺术家：丢勒》中写道，"使人联想到一尊古代的雕像，似乎从一个墙上开的圆孔中伸出来。在大理石纹的背景上，金色的拉丁文告诉了观者画中人的姓名、出身和年龄，其自信坚定的性格似乎被全部反映出来。"

《约翰·克勒尔贝格像》，丢勒，1526 年，维也纳艺术史博物馆藏

《马克西米利安一世像》（*Portrait of Emperor Maximilian I*）作于这位哈布斯堡王朝皇帝逝世的那一年，祖菲在《天才艺术家：丢勒》中写道，"皇帝含蓄的目光避开了观众，转向左侧，他的嘴唇紧闭着，温和的色彩暗示着优雅的距离……皇帝的左手握着一只绽开的石榴，它象征着西班牙和奥地利皇室的结合。石榴果实也可以解释为皇帝的个人象征，不威严的外表和甜蜜友善的内心，内涵重于外表的个性。"

《马克西米利安一世像》，丢勒，1519年，维也纳艺术史博物馆藏

《年轻男子像》（正面），丢勒，1507年，
维也纳艺术史博物馆藏

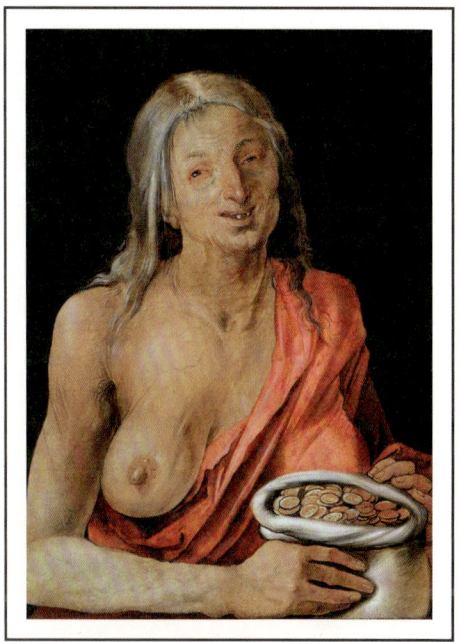

《贪婪》（背面），丢勒，
1507年，维也纳艺术史博物馆藏

最好玩的作品是《年轻男子像》（*Portrait of a Young Man*），其背面是《贪婪》（*Avarice*），这幅画作于丢勒第二次旅居意大利期间，戴黑帽的年轻人是威尼斯德国商会的成员。据说因为主人公拒付画家高额的酬金，于是丢勒在背后画了贪婪鬼。这可能是无稽之谈，因为丢勒在反映人生的哲理——青春的美好与不可避免的衰老。

VI

老卢卡斯·克拉纳赫出生于巴伐利亚北部的克罗纳赫（Kronach）小镇，1504年应萨克森选帝侯腓特烈三世的召唤来到了威滕伯格，一般人认为他

《耶稣受难》,克拉纳赫,约 1500 年,维也纳艺术史博物馆藏

的出生年份是1472年。关于克拉纳赫就任威滕伯格宫廷画师前的那段经历，我们却知之甚少，据说在1498年以前，克拉纳赫一直生活在维也纳，他跟维也纳的大学里的人文学者过从甚密，恰恰因为这个缘故，令他获得了腓特烈三世的宫廷画师委任状。

现在我们所看到的《耶稣受难》（The Crucifixion）是第一幅确定出自克拉纳赫之手的作品，关于这幅画的文献记载来自1800年维也纳苏格兰修道院的库存清单。《耶稣受难》和画家之后不久在威滕伯格的创作风格大相径庭，克拉纳赫在创作受难主题的人物时使用的是传统的对称式构图，在创作其他人物和其周边的植被时，他也尽量保持1:1的比例，不偏重其中任何一方。

画面上局促的笔法和柔和的人物轮廓交相辉映，细腻的色彩和平衡的光处理为整幅画制造出完整的印象。这幅画异常清晰地刻画了基督在十字架上饱受折磨的场景，背景上的植被和蓝天也配合得恰到好处。因为这些特征，学者将《耶稣受难》定义为所谓的多瑙河画派的前身，该画派中最为著名的则是阿尔布雷希特·阿尔特多费尔。这幅画可能包含了克拉纳赫早前在波兰的一段经历：近来有学者指出，画面右侧的盛装人物可能是波兰立陶宛联邦的骑士。

VII

上述已经说到，我之所以对《耶稣受难》好奇，是因为它与克拉纳赫在威滕伯格时期的作品有很大的区别，《朱迪斯与霍洛芬斯的首级》（Judith with the Head of Holofernes）才是他作品常见的风格。

《旧约》里的女英雄朱迪斯以自己无双的勇气和智谋成功潜入了霍洛芬斯在伯修利亚（Bethulia）的帐篷，趁其熟睡时取其首级，从而化解了亚述帝

《朱迪斯与霍洛芬斯的首级》,克拉纳赫,约 1530 年,维也纳艺术史博物馆藏

国的军事威胁。克拉纳赫创作这幅作品的时候,他已经为当时的萨克森选帝侯服务了将近20年,威滕伯格的税收记录表明他当时已经是城里最富有的公民。

克拉纳赫笔下的朱迪斯有飘逸的长发、昂贵而时尚的服装配上黄金首饰,再加上她手上那微妙的动作,所有这些女性柔和的特征配合敌人首领的首级和竖立在她右手中的长剑带来的冷酷感,给观众一种视觉上的矛盾和张力。然而,这只是其中一个层面。而在另一方面,克拉纳赫在用色上表现出一种整体感:画家以红色为主色调来描绘《旧约》中这一情节,他通过对不同红色深浅明暗的处理,为我们演绎了这场惊心动魄的殊死较量。抛开主题不谈,克拉纳赫的威滕伯格作品风格总是清晰明朗的,构图自始至终都是二维平面的,画面上历来没有累赘感,而且经过他处理的画面通常也具备一定的装饰效果。

VIII

阿尔布雷希特·阿尔特多费尔在1505年取得了雷根斯堡的公民身份,之后在这里相继拥有了两套市内住宅和自己的葡萄庄园。1526年,他成为雷根斯堡上议院的议员,最终成为官方建筑师。阿尔特多费尔早期的艺术生涯却不为人所知,只知道在1512年前后,他和丢勒都是神圣罗马帝国皇帝马克西米利安一世的御用艺术家。

《基督复活》(*The Resurrection of Christ*)原是祭坛台座上的装饰画板,它在场景的描绘和色彩的运用上充满了戏剧性,基督从黑暗(夜晚的场景)中显现,他的光环此刻充当了冉冉升起的太阳,将昏暗的背景映成红色。画面人物和植被的分布完全符合由老卢卡斯·克拉纳赫开创的多瑙河画派一贯的创作风格,阿尔特多费尔后来也成为该画派最为璀璨的一颗明珠。

《基督复活》，阿尔特多费尔，约 1518 年，
维也纳艺术史博物馆藏

IX

　　1536年1月29日，英国国王亨利八世的第二任王后安妮·博林在汉普顿皇宫流产，四个月之后，这位王后以通奸罪被判处死刑。就在这位王后被斩首之后的第二天，亨利八世就和《简·西摩》（*Jane Seymour*）中的主角简·西摩订了婚。简于1530年进入宫廷，曾经是前两任王后的侍从女官，她也是唯一一位和亨利八世合葬于温莎城堡的王后。简·西摩1537年10月因诞育亨利八世膝下唯一的王子难产薨逝，这也是她能够和亨利八世合葬的主要原因。

《简·西摩》，小荷尔拜因，1536年，维也纳艺术史博物馆藏

　　小汉斯·荷尔拜因（Hans Holbein the Younger，1497—1543）在巴塞尔开始了自己的绘画生涯，1532年，他辗转来到伦敦，并于1536年（即王室国婚后一年）正式成为英国王室的宫廷画师。单色背景的肖像画是宫廷肖像的常规制式，相比较荷尔拜因在其他绘画主题上的技术，他在《简·西摩》上明显采取了二维平面创作法，从而突出了王后这一角色所具备的端庄感。简·西摩佩戴的珍贵珠宝、穿着的华衣、苍白的肌肤以及暴露在光照下的所有细节——画家在创作这幅肖像画时充分借用了意大利绘画中的明暗对比手法（相信他对这种创作手法了如指掌）。然而，荷尔拜因刻意将主人公塑造成一位庄严宝相的王后的初衷还是拉开了肖像画本身与观众的距离。

X

在欧美,如果收藏品中没有意大利文艺复兴的名家名画,很难称得上大型经典艺术博物馆,维也纳艺术史博物馆在这方面毫不逊色。

第一次看到贝利尼的《梳妆的年轻女郎》(*Young Woman at her Toilette*),我看错了前面的指示牌,以为是不知名的画作。可我还是认为它画得好,特意拍了下来,后来陪着儿子来看才发现是贝利尼的画作。我们在威尼斯等意大利北方的博物馆看过不少贝利尼的画,觉得这幅作品还是很有特色的。

《梳妆的年轻女郎》,贝利尼,1515 年,维也纳艺术史博物馆藏

乔凡尼·贝利尼来自绘画世家，他的父亲雅各布·贝利尼、哥哥詹蒂莱·贝利尼和妹夫安德烈·曼特尼亚都是杰出的画家。1483年，贝利尼成为威尼斯共和国的官方画师，和他的学生乔尔乔内以及提香一起开创了威尼斯文艺复兴的鼎盛时期。乔凡尼几乎完全把自己定位成了一名宗教画家，他以神话故事为主题的作品也只有寥寥几幅，他当时拒绝为艺术赞助大户——埃斯特家族的伊莎贝拉（Isabella d'Este）创作神话主题绘画的故事也可以说是家喻户晓。正因为如此，这幅创作于他去世前一年的《梳妆的年轻女郎》才显得如此特别。

裸体的人物居于画面正中央，坐在铺着珍贵毛毯的长椅上，身后墨绿色的墙面上挂着一面圆镜，左侧的窗外是优美的威尼斯风景。通过搭配相似的色彩和柔和的景观，贝利尼将两个场景巧妙地融合在一起，表现出整齐划一的柔和感。年轻女郎的右手拿着另一面镜子，这一方面象征着虚无，另一方面也是"含羞的维纳斯"（Venus Pudica，指西方绘画中裸体女子用手护住私处的经典造型）的一个特点。通过画面上的两面镜子，观者得以从两个不同的角度看到女子的头部。

画面右侧的一张小纸片上是画家的签名，贝利尼在这里借鉴了罗马作家普林尼（Pliny）所记录下来的古希腊大画家阿佩利斯（Apelles）的签名方式，并用拉丁文写下了"Johannes Bellinus, faciebat M.D.X.V"字样，意为"乔凡尼·贝利尼作于1515年"。这也进一步佐证了这幅画的基本思想：美与绘画的创新性。

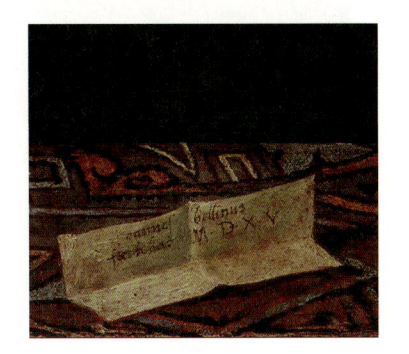

XI

贝利尼的弟子乔尔乔内英年早逝,画作很少,维也纳艺术史博物馆收藏的两幅作品就显得格外引人注目。

威尼斯的艺术收藏家马坎托尼·米西尔(Marcantonio Michel)在记录11幅私人收藏的画作时写道:"以自然景观为背景的《三贤哲》(*Three Philosophers*)油画上的岩石是如此的精致且栩栩如生。"根据米西尔的记录,这幅大型油画1525年的时候属于威尼斯商人塔代奥·康达利尼(Toddeo Contarini)。16世纪末,一个叫奈福的商人兼收藏家得到了《三贤哲》,他

《三贤哲》,乔尔乔内,约 1508—1509 年,维也纳艺术史博物馆藏

逝世后，这幅画于17世纪中叶来到英国，最后被奥地利大公利奥波德·威廉（Archduke Leopold Wilhelm of Austria）购得，收藏于布鲁塞尔博物馆。《三贤哲》的左侧被裁掉了一块，宽约17.5厘米，这压缩了原画上壮观的自然景观，而乔尔乔内画作上固有的稍许不对称也因此为众人所知。

尽管最初认定画中的三个人物是"三贤哲"，但后来人们逐渐提出了一些不同的说法，只是这些说法都无法解释画面上所有的细节：这三人代表了《圣经》中的东方三贤士？还是说他们分别是绘画、哲学和占星术的守护神？

不，他们是三位"最年长的西方贤哲"：毕达哥拉斯和他的两位老师泰利斯和费雷西底。左侧的是毕达哥拉斯，他穿着传统长袍坐在地上，身体构成了一个直角三角形（勾股三角）。人们总是把锡罗斯的费雷西底当成是叙利亚人（而不是土生土长的锡罗斯人），这也解释了他为什么身着东方长袍、头戴当代穆斯林头巾。费雷西底的右边站着身披黄色斗篷的米利都占星师泰利斯，他是第一个准确预测到日蚀的，这也是为什么画面上他手中的石板上刻着"eclisi"（日蚀）的原因。我大学时读罗素的《西方哲学史》，对这位西方哲学的早期开创者之一印象深刻，记得泰利斯有一次抬头观星象，一不小心摔进坑里，被人嘲笑。但他因为懂得星象，知道未来农业收成的变化，因此赚了很大一笔钱。毕竟是30多年前读

的，记不真切了。

这幅画无疑是威尼斯绘画艺术的重中之重，色彩与光线的强度、大幅的弧形表面和模糊的人物轮廓，仿佛传达了某种含义不清的信息，而模棱两可的笔触描绘出一种神秘莫测的情绪与气氛。

XII

"1506年6月1日，文森佐·卡泰纳（Vincenzo Catena）的同僚乔尔乔内在贾科莫先生的鼓动下亲手创作了这幅画。"

这是《年轻女郎》（*Young Woman*）背面翻译自意大利语的铭文，佐证了我们已知的关于乔尔乔内的生平和艺术创作。

这张半身肖像描绘了一位身披毛边红斗篷的年轻女郎，画面上柔和的色彩和达·芬奇首创的晕涂法呈现出来的威尼斯朦胧阴影、加上人物肉体所带来的愉悦感官，打造出了一幅浑然天成的肖像画。白色的薄纱包裹着年轻女子的头发，有一缕落在她柔和的胸前，形成了一个温和的弧形。她的右后方是从黑色背景里伸出来的健壮的月桂树叶。也可能是对肖像人物名字的暗喻，也可能是对诗歌中忠于婚姻或是达芙妮的象征——所有这些解释都说得通。

另一种模棱两可的解释则是将目光聚焦于女郎手的位置及其服装的特点，据说威尼斯富有的妓女的冬装通常就是这种衬着毛边的美丽装饰，这位美丽的女郎是打算披上这件华丽的斗篷还是准备让它自由滑落呢？无论如何，乔尔乔内的《年轻女郎》为后来描绘威尼斯女郎的肖像画开了完美的先河。

《年轻女郎》，乔尔乔内，1506年，维也纳艺术史博物馆藏

XIII

提香与乔尔乔内是好友,都出自贝利尼门下,只是提香很长寿。提香的《雅各伯·斯特拉达像》(*Portrait of Joacob Strada*)的主人公也是一位意大利曼托瓦的画家、建筑师和金匠,可以说是一位少见的艺术专家。不过,他最开始的工作却是和艺术古董打交道,1553年,斯特拉达出版了一份关于他自己的钱币收藏的学术性著作。四年之后,他来到维也纳定居,在这里他先后服务于斐迪南一世、马克西米利安二世和鲁道夫二世三位神圣罗马帝国皇

《雅各伯·斯特拉达像》,提香,约 1567—1568 年,维也纳艺术史博物馆藏

帝。1566年,他被授予"古董界的凯撒"头衔,可能是为了表彰他在古董艺术方面广博的专业知识吧。八年后,他荣获贵族身份。

斯特拉达和提香也曾是商业雇佣关系。

《雅各伯·斯特拉达像》是提香驻留在维也纳时创作的,可以看出提香使用的是其后期创作时惯用的厚涂法,画面上斯特拉达颈间戴着沉重的黄金链子,这是他作为王室一员的象征;背上的毛裘和右侧的剑则彰显了他的财富。桌上是一封信、几枚银币和一块裸体躯干雕塑,斯特拉达本人则手持一尊保存完整的裸体雕塑。关于这尊雕像的身份有很多揣测,有的人说是普拉克西特列斯(Praxiteles)制作的阿弗洛狄忒,也可能是提香用来反映其个人品味或是出于画作主题构图的一项发明。斯特拉达的头上是充当背景的两本书——这也许是他本人的出版物。右边铭文板的设计被广泛认为是巴洛克风格,但近来的一系列学术研究结果并不赞同这个观点。

斯特拉达的姿势在提香的肖像画中很独特,手臂和头部相反的动作给画作带来一种独特的动态感,并给观众适当制造了观赏距离。

提香是否在对如此商业化的这位古董研究者进行委婉的批判?这是至今依然悬而未决的问题。我个人认为,提香自己就是个很会经商的人,他与斯特拉达应该是兴趣相投吧。

XIV

富人约阿基姆的妻子苏珊娜每天都会去一片果树林里沐浴,她丈夫的两位客人得知后,垂涎其美色,"因为贪恋美色而失去理智的两人将目光从天堂移开,也再不记得教义中提到的审判"[1]。一天,这两个人躺着等待苏珊娜

---

[1] Sabine Haag(2014),*Kunsthistorisches Museum Wien: Masterpieces of the Picture Gallery*, Vienna: KHM, p.114.

的到来，她拒绝了与他们同榻而眠的无礼请求。这两人出于报复，合力指控苏珊娜通奸。就在苏珊娜被判死刑时，年轻的丹尼尔分别讯问了这两个指控者，发现两人的口供自相矛盾，从而证实是他们诬陷苏珊娜。后来，苏珊娜被无罪释放，这两个人则被处死。

威尼斯画派的丁托列托在《苏珊娜与长者》（*Susanna and the Elders*）中通过多样化的明暗对比手法，让苏珊娜的美丽牢牢占据了这幅画的前景，她沉浸于自己在镜子中的容貌，并没有意识到那两个人——不同于观众的视角，画作上的这两个人明显是偷窥狂。扭曲的视角、强烈的光景对比和动态的画

《苏珊娜与长者》，丁托列托，1555—1556年，维也纳艺术史博物馆藏

面布局都是风格主义的创作特色，而丁托列托则是威尼斯风格主义的重量级大师，这位意大利画家还别出心裁地淡化了背景故事的教育意义，尽管从天主教会的角度出发，这才是任何一种形式创作的根本所在。画面上动物的象征性恐怕只有懂行的人才能加以解读，但这并没有减弱观众的感官享受：左后方的牡鹿象征着性欲，鸭子代表忠诚，在苏珊娜头上的树枝栖息着的喜鹊则象征了即将到来的恶意诽谤。

XV

除了提香和丁托列托，我们比较熟悉的威尼斯画派的大师是委罗内塞。

1580年代早期，委罗内塞在威尼斯总督府的十人议会大厅的装饰项目中供职。委罗内塞在后期创作中才开始使用深色调，与此同时，他的作品开始多变，人物的描绘也变得感性，比如我们眼前的《朱迪斯与霍洛芬斯的首级》（*Judith with the Head of Holofernes*）。

朱迪斯的故事我们前面已经介绍过，这是艺术家偏爱的题材。委罗内塞描绘了朱迪斯准备将霍洛芬斯的首级交给站在其右侧的仆人的场景，画面中的朱迪斯身穿蓝红相间的衣服，上面装饰有珠宝，但她的举止并没有流露出胜利之后的骄矜，而是略带伤感地接受了自己的这项功绩，轻轻地甚至有些不情愿地抚摸着霍洛芬斯的首级。她甚至不愿看一眼手中的首级，而是将目光转向正目不转睛直视着面前那可怖头颅的仆人。委罗内塞将霍洛芬斯的首级放置在画面上临近观众的地方，进而暗示朱迪斯即将把它从画面中拿走。

这幅画当时可能属于专门描绘著名女英雄的绘画系列"巾帼英雄"。

《朱迪斯与霍洛芬斯的首级》，委罗内塞，约 1582 年，维也纳艺术史博物馆藏

XVI

  在琳琅满目的维也纳艺术史博物馆里，很容易忽略一些名画，我走着走着，差点忽略了拉斐尔的名画《草地上的圣母》（*Madonna in the Meadow*）。1504 年，年轻的拉斐尔从佩鲁贾来到佛罗伦萨，这里曾经是达·芬奇和米开朗基罗的艺术创作中心。在达·芬奇作品的启发下，这位新晋画家创作了一系列圣母玛利亚的画像。在佛罗伦萨，圣母肖像的功能有了巨大的改变：它

《草地上的圣母》,拉斐尔,1505—1506年,维也纳艺术史博物馆藏

不再是供人顶礼膜拜的宗教画，而是体现画家们艺术造诣的绘画精品。拉斐尔将这幅《草地上的圣母》送给他在佛罗伦萨的赞助人塔代奥·塔蒂（Taddeo Taddi），1662年，蒂罗尔大公斐迪南·卡尔在佛罗伦萨收购了它。

圣母玛利亚坐在地面的高处，她用手扶着婴儿耶稣，目光凝视着同样还是孩子的施洗约翰。13世纪末的托斯卡纳基督教文学中提到了这两个孩子的邂逅，象征着施洗约翰与热情的十字架在这里充当了孩子们手中的玩具，圣母身后的罂粟同样象征着热情。

《草地上的圣母》应该是拉斐尔创作的圣母主题画作系列中较为早期的作品。在构图上，拉斐尔遵从严格的几何构图原理，人物所处的位置正好构成了一个等边三角形。不过，这样的构图原则虽然显得过于僵硬死板，但画面上那一派祥和的场景通过画家的妙笔生花，反而显得栩栩如生。画面背景的自然景观和人物设置组成了一个整体，遵循了文艺复兴全盛时期艺术创作那近乎完美的平衡与和谐感。

很有意思的是，博物馆内《草地上的圣母》旁边也有一幅以"圣母子与小约翰"为主题的作品，但我们可以立判高下——前者三人的眼神有互动和交流，后者几人的眼神左顾右盼，无法构成生动的整体。

XVII

我一直对与自己出生地同名的意大利画家科雷乔很感兴趣，在德累斯顿历代大师绘画馆看过他的两幅作品，在维也纳艺术史博物馆又再次与大师相遇。

《朱庇特和艾奥》（*Jupiter and Io*）。当艾奥从朱庇特那里逃出来，这位众神之王从明亮的天空中召来了乌云，一方面防止他心仪的女子逃跑；另一

《朱庇特和艾奥》，科雷乔，约 1530 年，维也纳艺术史博物馆藏

方面是想在乌云遮蔽的昏暗环境里同艾奥欢好而不被他那充满嫉妒心和报复心的妻子朱诺发现。

狭窄而垂直的构图，科雷乔着重刻画了艾奥那精致曼妙的裸背，围绕着这一裸背的是温暖而湿润的背景。画家用优雅的笔触描绘了这场神与凡人之间的欢爱景象：朱庇特的脸从灰色的浓雾中若隐若现，他正试图亲吻艾奥，用手轻轻搂着她的腰；而这位所谓的受害者似乎已沦陷在如此强势的爱欲之中而放弃了逃跑。

科雷乔塑造自然神话与古典人物的技艺以及对高尚情感的表达能力，使得他后来的作品成为了巴洛克艺术创作的先驱。

除了《朱庇特和艾奥》外，科雷乔的另外三幅名作——《绑架伽倪墨得斯》（Ganymede Abducted by the Eagle）、《勒达与天鹅》（Leda and the Swan）以及《达那厄》（Danaë）都是受曼托瓦公爵费雷德里科二世·贡扎加（Federico II Gonzaga，Duke of Mantua）的委托而创作的。这位公爵将其中两幅（现存于维也纳）作为国礼献给了神圣罗马帝国皇帝查理五世。公爵这么做的理由并不难解释：关于神话和历史故事里强奸和掠夺场景的描绘，对政治可以起到借古喻今的重要作用，这也是对绝对军权的隐喻，当然是良性的隐喻。

XVIII

特洛伊的创立者特罗斯有一个儿子名叫伽倪墨得斯，这幅《绑架伽倪墨得斯》其实是一个关于同性恋的传说，荷马在爱奥尼亚的诗歌中第一次明确指出伽倪墨得斯这位如花似玉的美少年就是宙斯的情人。按照荷马的说法，宙斯把自己变成一只老鹰，绑架了他心仪的对象，并任命伽倪墨得斯为奥林匹斯山上为众神侍酒的酒童。这位英俊的少年因此被赐予不朽的生命，最后

《绑架伽倪墨得斯》,科雷乔,约 1530 年,维也纳艺术史博物馆藏

成为了黄道十二宫中的水瓶座。

对于艺术家而言,描绘这样的传说是一次非常特殊的挑战。旁的不说,如何在画面上勾勒出一只抓着少年飞向高空的老鹰就充满了难度。科雷乔选择了狭窄而垂直的构图,正如它的姊妹作《朱庇特和艾奥》那样,他决定让画面从视觉上呈现垂直的特征。

底部的牧羊犬惊讶地望向天空,直到看见伽倪墨得斯的头部,画面中的少年一双眼睛看向观众,此时此刻的老鹰仿佛停止了动作,它的舌头高兴地舔着未来爱人的手臂。

从视觉上看,科雷乔借助旁边不同的元素对老鹰与伽倪墨得斯进行支撑:老鹰的翅膀被有意识地裁剪了一部分,画面左边的树从底部撑着伽倪墨得斯,少年精致曼妙的双腿看起来也像安置在背景中那一连串的丘陵地带上。伽倪墨得斯的衣袍在风的吹拂下肆意飘扬,打破了画面上的静态平衡,从而进一步加强了这一鹰、人组合正在向上腾飞的印象。

XIX

从1578年开始,神圣罗马帝国皇帝鲁道夫二世为了得到下面这幅当时为西班牙国王所收藏的画作无所不用其极。到了1605年,在皇室经纪人汉斯的帮助下,鲁道夫二世终于获得了令他魂牵梦绕了好几年的《制弓的爱神》(*Cupid Making his Bow*)。

这幅1534—1535年前后创作于帕尔马的作品是北意大利风格主义作品中的典范,其作者帕尔米贾尼诺就是将这一风格发扬光大的重要人物。《制弓的爱神》已知的就有50件仿作,可想而知它的受欢迎程度可见一斑。

这幅画完全符合当代审美趣味,画面上的爱神不再是个小孩子,而是一

《制弓的爱神》，帕尔米贾尼诺，约 1534—1535 年，维也纳艺术史博物馆藏

个正处于青春期的少年。他背朝观众,爱之使者的身躯几乎填满了整个画面,他回头看向观众的眼神仿佛箭一般穿透了红尘,就好像爱神在画作里诱惑着画外的我们。他正在制作的用来传播喜悦和痛苦的武器此刻正不经意地立在两本书的上面,构成了某种胜利者的姿态。两个小丘比特正在他的身后摔跤,有说法认为,他们之间的争斗此刻还没分出胜负。

帕尔米贾尼诺非常成功地向我们展示了画面的不同侧面:爱神的头发被处理成人为打理过的卷发,一双翅膀看起来和他的身体浑然天成,最后是三个人物的皮肤,他们的肤色显然主导了这幅画的色彩。帕尔米贾尼诺37岁就英年早逝,这幅《制弓的爱神》是他后期的作品,画面上光滑的身躯和精致的细节处理是这幅画作最为与众不同的地方。

XX

《凸镜里的自画像》(*Self-portrait in a Convex Mirror*)是帕尔米贾尼诺21岁时的名作,"它仿效凸镜的镜面,大胆采用圆弧形的画板,画出映在凸镜上变形的自我影像,而成为矫饰主义的经典代表作品"[①],矫饰主义有时也被称为风格主义。

凸镜曾被达·芬奇比作流动的水,透过流动的水面所看到的物体是变形的。15世纪的尼德兰画家凡·艾克的《阿尔诺菲尼夫妇像》中首次出现了凸镜,到了帕尔米贾尼诺,开始将凸镜作为主题,真切地描绘自己变形的面容,"画中年轻的帕尔米贾尼诺颜面光滑、表情轻松,却带着一种难以捉摸的神情,由于凸镜的作用,脸庞鼓成近于几何的形状——鼻子和嘴巴因位于凸镜中央隆起的地方,显得特别肿胀。帕尔米贾尼诺故意将右手伸到胸前逼近镜面,

---

① 赖瑞莹:《世界名画家全集:帕米贾尼诺》,(中国台湾)艺术家出版社2012年版,第53页。

因此这只手的比例显得格外巨大且拉扯变形,成为主控构图的权威性手语。室内背景顺着凸镜的弧形边缘滑动,加上凸镜下端巨手顺着镜面的弧度快速膨胀和收缩,使得此画呈现出令人目眩的动感。这个噱头十足的特写镜头是帕尔米贾尼诺透过他敏锐的眼睛观察所得的结果。从表面上看,这是一幅强调变形的画作,其实它代表的是这个时代的思辨思想"[①]。

《凸镜里的自画像》,帕尔米贾尼诺,1524年,维也纳艺术史博物馆藏

1639年,有评论家叹道:"这简直是匪夷所思,是双重意涵、互相矛盾、无法理解的玄思,是隐喻、机智的诡辩法。"[②]

1524年,帕尔米贾尼诺带着刚完成的《凸镜里的自画像》等作品来到罗马,立刻引起轰动。因为1520年拉斐尔刚去世,所以他也被誉为"新拉斐尔"。

XXI

朱塞佩·阿尔钦博托(Giuseppe Arcimboldo,1526—1593年)也是风格

[①] 赖瑞鎣:《世界名画家全集:帕米贾尼诺》,(中国台湾)艺术家出版社2012年版,第53—60页。
[②] 赖瑞鎣:《世界名画家全集:帕米贾尼诺》,(中国台湾)艺术家出版社2012年版,第60页。

主义的代表人物，他1526年出生于意大利米兰的一个绘画家庭，子承父业，在米兰大教堂从事玻璃彩绘工作。

当时，神圣罗马帝国皇帝查理五世的弟弟斐迪南一世统治着奥地利，很欣赏阿尔钦博托的才华，聘任36岁的他担任宫廷画家。阿尔钦博托后来先后服务于马克西米利安二世与鲁道夫二世两任皇帝，维也纳艺术史博物馆收藏了画家多幅皇室与贵族的肖像画。

阿尔钦博托最著名的是"复合头像"，混淆了静物画与肖像画的界限，让人看了有时莞尔，有时不舒服。今天，人们认为他是超现实主义绘画的先驱。

阿尔钦博托的代表作是"四季"和"四元素"系列。"四季"系列中的《夏》（Summer）与《冬》（Winter）收藏于维也纳艺术史博物馆。《夏》是该系列唯一落款的作品，阿尔钦博托在画像的衣领上标示出自己的名字，肩上写着"1563"。这幅《夏》"身穿麦梗和麦穗编成的衣服，胸前插着一枝西洋蓟，面朝右方，头部由夏天的瓜果和谷类组成，饱满的蔬果和鲜明的色彩散发出旺盛的生命力，灿烂的笑容显示出野人献曝的喜悦心情"[①]。

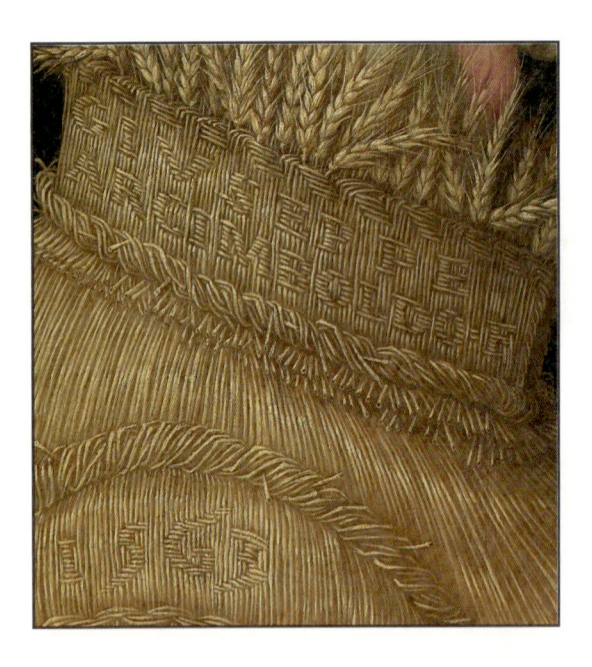

[①] 赖瑞鏧：《世界名画家全集：阿钦伯铎》，（中国台湾）艺术家出版社2015年版，第51页。

《夏》，阿尔钦博托，1563 年，维也纳艺术史博物馆藏

《冬》，阿尔钦博托，约 1563 年，维也纳艺术史博物馆藏

《夏》中的玉米是哥伦布从美洲带回西班牙的，1525年开始种植，对于欧洲人来说，是很稀罕的。

《夏》热力四射，到了《冬》就显得灰暗恐怖。《冬》"是个面朝右方的老人，他的头部和脖子由一根长满树瘤、斑驳脱皮的枯干构成，再加上头部的色彩暗淡，更衬托出老人形容枯槁的样子。老人的耳朵和鼻子皆利用枯干的断裂粗枝形构出来，苔藓聚成胡渣，盘根错节的树枝代表散乱稀疏的头发，后脑勺盘绕着常春藤，更凸显出老人的秃头。老人病态浮肿的双唇是由两片菌菇组成，老眼昏花的样子和嶙峋百结的喉咙则是枯干腐朽的裂缝造成的……由老人的胸前，也就是枯干下端，取出一根细枝，枝头吊挂着两颗柠檬。用麦杆编成的披风上，显示着一个大'M'形，在此可能暗喻这位老叟的身份是马克西米利安二世"[1]。

"四季"中的《春》是个少女，《夏》是妇人，《秋》是壮男（推测），《冬》是老人，象征着人生的四个阶段。

XXII

阿尔钦博托在1563年创作了"四季"，三年后又完成了"四元素"[《水》（Water）、《火》（Fire）、《空气》（Air）和《土》（Earth）]，其中的《水》和《火》收藏在维也纳艺术史博物馆。

面朝左方的《水》由"六十多种水生动物组成，这个头像集合了各海域和淡水河的鱼虾、贝类、甲壳类、蛙类、海豹、海象，还有珊瑚、珍珠等，充分地显示了此时维也纳宫廷对于世界海洋生物领域的广博知识。构图中每个单元都非常精确清晰地呈现，让人一眼便能辨识出种属和名称，这幅作品

---

[1] 赖瑞蓥：《世界名画家全集：阿钦伯铎》，（中国台湾）艺术家出版社2015年版，第52—54页。

《水》，阿尔钦博托，1566年，维也纳艺术史博物馆藏

《火》，阿尔钦博托，1566 年，维也纳艺术史博物馆藏

犹如一张海洋生物全览图，也好像是皇家收藏的海洋生物图录。从头顶上的小皇冠和珊瑚头饰以及珍珠项链和耳环，可以看出这幅《水》的头像是位华贵的皇室女性，通过这幅《水》，阿尔钦博托不仅表现出大航海时代、欧洲贵族对远洋奇珍的嗜好，也彰显了哈布斯堡王朝幅员辽阔、物产丰富的一面"①。

有别于《水》《空气》和《土》三幅以自然界生物为元素的构图，《火》的构图要素是与火有所关联的人造器物。

"《火》的脸颊由一整块打火石张贴而成，额头是一捆卷起来的火药引线，下巴则利用油灯的灯盘衬托出来，还顺便形塑出嘴巴，上面用一小束点火棒装点成小胡子，油灯点燃的小火焰正好形成舌头，画家以一节白色小蜡烛点出此头像的眼睛，火药引线的线头正好划过上方形成眉毛，鼻子和耳朵都用金属构件框出来。脖子是由一盏精美的油灯和一根大蜡烛组成，头上堆满了薪柴，燃烧薪柴和点燃蜡烛造成的熊熊烈火变成画中人物的头发。衣服则是用大炮和枪械组成，上面还佩戴着一条镶宝石的大项链，项链的坠子是黄金打造的金羊毛勋章，旁边陪衬着哈布斯堡皇室双头鹰徽章。这幅《火》的复合头像在构图安排上相当有规律，脖颈以上的构图元素都和产生火源的工具与材料有关，胸部则展示着当下的新型精锐武器，使得整个头像看起来好像是身穿甲胄的将领一样……从头像胸前配戴的金羊毛勋章和双头鹰可以辨认出，这幅《火》象征的是哈布斯堡家族出身的皇帝"②。

---

① 赖瑞鋆：《世界名画家全集：阿钦伯铎》，（中国台湾）艺术家出版社2015年版，第64—66页。
② 赖瑞鋆：《世界名画家全集：阿钦伯铎》，（中国台湾）艺术家出版社2015年版，第72页。

《四季》,阿尔钦博托,1590年,华盛顿国家美术馆藏

Das vollendete Museum

第十一章

维也纳艺术史博物馆
（四）

正如去美景宫不能不看克里姆特，在维也纳艺术史博物馆不能错过的其中一项内容就是老彼得·勃鲁盖尔的作品。除了上一章提到的威尼斯绘画与德国文艺复兴画作，维也纳艺术史博物馆的另一大特色就是这位"尼德兰农民画家"那幽默诙谐的笔触。

I

维也纳艺术史博物馆是世界上收藏老彼得·勃鲁盖尔作品最多的地方,专辟一室。我向来喜欢这位尼德兰画家,特意在里面多看看。

我最先见到《巴别塔》(*The Tower of Babel*)是在 1986 年,有位复旦的年轻教师邀我一起研究《技术哲学》,书的封面就是它。那时我刚上大学,很少接触西方的艺术史,但对画面的印象极深。后来才知道画中的典故出自《创世纪》(11:1–9)。

那时,天下人的口音言语都是一样的,他们往东迁移的时候,在示拿地遇见一片平原,就住在那里。他们彼此商量说:"来吧,我们要做砖,把砖烧透了。"他们就拿砖当石头,又拿石漆当灰泥。他们说:"来吧,我们要建造

《巴别塔》,老彼得·勃鲁盖尔,1563 年,维也纳艺术史博物馆藏

一座城和一座塔，塔顶通天，为要传扬我们的名，免得我们分散在全地上。"耶和华降临，要看看世人所建造的城和塔。耶和华说："看哪，他们成为一样的人民，都是一样的言语，如今既作起这事来，以后他们所要作的事就没有不成就的了。我们下去，在那里变乱他们的口音，使他们的言语彼此不通。"于是，耶和华使他们从那里分散在各地，他们就停工不造那城了。因为耶和华在那里变乱天下人的言语，使众人分散在各地，所以那城名叫巴别（就是'变乱'的意思）。

而在勃鲁盖尔的那个时代，语言上的分歧也是当时教会分裂的原因之一。

画中的巴别塔酷似罗马的竞技场，画家也确实沿用了自己拜访罗马时所见的手稿。此画场景开阔，巴别塔建造在一片广阔的田野上。站在山丘上的尼姆罗德王正在指挥人们建造，塔有七层，已经高耸入云。

勃鲁盖尔是细节大师，他在画中详细描述了建造用的种种工程机械和材料，这里就不一一点出了。

II

《农夫的婚礼》（*The Peasant Wedding*）是我当年见到的第二幅勃鲁盖尔的画，之所以这么确定，是因为它太好玩了，给我留下的印象非常深刻。

场景是在谷仓里，长桌的摆放与《最后的晚餐》之类的传统风俗很相似。新娘身后有一块挂着纸皇冠的绿布，她表情迷茫，甚至有些愚钝，这在其他描绘新娘的作品中很少出现。她不能吃任何东西，未来丈夫也没有出现，这都遵循了当时的风俗。后者是因为新娘在搬进她未来丈夫的居所前，需要在她父母的住处庆祝。

《农夫的婚礼》，老彼得·勃鲁盖尔，1569 年，维也纳艺术史博物馆藏

《农夫的舞会》，老彼得·勃鲁盖尔，约 1567 年，维也纳艺术史博物馆藏

当时让我觉得有趣的，是那个戴着亮红色大帽子，快乐地舔着手的小孩。

从《农夫的舞会》（*The Peasant Dance*）的尺寸和内容看，可能是与《农夫的婚礼》配套的作品。我们首先看见一位头上插着调羹、面相粗鲁的男人拉着同样笨拙的女人从右边冲入画面，已经有两对农夫在疯狂地跳着舞。左面前景中腮帮子鼓鼓的是正在吹风笛的男子，他正受到乞丐的打扰。他们后面的一对男女在亲吻，附近的场景却是一个男人将女子拉出门外。

Ⅲ

《雪中猎人》（*The Hunters in the Snow*）可能是西方历史上最有名的雪景画，有时甚至出现在论述气候变迁的专业书籍的封面上，它黑白分明，以绿色掌控画面，虽然天寒地冻，却显得生机勃勃。以雪为主题的作品大多是白雪皑皑或者雪花飞舞，勃鲁盖尔却找到了如此多的生命细节，让人惊叹。

《雪中猎人》，老彼得·勃鲁盖尔，1565 年，维也纳艺术史博物馆藏

《阴郁的一天》,老彼得·勃鲁盖尔,1565 年,维也纳艺术史博物馆藏

我在《从布拉格到布达佩斯》中介绍布拉格城堡时已经提到过勃鲁盖尔的《牧草》,有人认为《雪中猎人》是《牧草》等"四季轮回"系列作品的前奏,当然也可以看作是终曲。同样收藏在维也纳艺术史博物馆内的《阴郁的一天》和《牧归》也属于这个系列。

《阴郁的一天》(The Gloomy Day)也被称作《阴天》或《早春》,端赖我们如何解读这幅画的内容。

如果我们看到的是黑色加重了暴风雨来临前的氛围,那就是《阴郁的一天》。如果我们看到前景中有一个农夫在砍伐柳树,同伴将之捆成束,这往往是当地人二月的工作,那这就是《早春》。无论如何,这都是个危险的季节,背景中有一条船搁浅在岸边,船上的旅人正在接受营救。

《牧归》，老彼得·勃鲁盖尔，1565 年，维也纳艺术史博物馆藏

《牧归》（*The Return of the Herd*）从季节上看，是明显的秋天，乍一看，蛮有宋代绘画的风格特点，可后面斑斓的秋色与壮阔的暴风雨前的蓝黑色乌云都是勃鲁盖尔自己的创作传统。

Ⅳ

《扫罗的自杀》（*The Suicide of Saul*）和《保罗的皈依》（*Conversion of Paul*）都属于圣经故事题材，但勃鲁盖尔处理得别出心裁，扫罗是大卫之前的以色列领导人，因骄傲自大被上帝遗弃，他后来与外敌作战中兵败自杀。这是一个不太好表现的主题。画家描绘的宏大激烈的战争画面让我们想起在慕尼黑老绘画馆所见的阿尔特多费尔的《亚历山大之战》，凭心而论，它要比

《扫罗的自杀》，老彼得·勃鲁盖尔，1562年，维也纳艺术史博物馆藏

《保罗的皈依》，老彼得·勃鲁盖尔，1567年，维也纳艺术史博物馆藏

慕尼黑的那幅名画逊色许多，属于早期作品（见《飞越柏林慕尼黑》）。

另一幅《保罗的皈依》是较为常见的题材。保罗原先热衷于迫害基督徒，但在去大马士革的路上被耶稣的强光降服，后来成为把基督教从犹太人拓展到外邦人最重要的使徒。我们可以在画面中心看到保罗从马上摔下来的场景，但整个作品更多的是描绘人们在攀爬高峰的景象，勃鲁盖尔应该是将他征服阿尔卑斯山的体验诉诸笔下吧。

《通往耶稣受难的队伍》（*The Procession to Calvary*）的场面中有500多人，类似的传统绘画有不少，勃鲁盖尔在这里显示的是有条不紊的功力，表现出自己不输于前辈大师的造诣。

《通往耶稣受难的队伍》，老彼得·勃鲁盖尔，1564年，维也纳艺术史博物馆藏

V

《狂欢节对四旬斋》(*The Fight Between Carnival and Lent*)、《儿童游戏》(*Children's Games*)与我们在柏林画廊欣赏的《尼德兰谚语》有可能是一组画作(见《飞越柏林慕尼黑》)。

在第一幅画的前景中,"狂欢节"和"四旬斋"装扮成骑士,互相战斗。左侧象征狂欢节的胖男人骑在酒桶上,挥舞长矛(烤肉棒),后面跟着一群恶棍,戴着面具,弹奏着乐曲,有的人头顶着放有丰盛食物的圆形台面。"四旬斋"则是个瘦高个,伸向对手的船桨上有两条青鱼,他头顶蜂窝,代表复活节前的传统食物——蜂蜜,由前方的修女与僧侣拖拽着,后面跟着老弱病残之辈。据说,两大阵营分别代表天主教和路德教。

《狂欢节对四旬斋》,老彼得·勃鲁盖尔,1559 年,维也纳艺术史博物馆藏

不过，后面大部分人的活动与战斗无关，大家还是该干嘛就干嘛。

《儿童游戏》中的人物超过 230 位，在进行 75 种游戏，不少游戏是我们儿时玩过或者听过的，如五子棋、吹肥皂泡、抢帽子、驯鸟、水枪、骑竹马、滚铁环、掷飞刀、捉迷藏、手倒立、踩高跷、抓昆虫、单杠上的体操、沙坑、游泳、爬树、抽陀螺、抢椅子、爬墙、摔跤等。

比较特别的是画面中有不少小大人，有种解释是，童年是近代的产物，游戏的内容也跨越了年龄层次。无论如何，这样描绘游戏世界的绘画举世无双。

博物馆内的第 12 幅老彼得·勃鲁盖尔的作品是《农夫与掏鸟窝者》（*The Peasant and the Nest Robber*），画面看似简单，但不好解释。据说，它由荷兰谚语（"知道鸟窝在哪里的人，拥有的是知识；去掠夺的人，拥有的是鸟

《儿童游戏》，老彼得·勃鲁盖尔，1560 年，维也纳艺术史博物馆藏

《农夫与掏鸟窝者》，老彼得·勃鲁盖尔，1568年，维也纳艺术史博物馆藏

窝"）引伸而来，后面的男孩在掏鸟窝，但他的帽子已经掉下来，很危险。前景中魁梧的农夫指着孩子，不以为然。可是，他又好到哪里去？他的钱包即将掉进小溪中。

当然，我们也可以借用耶稣的一句名言——为何看到兄弟眼中有尘埃，却不见自己眼中有梁刺——来解释画面的寓意。

Ⅵ

1600年，老彼得·勃鲁盖尔的儿子老扬·勃鲁盖尔创作了《木盆里的鲜花》（Flowers in a Wooden Vessle）这幅现存于世的最早的静物画，它刚好呼应了当时米兰大主教费德里科·波罗梅欧（Federico Borromeo）的一段表述："冬季来临时，万物皆被冰冻，而我却悠然自得地欣赏着美丽的花朵，若这花朵不是来自于我的想象，也非真实存在，那么一定是来自绘画这一化腐朽为神奇的人为艺术。"[1] 这位大主教一直是驻留在意大利的老扬·勃鲁盖尔的赞助人。

《木盆里的鲜花》是为西属尼德兰的摄政大公阿尔布雷希特七世（Albert Ⅶ, Archduke of Austria）创作的，它因此成了欧洲艺术史上最为著名的花卉静物画之一。宽阔的画面规制、完美的绘画技法以及非常成功的构图，这三点共同造就了这幅极具特色的艺术收藏品。花卉静物画上通常都会加入一些象征世俗的元素：比如枯萎的花朵和因昆虫蚕食而受损的花朵。这幅画的创作者显然无视这一成规，他为我们描绘的花卉都是来自不同时令的，他肆无忌惮地将其组合在一起，共同绽放，这种百花齐放的胜景只有在四季皆春的天堂里才看得见。

1608年，老扬·勃鲁盖尔在一封寄往米兰的信件中写道："在家里摆放这些花的成本实在太高了，所以我在布鲁塞尔参照真实的花卉绘制了一些。"他所创造的传奇在于这些静物画不仅仅是以真实的植被为创作基础，还着意添加了户外写生的部分，这一点在当时的油画技法上是不允许的。不仅如此，老扬·勃鲁盖尔在万物复苏的时候在原来创作的基础上对一些植物花卉进行了再创作，这也解释了为什么他笔下的花卉植物总能保持现代艺术理论对于花卉静物画所要求的艺术化的自然写实。

---

[1] Edited by Sabine Haag: *Kunsthistorisches Museum Wien: Masterpieces of the Picture Gallery*, KHM, 2014, P.144.

《木盆里的鲜花》，老扬·勃鲁盖尔，1606—1607 年，维也纳艺术史博物馆藏

VII

下面欣赏几幅虽非出自名家之手,但却很不错的作品。

在葡萄牙接受了绘画训练的阿朗索·桑切斯·柯埃略(Alonso Sánchez Coello,1531—1588年)1550年搬到了安特卫普,他在这里师从安东尼·摩尔(Anthonis Mor,1517—1577年)学习绘画。这位老师自1554年起受聘于西班牙国王腓力二世,是一位非常有建树的宫廷肖像画大师。1559年,柯埃略跟随他的老师来到马德里,并在1560年后确立了自己在艺术界的地位。

《年轻的唐·卡洛斯王储》(*Infant Don Carlos*)是柯埃略受神圣罗马帝国皇帝马克西米利安二世的委托而创作的,于1564年完成。唐·卡洛斯是国王腓力二世和他第一任妻子(同时也是表妹)——葡萄牙公主玛丽亚·曼努埃拉(Maria Manuela,Princess of Portugal)唯一的子嗣。因为马克西米利安二世的女儿安娜已经和唐·卡洛斯缔结了婚约(即前面介绍美泉宫时提到过的安娜),所以这件肖像作品很快就被送到了维也纳宫廷。

不过,这位所谓的新郎却是心理和生理上的双重残疾,驼背和长短不一的

《年轻的唐·卡洛斯王储》,柯埃略,1564年,维也纳艺术史博物馆藏

双腿限制了他的行动，也导致他通过暴力来发泄自己的愤怒。1562年的一次意外跌倒更使得唐·卡洛斯的头部受到了创伤，他的身体状况到了那年秋天更是越来越糟。1568年，唐的父亲下令逮捕他，自此，这位王子开始绝食，他的病情也因此愈加恶化，四个月后，唐·卡洛斯去世。之后，国王的敌对势力四处传播流言说国王亲手毒死了这位目中无人的儿子，但始终没有证据证实。

  画家巧妙地在画作上掩饰了这位新郎的生理缺陷，他创作了一幅标准姿势的全身肖像，画作上的唐·卡洛斯身体微微侧向一方，这个姿势平衡了他长短不一的双腿，背部弯曲的缺陷也很好地隐藏于黑色披肩之下。肖像画上冷酷的色调和毫无光泽的画面质感，巧妙地将观众与画作内容隔开了一段距离。

VIII

  尼德兰画家斯普兰格（Bartholomeus Spranger，1546—1611年）是神圣罗马帝国皇帝鲁道夫二世统治时期主要的宫廷绘画艺术家。在1580年前往布拉格之前，斯普兰格曾花费十年时间（1565—1575年）在米兰、帕尔马和罗马三地辗转游历。《赫拉克勒斯、得伊阿尼拉和半人马涅索斯》（Hercules, Deianira and the Centaur Nessus）是画家的第一幅宫廷绘画，也很有可能是他创作的神话系列绘画之一。

  斯普兰格在设置人物的时候有意减少了戏剧化的动作和冲突感，甚至连背景都采用模糊而无色调的处理方式，强有力的人物造型和其扭曲的姿势反映了詹波隆那和阿德里安·德弗里斯（Adrian de Vries，1556—1626年）的雕塑作品给画家带来的启发。

  在回家的路上，赫拉克勒斯和得伊阿尼拉来到正在发洪水的欧厄诺斯河（Euenos），半人马涅索斯答应帮助这对新婚夫妇过河。身为大力神的赫拉

《赫拉克勒斯、得伊阿尼拉和半人马涅索斯》,斯普兰格,
1580—1582 年,维也纳艺术史博物馆藏

克勒斯轻而易举地控制了水流，此时只要半人马涅索斯将柔弱的得伊阿尼拉送往彼岸即可。大力神一开始并没意识到涅索斯的本意是想绑架和勾引自己的新婚妻子，等他意识到的时候已经迟了，此时拯救妻子的唯一途径就是射杀这个叛徒。

画面左下角用极短的篇幅勾勒了被射杀的半人马涅索斯奄奄一息的样子，这也为他即将展开的致命复仇奠定了基础：他告诉得伊阿尼拉自己的血承载了爱的力量，如果有必要，她可以用一块布浸在血水中（即画面上夫妇之间的那块红布，同样也预示了赫拉克勒斯的命运），然后用这块布缝制成束腰外衣，作为送给大力神的礼物。

几年之后，得伊阿尼拉按照半人马涅索斯的话，用这块浸了血水的布给大力神赫拉克勒斯缝制了衣服，但实际情况却和涅索斯所说的完全相反，原来血水并没有承载爱的力量，反而浸满了毒药，剧毒附着在赫拉克勒斯的身体上开始燃烧，痛苦不堪的大力神选择自杀，他将自己架上柴堆，得伊阿尼拉也跟着殉了情。这幅画作的暗示相当明显：爱神出现在画面左上角，他极具讽刺意味的眼神看起来似乎应该为这对爱侣所承受的悲伤负有不可推卸的责任。

IX

汉斯·冯·亚琛（Hans von Aachen，1552—1615年）出生于科隆，受训于一位尼德兰绘画大师，是除了斯普兰格之外布拉格皇宫最重要的一位画师，和他的对手一样，亚琛也在意大利驻留了很长时间（约1574年到1587/1588年间，他先后游历过威尼斯、罗马和佛罗伦萨）。他的技法融合了尼德兰画派的表面处理法和风格主义惯用的绘画比例和人物姿态，后者可以追溯到帕

《巴库斯、克瑞斯和爱神》,亚琛,约 1600 年,维也纳艺术史博物馆藏

尔米贾尼诺的创作。因此，这两位画家都被视作欧洲风格主义最后的代表。在《巴库斯、克瑞斯和爱神》（Bacchus, Ceres and Amor）中，我们可以明显看到由鲁道夫二世亲自提倡的宫廷绘画元素。

克瑞斯是罗马神话中执掌农耕生产的女神，她的背影和回眸主导了画面的前景，她细长的四肢、头部和躯干相反的姿势是风格主义的特征之一。酒神巴库斯从后方靠近克瑞斯，他温柔地抚摸着她，怀着愉悦的期待注视着她，她的目光却锁定在背后的观者身上。位于两人左下方的是拿着一篮子水果和时蔬的小男孩，尽管画家并没有明确指出这个小男孩就是爱神，但一段引自古罗马剧作家特伦斯的解读却很好地暗示了这一身份：失去谷神和酒神的陪伴，维纳斯感觉到冰冷，引申开来就是"没有美酒佳肴相伴，浓烈的爱意也会逐渐冷却"。这段解读也成为理解这幅极具象征意义的画作关键所在，根据传统，维纳斯通常是用火来温暖自己的双手，但这幅画却缺失了这一部分。画面左上角的那一抹亮光很有可能就是象征着用来取暖的火。

X

到目前为止，没有人能了解卡拉瓦乔的《玫瑰圣母》（Madonna of the Rosary）的历史背景，关于这幅画的文献资料或是缺失或是记载内容众说纷纭，莫衷一是。《玫瑰圣母》画面左侧那抓着圣多明我肘部寻求保护的人究竟是谁，我们已无从知晓。根据最新的研究，这幅画是1601—1605年在那不勒斯绘制的，而不是人们通常认为的罗马。第一份关于《玫瑰圣母》的文字记载出现在1607年，当时这幅画正在那不勒斯出售，买家是两个荷兰的艺术品经销商，他们在1617年之前将这幅画带回阿姆斯特丹。1618—1619年，来自安特卫普的某个艺术协会在阿姆斯特丹收购了它，当时鲁本斯和老扬·勃

《玫瑰圣母》，卡拉瓦乔，1601—1605 年，维也纳艺术史博物馆藏

鲁盖尔也隶属其中。这幅画从此便被安置在安特卫普的多明我会教堂。1781年，神圣罗马帝国皇帝约瑟夫二世收购了这幅画。

1571年，天主教联军在勒班陀海战（Battle of lepanto）中击败了土耳其舰队，两年后的1573年，教皇格里高利十三世制定了玫瑰圣母纪念日（每年10月7日），并且委托圣多明我会全权负责纪念的宗教典仪。

画面上，头部有伤痕的维罗纳殉道者圣彼得在这里充当的是神圣的媒介，向信众示意面前站着的圣母子。另一方面，圣母的目光看向另一边的圣多明我，似乎在向他下达命令，而圣多明我也十分虔诚敬服地看向圣母，手中正在向跪下的信徒分发念珠。

圣母在这幅画中所扮演的角色只是陪衬，不论是从内容还是构图上看，真正的焦点还是在于圣子耶稣。在卡拉瓦乔的大部分作品之中，通过强烈的明暗对比手法将画中人物以一种写实而非理想化的姿态切实地表现了出来。就《玫瑰圣母》而言，卡拉瓦乔将人们的欲求之物念珠安排在略微抽象的阴影中，对比之下，人们伸出的手则处于强光之下，从而突出了画作的主题。

XI

直到最近这些年来，人们才终于搞清楚《荆棘王冠》（The Crowning with Thorns）这幅由卡拉瓦乔创作、被罗马帝国大使收藏于1810年的作品的来历。它出自于1600年前后的罗马巴洛克艺术品收藏家朱斯蒂尼亚尼，这位收藏家曾拥有15幅卡拉瓦乔的作品，《荆棘王冠》是他的门顶装饰画，由于尺寸上的限制，这幅画稍有裁切。

卡拉瓦乔对古代雕塑有着浓厚的兴趣，这得益于1606年前他在罗马的见闻。画中基督那弯曲的姿势也由此而来：以1530年前后在梵蒂冈博物馆展出

《荆棘王冠》，卡拉瓦乔，1602—1604 年，维也纳艺术史博物馆藏

的《贝维德雷躯干雕塑》（*Belvedere Torso*）为原型。

通过对解剖学原理的严格遵守，卡拉瓦乔给不同的人物塑造了不同的外貌特征，基督娇嫩的皮肤和折磨他的人那古铜色的外观形成了鲜明的对比。耶稣衣着暴露，痛苦令他向前伸直脖子，使得肩膀和头部处在一条水平线上，这是画家明确地向观者告知这一残暴行为的标志所在。

XII

《路加福音》（22:43-44）上有一小段描述："有一位天使从天上显现，加添他的力量。耶稣极其伤痛、祷告更加恳切，汗珠如豆大的血滴，落在地上。"

与同时代的那不勒斯画家不同，早年的乔凡尼·卡拉乔洛（Giovanni Caracciolo，1578—1635年）专注于当时新颖的光影效果的探索以及对卡拉瓦乔作品构图的学习与模仿，这也使他成为了卡拉瓦乔在那不勒斯最主要的继承者，但他也吸取了同时代罗马艺术家的严谨与表现手法。

在这幅带有卡拉乔洛早期特色的《橄榄山上的基督》（*Christ on the Mount of Olives*）中，画家顺应当时反宗教改革的思想，完全根据《圣经》中基督恐

《橄榄山上的基督》，卡拉乔洛，约 1615 年，维也纳艺术史博物馆藏

惧死亡的故事进行创作，在充分考虑观者中那些虔诚信徒的基础上对作品的氛围进行打磨。

画中的基督双手交叠放在胸前，眼目扭曲，紧挨着的天使正朝着他转过身来。构图的严谨和躯体表面的抽象化处理着重突出了基督向天使申告的急切。

在奥地利大公利奥波德·威廉 1659 年的收藏清单中，这件作品被错误地归入卡拉瓦乔的作品，直到 1962 年才得到纠正。

XIII

多米尼克·费蒂（Domenico Fetti，1589—1623年）别出心裁地将《海洛哀悼死去的利安得》（*Hero Mourning the Dead Leander*）的色彩分解成对比强烈的阴影，他这样做的结果是通过色彩的明暗层次对比形成失真且极具抽象画意味的构图。费蒂的绘画风格突破了常规，在他的画作中随处可见对于光影的精确描绘。由此可见，费蒂为包括弗朗切斯科·瓜尔迪（Francesco Guardi，1712—1793年）在内的巴洛克晚期威尼斯画家的成就增添了助力。

《海洛哀悼死去的利安得》，费蒂，1621—1622 年，维也纳艺术史博物馆藏

在为女神阿弗洛狄忒举办的庆典上，利安得爱上了女神的女祭司海洛，可海洛已经许愿要终身侍奉女神，所以两人只能将这段恋情掩藏起来。利安得居住在阿拜多斯——赫勒斯庞特（如今的达达尼尔海峡）的另一边，他每晚都要游过危险的海峡才能与海洛相会，海洛每晚都会在自己所居住的塔楼上点燃火把为利安得指路。有一天晚上，剧烈的暴风雨吹灭了指路的火把，迷失方向的利安得最终溺亡于深海。

第二天早晨，海洛发现了被海浪冲上岸的恋人尸体，悲痛欲绝的她随之从塔楼高处一跃而下，跳海殉情。画家将海洛哀悼恋人的场景放在画面的前景，同时在画面右侧描绘了海洛跳海的悲剧命运。

多米尼克·费蒂是曼托瓦公爵费迪南多·贡扎加（Ferdinando Gonzaga, Duke of Mantua）的宫廷画师，他们两人很有可能是在罗马相识的。1621年，费蒂第二次前往威尼斯，在其回程途中，他和贡扎加决裂，之后他又折回威尼斯，从此再没踏足过曼托瓦。《海洛哀悼死去的利安得》是这位英年早逝的画家最后创作的作品之一，可能是受一名威尼斯客户委托而创作的墙面装饰画。

XIV

意大利的艺术博物馆内有不少卡拉奇家族和奎多·雷尼（Guido Reni，1575—1642年）的作品，可能是要仔细阅读的画家太多，可能是我没被感动，所以一直也没有怎么介绍过他们的作品。

奎多·雷尼在博洛尼亚的家族画室接受了绘画技艺的训练，这个家族的绘画风格和卡拉瓦乔恰恰相反，他们虽然并不反对艺术创新，但似乎更趋向于坚持经典的文艺复兴创作理念，并且在此基础上促进了巴洛克风格的进一

《基督受洗》,雷尼,1622—1623年,维也纳艺术史博物馆藏

步发展。1622 年，雷尼在游历了罗马、拉文纳和那不勒斯后不久，便继承了老师的画室，成为博洛尼亚绘画艺术的领军者。

《基督受洗》（*The Baptism of Christ*）是受佛兰德银匠让·雅各布的委托创作的。1623 年，这幅画来到荷兰，几年后又被卖到英国，1649 年，这幅画又从白金汉公爵的手中被买下，入驻布拉格皇室。

雷尼用一种冷静而客观的态度描绘了基督教历史上这一关键时刻。他笔下的画面光影柔和，人物姿态尽显虔诚与恭敬，更有甚者，人物之间的眼神也不存在丝毫交流。第一眼看到这幅画，会发现两个主人公在外形上并没有太大的差异，施洗约翰的身体看起来更为暗沉些，受洗的基督则被刻画得柔和而谦逊。象征圣灵的鸽子和其吐出的光束构成了一个十字，和施洗约翰左手拿着的十字架相呼应。雷尼用一种较为朦胧的手法将施洗约翰膝下原本生硬凸出的岩石描绘得颇为优雅且隐晦，不仔细看根本不会注意到它的存在。画面正中那一抹亮烈的红色来自于女子手上的衣袍，它象征了基督的热情。

XV

20 年前，我阅读了英国艺术鉴赏家温迪嬷嬷的"大旅行"，提到维也纳艺术史博物馆内鲁本斯的《赫尔默特与睡着的安吉莉卡》（*The Hermit and the Sleeping Angelica*），我觉得很好玩。这次在博物馆里看到了它，仍然觉得很有意思。

它的情节来自阿里奥斯托的《疯狂的奥兰多》（文艺复兴时代的肥皂剧）。

安吉莉卡喜欢冒险，这次落入了赫尔默特的手中，她一点也不害怕，因为赫尔默特自愿选择了不近女色的独身生活。可能是在安吉莉卡的美色诱惑下（其实她很纯洁，不是诱惑男子的那种女人），这老头后悔了。

《赫尔默特与睡着的安吉莉卡》，鲁本斯，1625—1628年，维也纳艺术史博物馆藏

于是，赫尔默特让安吉莉卡进入睡眠状态，自己则在黑暗的掩护下，拉开她的床单，准备图谋不轨。

赫尔默特是被错误选择的生活的陷阱所捕获的一只悲伤的动物，所以，鲁本斯并不认为赫尔默特是个卑鄙的人，而是一个可怜人，竟然在纯洁的女子面前失去了自制力。仔细观察，右上角还有一个魔鬼，他淘气地把安吉莉卡放在枕头上欣赏，但赫尔默特只能向往。

XVI

《尼古拉斯·拉尼尔》（*Nicholas Lanier*）的主人公从1625年开始成为英国国王查理一世的宫廷音乐指挥家，也是国王派遣到曼托瓦，将不久前从当地公爵处所收购的藏品督运至伦敦的成员之一。这艘载满了珍贵收藏品的船

《尼古拉斯·拉尼尔》,凡·戴克,1628年,维也纳艺术史博物馆藏

只首先驶到了安特卫普，现在我们看到的《尼古拉斯·拉尼尔》很有可能是在这个时候绘制的。根据当时的资料记载，拉尼尔在佛兰德画家凡·戴克的工作室里待了七天，画家刚刚从意大利折返不久，他们两人的结识可能还得追溯到1620—1621年凡·戴克在英国的短暂停留期间。

拉尼尔自信地用右臂叉着腰，身穿柔软的宫廷丝制服饰，黑色的斗篷挂在左肩，遮住了上半身，和他衣服上的红白二色形成了鲜明的对比；他的右手掩于斗篷之下，左手则搭在腰间系着的剑柄上。背景中狭窄的田园远景将画面的纵深拉长。

拉尼尔的姿势和表情符合理想中臣下所应有的那种"优雅的冷静"。卡斯蒂廖内在他的《朝臣之书》（1528年）中详细描述了这种姿态，它当时在英国斯图亚特宫廷里开始流行起来。此外，凡·戴克还采用了提香的经典构图法。

画家这么做可能是因为知晓拉尼尔会将这幅画敬呈给英国国王，而这位国王刚从曼托瓦收购了大量精良的收藏珍品，其中包括一幅价值连城的威尼斯绘画佳作。可能正是这次凡·戴克对提香的致敬，使得英王查理一世在1632年再度将他召回担任王室的肖像画画家，直到1641年逝世。

XVII

在意大利接受了几年威尼斯绘画技艺的训练后，1627年，凡·戴克回到安特卫普，随后，他加入了耶稣会，并于1630年继鲁本斯之后受命成为哈布斯堡西属尼德兰的摄政女王伊萨贝拉·克拉拉·尤金尼亚（Isabella Clara Eugenia，腓力二世的女儿）的宫廷画师。1629年间，他为耶稣会创作了两幅祭坛画，紧接着就创作了这幅《圣赫尔曼·约瑟夫的幻象》（*The Vision of the Blessed Hermann Joseph*）。

《圣赫尔曼·约瑟夫的幻象》，凡·戴克，1630 年，维也纳艺术史博物馆藏

    画中这位僧侣在幻象中看见自己同圣母许下了婚约，这是他对于圣母玛利亚崇拜的顶点，他跪在地上，姿态与面部表情都表达出强烈的情感与爱意，而圣母却显得遥不可及、高贵，还带着一丝冰冷。微笑的天使露出了肩膀和右臂，成为两者之间的媒介，同时也起到了平衡画面的作用。所有的情感都集中在天使飞扬的长袍上，他温柔地把僧侣的手牵向圣母。

年长凡·戴克 22 岁的鲁本斯也创作了与之类似的作品，凡·戴克年轻时曾在鲁本斯的画室工作学习过，不同于自己的导师，这位年轻的画家在情感的表现上主要采用了柔和与不连贯的色调，从而凸显出主人公之间情感互动的重要性。

有人说画面左侧的人物是凡·戴克的自画像，这一猜测至今未被证实。

XVIII

除了在马德里接受过绘画技艺的训练，我们对安东尼奥·佩雷达（Antonio de Pereda，1611—1678 年）的经历几乎一无所知。

他的《浮华的寓言》（*Allegory of Vanity*）是巴洛克绘画的代表作之一。

正如主编《巴洛克艺术》的罗尔夫·托曼所言：

巴洛克时代的艺术经常会有令人迷惑的表现形式，逐渐上升的炫耀奢华的趋势和深刻的宗教严肃性同时存在，既有放纵的感观享受，又有对死亡不可避免的认知。

浮华的主题和尘世的虚无弥漫在这类作品中，在这个时期，奢华的静物经常隐藏着对生命无常的比喻，比如毛毛虫、变质的啤酒或是一片咬过的面包，这并非偶然。更明显的是一些流行的"浮华"要素，比如怀表、打翻的玻璃杯、燃尽的蜡烛或者骷髅。"浮华"的拟人形象一般是一位拿着镜子的女性，她代表着虚荣心这种罪恶。

我们可以在《浮华的寓言》中看到数量可观的颅骨、熄灭的蜡烛、一个沙漏和古旧的书本，佩雷达将这些基本图案与珍贵的铠甲以及武器一起放置在裸

《浮华的寓言》，佩雷达，约 1634 年，维也纳艺术史博物馆藏

露的木制台面上。时间、幸福、战时的荣誉、美色和其他表现虚荣的事物，这些都是画面深处带着翅膀的守护神呈现给观众的：奢华的时钟、微型人物肖像、一串珍珠链子和硬币……少年左手拿着查理五世皇帝的浮雕肖像，他的右手指向象征全世界的地球仪，这暗示哈布斯堡家族将统治世界。

上述所有的细节都暗示这幅画来自王室的委托。17 世纪 30 年代早期，佩雷达参与了马德里丽池公园的国王沙龙的装饰工程，之后他便开始为西班牙国王腓力四世效力。

XIX

若是没有鲁本斯的作品引导,这位年轻的崇拜者——雅各布·约尔丹斯(Jacob Jordaens,1593—1678年)那极富活力的构图将显得不可思议。不过,约尔丹斯在融合这位导师的创作理念时采用的却是一种滑稽、粗糙且迎合大众审美的艺术风格。

《豆王的盛宴》(*The Feast of Bean King*)上那些终日沉湎于吃喝玩乐、莺歌燕舞的狂欢者被压缩至最小。几天前的主显节(第十二夜),他们做了一个大蛋糕,里面只有一颗豆子,蛋糕被均分给参与宴会的人,吃到那颗豆子的人

《豆王的盛宴》,约尔丹斯,1640—1645年,维也纳艺术史博物馆藏

就会成为当日的宴会之王。约尔丹斯并没有刻画这一过程，在他的笔下，最年长的狂欢者头戴皇冠成为宴会之王，他还选择宴会上最漂亮的女子做他的王后。

这是 16 世纪以来较为常见的绘画主题之一，可艺术家通常会将其独立刻画成"一对奇怪的夫妇"。然而在《豆王的盛宴》中，参与宴会的臣民都要扮演各自的角色。

画面右侧，位于国王那硕大浑圆的头颅上方的正是为"宴会之王"试菜的皇家试膳官，前景左侧的医生正紧挨着食物筐呕吐不已。前景正中央是衣衫褴褛的侍从武官，他的身体在这幅画的构图上有着至关重要的意义，起到了平衡画面的作用，并且和其他人物一起带来了层次感。仔细看，画面背景上方刻着铭文，意为"没有什么人比酒鬼更像疯子了"。

XX

17 世纪上半叶，布鲁塞尔和安特卫普一些富裕的公民开始热衷于建立他们自己的艺术画廊，这是受了 17 世纪初在布鲁塞尔开始进行私人收藏的西班牙摄政王的影响。与此同时，在荷兰南部兴起了一种专门展示画廊内景的绘画风格。

在其摄政期间（1647—1656 年），哈布斯堡皇室最重要的收藏家——奥地利大公利奥波德·威廉收集了 1400 幅画作。小大卫·特尼斯（David Teniers the Younger，1610-1690 年）的《利奥波德·威廉大公在他布鲁塞尔的画廊里》（Archduke Leopold Wilhelm at his Gallery in Brussels）展示的画廊内景可能有些虚构，在如此高敞的大厅里，在那个年代流行的窗户式样中，左侧窗户是不存在的，悬挂在墙上的部分画作的尺寸和比例也经过了画家修改，以符合整个画面的构图，毕竟在现实中，那些画不可能以这种方式悬挂在墙上。

《利奥波德·威廉大公在他布鲁塞尔的画廊里》,特尼斯,约 1651 年,
维也纳艺术史博物馆藏

  除了这些,我们还可以看到身为宫廷大臣、画家和大公艺术藏品维护者的特尼斯正陪同一位收藏家参观这间画廊。画廊左侧,一些观赏者正围着桌子说些什么,他们中有一位个头矮小的牧师、一位画家,还有后来的画廊总监巴伦,这种展现画廊内景的画作上一般都有以下几个要素:罗列在画面前景的一些艺术品、用来呈现外景的开口,比如大门或者这幅画中的大型窗户。

  这种类型的早期作品大多带有说教的意味,比如画廊里陈列的画都是宗教意味浓厚的作品;大公威廉的画廊里只有 9 幅这样的画作,可见纯粹是用来炫耀其画廊的。如今维也纳艺术史博物馆的这幅画曾是大公送给他在布拉格的哥哥与神圣罗马帝国皇帝斐迪南三世的，以彰显自己名下艺术画廊的价值，这幅画上所展示的51幅意大利绘画，今天依然收藏在维也纳艺术史博物馆里。

XXI

我曾说过年轻时最感兴趣的画作之一是伦勃朗的系列自画像，这些自画像是画家的自省，多少反映了他所经历的沧桑。

维也纳艺术史博物馆的《大型自画像》（*The Large Self-Portrait*）创作于画家46岁时，当时他虽然还没破产，可已经感受到资金的压力，所以不得不向阿姆斯特丹的贵族扬·斯克思借钱，作为回报，他给这位朋友绘了一幅杰出的肖像画。

在这幅自画像中，伦勃朗不像早期的自画像中那样穿着华丽的服装，而是穿着一身朴素的工作服，直视观者。斯蒂芬尼·祖菲在《天才艺术家：伦勃朗》中描述道，"这身装束与离经叛道的艺术家形象相吻合，他的举止也许有些粗鲁，外表不修边幅，但依然有着维护绘画尊严的强烈意识。"

还有一幅作品，也是我急于在维也纳艺术史博物馆看到的，那就是伦勃朗刻画他儿子的《看书的提图斯》（*Titus Reading*）。当时伦勃朗51岁，前一年，刚为了防止破产而将自己的财产转移到未成年的儿子提图斯名下。同年7月，伦勃朗的全部财产清单出炉，他的收藏和房屋分三阶段进行拍卖。

伦勃朗的处境当然很艰难，他的自画像也是日渐苍老，可是笔下的儿子提图斯阳光可爱，伦勃朗似乎在独子的身上看到了去世多年的爱妻的样貌。我觉得画面要是再亮丽一些，就是雷诺阿的印象主义世界了。

《大型自画像》,伦勃朗,1652年,维也纳艺术史博物馆藏

伦勃朗61岁的时候安排儿子与他母亲萨斯基亚亲戚的女儿订婚，第二年2月，提图斯结婚。没想到一场瘟疫让他在同年9月死去，伦勃朗受到的打击过于沉重，半年后，他也去世了，几乎就在同时，提图斯的女儿出生。

《看书的提图斯》，伦勃朗，1656—1657年，维也纳艺术史博物馆藏

XXII

我们在前面说过，哈布斯堡皇室的西班牙与奥地利两个分支关系密切，肥水不流外人田，喜欢互通婚姻，西班牙国王腓力四世娶了妹妹的女儿玛丽安娜作王后，他们的女儿玛格丽特·特蕾莎（Margaret Teresa）又与她在奥地利的表哥——神圣罗马帝国皇帝利奥波德一世，在1666年结婚（玛格丽特的父亲与利奥波德一世的母亲都是腓力三世的孩子）。自幼开始，玛格丽特每隔两年都要由西班牙的宫廷画师画幅肖像画送到奥地利，让利奥波德一世瞧瞧。

维也纳艺术史博物馆中就有两幅西班牙宫廷绘画大师委拉斯凯兹创作的公主肖像画《穿粉红礼服的玛格丽特·特蕾莎公主》（Infant Margaret Teresa in a Peach Dress）和《穿蓝色礼服的玛格丽特·特蕾莎公主》（Infant Margaret Teresa in a Blue Dress）。

身穿粉红礼服的特蕾莎公主当时只有两三岁，可必须遵守当时正式宫廷肖像画的严格规定，必须是站立的全身像，一只手扶着代表权力的桌子，但也有变通，比如没有在桌子上放象征永恒权力的时钟，而是用一只插花瓶来象征公主的柔弱。公主的脚下铺了一块很大的垫子，以便公主能够到桌子的高度。

身穿蓝色礼服的特蕾莎公主已经8岁了，但"公主已经不是小孩子了，她奢华的礼服也强调了这一点，她戴着手套的右手拿着左手的空手套，左手优雅地拿着她的女用披肩。比她的礼服更令人惊讶的是公主的表情已经显现出一些精明而不是孩子气，这非常引人注目，令人不禁回想起她母亲玛丽安娜那些表情冷漠的画像"[1]。

玛格丽特·特蕾莎也是收藏在马德里普拉多博物馆的委拉斯凯兹的那幅名作《宫娥》（Las Meninas）的主角。

---

[1] [意]斯蒂芬尼·祖菲：《天才艺术家：委拉斯贵支》，张黎译，北京时代华文书局2015年版，第134页。

《穿粉红礼服的玛格丽特·特蕾莎公主》,委拉斯凯兹,1653—1654年,维也纳艺术史博物馆藏

《穿蓝色礼服的玛格丽特·特蕾莎公主》,委拉斯凯兹,1659 年,维也纳艺术史博物馆藏

《腓力·普罗斯佩罗王子像》，委拉斯凯兹，1659 年，维也纳艺术史博物馆藏

与《穿蓝色礼服的玛格丽特·特蕾莎公主》一起送到维也纳宫廷的是《腓力·普罗斯佩罗王子像》（*Portrait of Prince Philip Prospero*），这位可爱的小王子才2岁，整个画面有着不同层次的红色，显得温暖而友善。但西班牙哈布斯堡王室亲上加亲的婚姻政策对他们后代的健康极为不利，小王子2年后就去世了，哈布斯堡王朝的西班牙一支就此断流。

XXIII

从16世纪开始，女性主人公开始成为流行的绘画主题，并且大范围出现在一系列所谓的巾帼英雄作品中。

奎多·卡尼亚齐（Gudio Cagnacci，1601—1663年）曾在博洛尼亚和罗马受训，17世纪20年代初生活在里米尼（Rimini）。从1648年开始，他在威尼斯经营自己的画室。1660年，他接受了利奥波德一世的任命，成为宫廷画师，他生命的最后几年是在维也纳度过的。

这幅《克丽奥帕特拉之死》（*The Death of Cleopatra*）是画家同类主题的最后一幅作品，他将两种互相冲突的艺术趋势融合在一起：仆从的姿势和面部表情融合了现实主义和表现主义的风格特征，她们中的一些人表情十分悲伤，另一些人则显得焦虑不安，画风明显受到卡拉瓦乔创作风格的影响，使得她们可以与采用奎多·雷尼和科雷乔风格创作的行将就木的埃及女王克丽奥帕特拉相并列。除了人物刻画方面的精彩，单色调的暗沉背景和女性裸体的耀眼光彩形成鲜明的对比，也是画面张力的所在。毒蛇温柔地盘绕在克丽奥帕特拉的手臂上，咬了致命的一口，女仆们的焦点都集中在这可怕的一幕上。然而，克丽奥帕特拉宁静平和的脸在深红色王座的映衬下显得格外安详，仿佛睡着了一般。

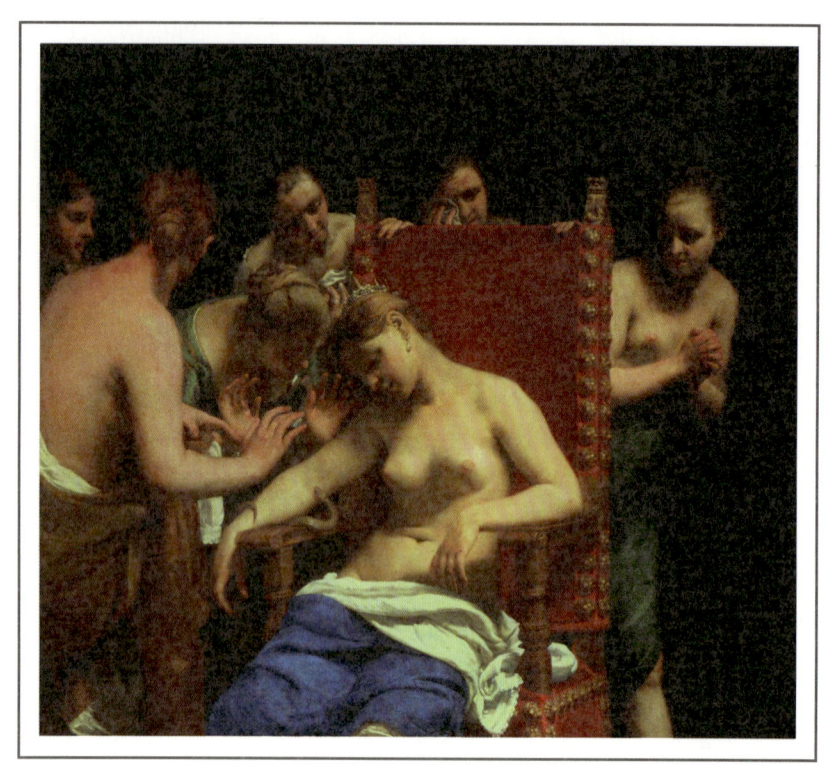

《克丽奥帕特拉之死》,卡尼亚齐,1659—1663年,维也纳艺术史博物馆藏

XXIV

虽然两人的性格与行为不尽相同,比伦勃朗小了20多岁的维米尔也走上了破产拍卖之途,用来还债的画中有一幅就是《绘画的艺术》(The Art of Painting,又名《绘画的寓意》)。

维米尔的作品一般偏小,但《绘画的艺术》却是大型画作(120厘米×100厘米)。这幅画应该是维米尔自认为能够传世的作品。

问题是维米尔要传达什么寓意?不少专家研究来研究去,目前也没有令人信服的说法。

《绘画的艺术》，维米尔，1666—1668年，维也纳艺术史博物馆藏

那个穿着16世纪勃艮第传统服装的画家是不是维米尔本人？有的说不是，只不过维米尔认同这位画家罢了；有的说是，但只不过是维米尔的背影而已。

那位拿着喇叭和书的少女像个年轻的模特儿，不过她明显具有浓郁的象征性。她头上戴着月桂叶，代表执掌历史的其中一位缪斯女神或执掌名声的女神。桌上的书、乐谱和面具则分别象征着诗歌波里尼亚（Polyhymnia）、音乐优特波（Euterpe）和喜剧泰利亚（Thalia）三位缪斯女神。

如果我们理解得不错，这是维米尔在向各位艺术女神和绘画本身致敬。

整个画面具有舞台布景的效果，墙上挂着一幅1581年分裂前17省的荷兰地图。

XXV

从美景宫上层往下看，眼前是1683年遭遇土耳其第二次围攻后再次建立起来的繁荣的维也纳。贝尔纳多·贝洛托（Bernardo Bellotto，1721—1780年）的《从美景宫看维也纳》（View of Vienna from Belvedere）则是受女皇玛利亚·特蕾莎委托而创作的最为知名的维也纳美景图，它主要描绘了美泉宫和霍夫堡的外景及部分景观。

贝洛托1758年12月从德累斯顿出发，来到维也纳，之后的1761年1月从维也纳去了慕尼黑。在此期间，他一直驻留在维也纳。关于女皇委托制作这幅画的文献资料并没有保存下来，人们无法确定选择该主题的初衷是什么，也不能确认它原本是用来装饰哪一座宫殿的，据推测可能是普雷斯堡。今天，这个系列的13幅画都收藏于维也纳艺术史博物馆。

尽管大家都假设贝洛托在创作这幅画的时候采用了摄影暗箱设备，但并没有证据可以证明这一点。这种设备在16世纪的荷兰和德国绘画界是一种辅

《从美景宫看维也纳》，贝洛托，1759—1760 年，维也纳艺术史博物馆藏

助工具，后来流传到意大利，贝洛托的舅舅兼导师卡纳莱托利用它创作了不少威尼斯景观画。这两位画家都使用摄影暗箱来协助创作，将传统的景观画改进成更适宜人眼感知的艺术品。

至于这幅画在垂直元素上的布局：左侧的圣嘉禄·鲍荣茂堂（St. Charles Borromeo Church）、中间的圣司提反主教座堂塔楼和右侧的慈幼会教堂（Salesianerinnenkirche）的圆顶，这三者之间的距离是相等的，与现实中的三座建筑的实际距离位置有出入。

城市周围仍然围绕着防御工事，城市中心则显得相对遥远，延伸出去是维也纳森林的山麓。画面构图上甚至细致到还囊括了一部分剪影：结构严谨的花园从宫殿地平面延伸出去，加深了画面的纵深感，为画面构图提供了节奏感。小巧的人物为这幅壮观的景观画提供了生动感，他们三三两两行走在大幅度缩小了比例的宫殿间的走道上，阳光下的剪影则参差不齐地排列在美景宫前的走道上。

XXVI

  1851年，维也纳第一区的名为"Postgasse"的道路被人为降低了几米，从而使地面高度和建于1675年的多明我会教堂的大门持平。贝洛托的《维也纳的多明我会教堂》（*Vienna, Dominican Church*）描绘了这条路未修整前的场景。

  画面右侧是建于1623年的耶稣会神学院长长的立面墙，街道的尽头是位于原址的耶稣会天文台，上层建筑部分后来被移除了。原来的建筑结构一开始给画家的创作制造了难题：左侧是巴洛克风格的带有雕塑元素的教堂立面，与之相对的却是神学院水平的立面和排列整齐的窗户，这样的构图很难在画面上创造出一种易于让人接受的视觉效果。不久之后，贝洛托融合了多

《维也纳的多明我会教堂》，贝洛托，1759—1760年，维也纳艺术史博物馆藏

方观点，通过制造出一种鲜明的光影效果解决了这个问题。

建筑物异常清晰的轮廓在光影斑驳中显出一种冷硬感，而穿梭于道路上的人物、马车、摊位上的板条箱和木桶则显得分外柔和且富有生气，从而软化了建筑物的冰冷质感。反过来，在世俗人物的映衬下，画面上的建筑看起来显得不像人类世界那般无常。

XXVII

《马太福音》（2:13）写道："他们（东方三贤士）去后，有主的使者向玛利亚的丈夫圣若瑟显现，说：'起来！带着小孩子同他母亲逃往埃及，住在那里，等我吩咐你，因为希律必寻找小孩子，要除灭他'。"

1773年，《圣若瑟的梦》（The Dream of St Joseph）的作者安东·拉斐尔·蒙斯（Anton Raphael Mengs，1728—1779年）获准将自己的肖像悬挂于由乔治·瓦萨里（Giorgio Vasari，1511—1574年）于16世纪成立的佛罗伦萨艺术家肖像画廊中，据说摆放的位置也是他自己选的：当他听到人们尊称他为"新一代的拉斐尔"时，他立刻选择将自己的画像放在这位伟大的意大利画家下面。1754年，蒙斯在德累斯顿成为萨克森王室的宫廷画师，但他之后长时间生活在罗马，他在那里和德国人约翰·约阿希姆·温克尔曼（Johann Joachim Winckelmann，1717—1768年）一起成为古典主义理论的创始人。蒙斯的崇拜者认为，他的存在为取代日渐式微的巴洛克艺术起到了推波助澜的作用。1760年，他成为了西班牙国王查理三世（Charles III of Spain，也称作卡洛斯三世）的宫廷画师，1773年后，又回到马德里。

《圣若瑟的梦》可能是蒙斯在佛罗伦萨期间的作品，完成后直接成为了当时的托斯卡纳大公利奥波德（即后来的神圣罗马帝国皇帝利奥波德二世）

的私人藏品。在罗马的那段时间，蒙斯对米开朗基罗的作品有了新的认识，故而圣若瑟的姿势显然套用了西斯廷小教堂里这位艺术大师创作的圣杰罗姆的造型。

《圣若瑟的梦》，蒙斯，1773—1774年，维也纳艺术史博物馆藏

参考书目

1. [英] 安德鲁·惠克罗夫特：《1683维也纳：哈布斯堡王朝与土耳其人的对决》，黄中宪译，（中国台湾）台北左岸文化2010年版。

2. 何恭上编：《爱真是玩美——希腊罗马神话 爱情》，（中国台湾）台北艺术图书公司2007年版。

3. 日本大宝石出版社编：《奥地利和维也纳》，张军伟译，中国旅游出版社2008年版。

4. 赵汤寿：《奥地利文化史》，北京大学出版社2002年版。

5. 何蓉：《奥匈帝国》，中国国际广播出版社2015年版。

6. [德] 罗尔夫·托曼、巴巴拉·波隆加塞尔、阿希姆·贝德诺兹：《巴洛克艺术：人间剧场·艺术品的世界》，李建群、赵晖译，北京美术摄影出版社2013年版。

7. 李维琨：《北欧文艺复兴美术》，中国人民大学出版社2010年版。

8. [英] 莫莉·奥德菲尔德：《博物馆的秘密：隐世藏品背后的故事》，李子译，人民邮电出版社2016年版。

9. 上海博物馆编：《博物馆与古希腊文明》，北京大学出版社2016年版。

10. [日] 中野京子：《胆小别看画1：方块A的作弊者》，俞隽译，中信出版社2016年版。

11. [日] 中野京子：《胆小别看画4：人性的暗影》，曾雯丝译，中信出版社2016年版。

12. [日] 中野京子：《胆小别看画3：死神与少女》，李肖霄译，中信出版社2016年版。

13. [日] 岛崎晋：《倒着看的世界史》，赖文萁译，（中国台湾）台北商周出版2015年版。

14. 李建群：《古代埃及和美索不达米亚美术馆》，中国人民大学出版社2010年版。

15. [美] 杰弗里·瓦夫罗：《哈布斯堡的灭亡：第一次世界大战的爆发和奥匈帝国的解体》，黄中宪译，社会科学文献出版社2016年版。

16. [意] 罗萨·乔尔吉编著：《华盛顿国家艺术馆》，陆元昶译，译林出版社2014年版。

17. [英] 温迪·贝克特嬷嬷：《绘画的故事》，李尧译，生活·读书·新知三联书店2011年版。

18. [美] 弗雷德·S.克雷纳、克里斯汀·J.马米亚：《加德纳艺术通史》，李建群等译，湖南美术出版社2013年版。

19. 洪麟风：《克林姆魅力》，（中国台湾）台北艺术图书公司2000年版。

20. 孙欣：《克林姆特绘画研究》，首都师范大学出版社2011年版。

21. [英] 凯瑞·沃克：《聆听维也纳》，唐梦佳译，上海交通大学出版社2009年版。

22. [德] 赫尔曼·奈克法斯：《鲁本斯画传》，李炳慧译，北京大学出版社2011年版。

23. [意] 达尼埃拉·塔拉布拉编著：《伦敦国家美术馆》，黄河萌译，译林出版社2014年版。

24. [美] 戴尔·布朗：《美索不达米亚：强有力的国王》，李旭影、吴冰、张黎新译，广西人民出版社2004年版。

25. 林莹、毛永年：《欧洲经典美食游》，上海科学普及出版社2008年版。

26. [英] 马修·克拉斯克：《欧洲艺术：1700—1830——城市经济空前增长时代的视觉艺术史》，彭筠译，上海人民出版社2016年版。

27. 袁宝林、远小近、廖旸：《欧洲美术：从罗可可到浪漫主义》，中国人民大学出版社2010年版。

28. [意] 本韦努托·切利尼：《切利尼自传》，王宪生译，北京时代华文书局2014年版。

29. [美] 马克·加利：《圣法兰西斯和他的世界》，周明译，北京大学出版社2005年版。

30. [美] 卡尔·休斯克：《世纪末的维也纳》，李锋译，江苏人民出版社2013年版。

31. 刘振源：《世纪末绘画》，（中国台湾）台北艺术图书公司1997年版。

32. [荷] 曲培醇：《十九世纪欧洲艺术史》，丁宁、吴瑶、刘鹏、梁舒涵译，北京大学出版社2014年版。

33. 赖瑞鎣：《世界名画家全集：阿钦伯铎》，（中国台湾）艺术家出版社2015年版。

34. 赖瑞鎣：《世界名画家全集：华德米勒》，（中国台湾）艺术家出版社2011年版。

35. 赖瑞鎣：《世界名画家全集：帕米贾尼诺》，（中国台湾）艺术家出版社2012年版。

36. 何政广编：《世界名画家全集：克里姆特》，河北教育出版社2005

年版。

37. [意] 加布里埃·克列帕迪：《天才艺术家：高更》，许丹丹译，北京时代华文书局2016年版。

38. [意] 保拉·拉佩利：《天才艺术家：戈雅》，苏依莉译，北京时代华文书局2015年版。

39. [意] 西莫娜·巴托勒纳：《天才艺术家：雷诺阿》，王苏娜译，北京时代华文书局2015年版。

40. [意] 斯蒂芬尼·祖菲：《天才艺术家：伦勃朗》，蒋文惠译，北京时代华文书局2015年版。

41. [意] 斯蒂芬尼·祖菲：《天才艺术家：委拉斯贵支》，张黎译，北京时代华文书局2015年版。

42. [意] 斯蒂芬尼·祖菲：《天才艺术家：丢勒》，崔泽耘译，北京时代华文书局2015年版。

43. [意] 西莫娜·巴托勒纳：《天才艺术家：马奈》，王苏娜、苏迎辉译，北京时代华文书局2015年版。

44. [意] 罗伯特·伯纳贝：《天才艺术家：塞尚》，安雨帆译，北京时代华文书局2016年版。

45. [意] 罗莎·吉奥吉：《天才艺术家：委拉斯贵支》，张黎译，北京时代华文书局2015年版。

46. [意] 莫莉琪亚·塔萨提斯：《天才艺术家：维米尔》，杨翕如译，北京时代华文书局2015年版。

47. [英] 迈克尔·雷德哥、[奥]艾琳·佐伊希：《TOP10全球魅力城市旅游丛书：维也纳》，刘春芳译，旅游教育出版社2007年版。

48. 张耀编：《维也纳，慢慢来，慢慢来》，上海锦绣文章出版社2009年版。

49. 典馥眉、金城妹子：《维也纳慢慢玩》，（中国台湾）云国际出版社2014年版。

50. [意] 西尔维娅·波尔盖斯：《维也纳艺术史博物馆》，许丹丹译，译林出版社2014年版。

51. [美] 大卫·L. 尼尔森：《维也纳音乐之旅》，王谧译，上海音乐出版社2008年版。

52. [英] 温迪·贝克特：《温迪嬷嬷的大旅行》，汪跃华、赵莎译，辽宁教育出版社2002年版。

53. [英] 大卫·博伊尔：《文艺复兴艺术》，苏琦译，生活·读书·新知三联书店2014年版。

54. [英] E.H.贡布里希：《艺术的故事》，范景中、杨成凯译，广西美术出版社2011年版。

55. [英] 西蒙·沙马：《艺术的力量》，陈玮、黄新萍、王炯奕、郑柯译，北京美术摄影出版社2015年版。

56. [英] 保罗·约翰逊：《艺术的历史》，黄中宪译，上海人民出版社2008年版。

57. 澳大利亚Lonely Planet公司编：《中欧》，程明等译，中国地图出版社2014年版。

58. 日本大宝石出版社编：《走遍全球：奥地利和维也纳》，张军伟、黄闻、兰煜译，中国旅游出版社2008年版。

59. 日本大宝石出版社编：《走遍全球：中欧》，张军伟、李婉倩译，中国旅游出版社2012年版。

60.[奥] 斯蒂芬·茨威格：《昨日的世界：一个欧洲人的回忆》，舒昌善、孙龙生等译，广西师范大学出版社2005年版。

61.[奥]布里姬特·哈曼：《茜茜公主》，王泰智译，商务印书馆2013年版。

62.[德] 艾米尔·路德维希：《德国人：一个民族的双重历史》，杨成绪、潘琪译，中国社会科学出版社2010年版。

63.Lina Schnorr（2015）, *Vienna Imperial*, Vienna: H. B. Medienvertrieb GesmbH.

64.Edited by Agnes Husslein-Arco（2013）, *Franz Xaver Messerschmidt: Character Heads*, Vienna: Belvedere.

65.Agnes Husslein-Arco, Alfred Weidinger（2016）, *Gustav Klimt: Woman*, Vienna: Österreichische Galerie Belvedere.

66.Linda Borean（2010）, *Carpaccio: The Major Pictorial Cycles*, Milan: Skira.

67.Elfriede Iby（2014）, *Schönbrunn Palace: Guide to the Palace*, Vienna: Schloss Schönbrunn.

68.Sabine Grabner（2008）, *Belvedere Gallery Guide*, Vienna: Agnes Husslein-Arco.

69.Klaus Egger, Rudolf Riedinger（2008）, *Hundertwasser- Krawina House Vienna*, Vienna: H. B. Medienvertrieb GesmbH.

70.Verena Loregger（2013）, *Hundertwasser- Krawina House Vienna*, Vienna: Harald Bohm.

71.Edited by Sabine Haag（2014）, *Kunsthistorisches Museum Wien: Masterpieces of the Picture Gallery*, Vienna: KHM.

72.Agnes Husslein-Arco, Alexander Klee (2016) , *Sin and Secession: Franz von Stuck in Vienna*, Vienna: Hirmer Verlag GmbH.

73.Bernhard Helminger (2015) , *Vienna: Once an Imperial Capital, today a Major European City of Culture*, Salzburg: Colorama Verlag Salzburg.

74.Ingrid Haslinger, Katrin Unterreiner (2013) , *The Vienna Hofburg: Imperial Apartments, Sisi Museum and Imperial Silver Collection*, Vienna: Schloss Schonbrunn Kultur- und Betriebsges m.b.H.

75.Karl Michael Fritthum (2000) , *Die Wiener Staatsoper*, Vienna: Löcker Verlag.

76.Sabine Haag, Franz Kirschweger (2013) , *Habsburg Treasures: At the Kunsthistorisches Museum, Vienna*, London: Vendome Press.

77.Eva di Stefano (2008) , *Gustav Klimt: Art Nouveau Visionary*, New York: Sterling Publishing Co., Inc.

78.Anna Zsófia Kovács, Edina Deme, Zsófia Tettamanti (2015) , *Let Me See: A Guide on Guided Tours*, Budapest: Museum of Fine Arts Budapest.